teach®

Withdrawn

danish
bente elsworth

For over 60 years, more than 40 million people have learnt over 750 subjects the **teach yourself** way, with impressive results.

be where you want to be
with **teach yourself**

For UK order enquiries: please contact Bookpoint Ltd, 130 Milton Park, Abingdon, Oxon OX14 4SB. Telephone: +44 (0) 1235 827720, Fax: +44 (0) 1235 400454. Lines are open 9.00–18.00, Monday to Saturday, with a 24-hour message answering service. You can also order through our website www.madaboutbooks.com

For USA order enquiries: please contact McGraw-Hill Customer Services, P.O. Box 545, Blacklick, OH 43004-0545, USA. Telephone: 1-800-722-4726. Fax: 1-614-755-5645.

For Canada order enquiries: please contact McGraw-Hill Ryerson Ltd, 300 Water St, Whitby, Ontario L1N 9B6, Canada. Telephone: 905 430 5000. Fax: 905 430 5020.

Long renowned as the authoritative source for self-guided learning – with more than 30 million copies sold worldwide – the *Teach Yourself* series includes over 300 titles in the fields of languages, crafts, hobbies, business, computing and education.

The publisher has used its best endeavours to ensure that the URLs for exernal websites referred to in this book are correct and active at the time of going to press. However, the publisher has no responsibility for the websites and can make no guarantee that a site will remain live or that the content is or will remain appropriate.

British Library Cataloguing in Publication Data
A catalogue entry for this title is available from The British Library.

Library of Congress Catalog Card Number: on file

First published in UK 1994 by Hodder Headline Ltd, 338 Euston Road, London, NW1 3BH.

First published in US 1994 by Contemporary Books, a Division of The McGraw Hill Companies, 1 Prudential Plaza, 130 East Randolph Street, Chicago, IL 60601 USA.

This edition published 2003.

Typeset by Transet Limited, Coventry, England.
Printed in Great Britain for Hodder & Stoughton Educational, a division of Hodder Headline Ltd, 338 Euston Road, London NW1 3BH by Cox & Wyman Ltd, Reading, Berkshire.

Impression number   10 9 8 7 6 5 4 3 2
Year   2007 2006 2005 2004 2003

contents

introduction		1
language functions		3
pronunciation		5
01	på banegården *at the railway station*	10
02	tak for mad! *it was a lovely meal!*	21
03	på indkøb *shopping*	31
04	i lufthavnen *at the airport*	44
05	weekend i Nordsjælland *weekend in North Zealand*	56
06	med toget til Jylland *by train to Jutland*	68
07	til forretningsmøde *at a business meeting*	81
08	på hotellet *at the hotel*	94
09	i sommerhus på Mols *at a cottage in Mols*	108
10	om bord på færgen *on board the ferry*	123
11	hjemme hos Hans og Lone igen *back at Hans and Lone's house*	137
12	på sprogkursus *on a language course*	148
13	turister i København *tourists in Copenhagen*	162
14	på restaurant *at a restaurant*	174
15	da I besøgte os i England *when you visited us in England*	190
16	Alison er syg *Alison is ill*	205
17	på indkøb i København *shopping in Copenhagen*	218
18	farvel og på gensyn! *goodbye, till next time!*	231

strong and irregular verbs	245
key to the exercises	248
Danish–English vocabulary	261
English–Danish vocabulary	278
taking it further	290
glossary of grammatical terms	293
index	296

Author's biography

Bente Elsworth was born in Randers, Denmark. She has lived in England since 1968 and has a degree in Russian from the University of London. Since 1975 she has been teaching Danish at the University of East Anglia and the experience gained over the years teaching Danish to English students has made her aware of the particular problems native English speakers face when learning Danish. This knowledge forms the basis of the approach adopted in *Teach Yourself Danish*.

introduction

This course in Danish is intended for absolute beginners and requires no knowledge of any foreign language.

The aim of the book is to enable you to communicate in practical, everyday situations and to provide you with some background information about Denmark and the Danes.

The course consists of 18 units with graded dialogues and exercises. A cassette with the dialogues and exercises is available and it is highly recommended to work with it.

How to use the book

Each of the 18 units follows the same pattern.

An introduction in English starts each unit and explains what you will learn in the unit.

Samtaler (*Dialogues*)
There are three or four dialogues at the beginning of each unit. If you have the cassette, try to listen to them first and see how much you understand, then read them carefully. The passages that are on the cassette are marked ▶.

Gloser (*Vocabulary*)
The vocabulary section that follows each dialogue contains the new words and expressions that you will need to understand it.

Rigtigt eller forkert (*True or false*)
This contains statements about the dialogue that may be true or false. The aim of this exercise is for you to check whether you have understood the text.

ℹ This consists of comments on life in Denmark relevant to the dialogues, as well as language points and vocabulary arising from phrases used in the dialogues.

Sådan siger man det (*What to say*)
Some important words and expressions used in the dialogue are repeated here.

Grammatik (*Language patterns*)
Notes explaining grammatical structures and how to create your own sentences.

Øvelser (*Exercises*)
In these you practise the new words and the new information.

Andre tekster (*Comprehension*)
Further dialogues and texts, employing the same vocabulary.

If you want to progress quickly, work a little every day. Read the dialogues several times and learn the vocabulary before you move on to the exercises. Many Danish words resemble English words and can be learned easily. The grammar is not difficult. It is only the pronunciation which may cause problems at first. The sounds are described on pages 5–9, and if you have the cassette try to imitate the Danes recorded on it.

Teach Yourself Danish tells the story of George Wilson, a businessman, who travels to Denmark to establish a market there for his products. He has been invited to stay with his friends, Hans and Lone Petersen, who live in Copenhagen. After a few days his wife, Alison, will fly to Copenhagen to join him. They will spend about a month in Denmark.

Symbols and abbreviations

pl.	= plural	inf.	= infinitive
sing.	= singular	trans.	= transitive
adj.	= adjective	intrans.	= intransitive
pron.	= pronounced	comp.	= comparative
Lit.	= literally	superl.	= superlative
pres. tense	= present tense		

▶ = This indicates material included on the cassette.

language functions

Unit 01 Introductions and greetings. Simple statements and questions.

Unit 02 Phrases used at meal times. Expressing a wish and saying 'thank you'. Negative statements.

Unit 03 Requesting others to do something and offering assistance. Asking questions about articles in shops. Describing the weather.

Unit 04 Asking for information at the airport and at the railway station. Telling the time.

Unit 05 Making suggestions. Agreeing and disagreeing.

Unit 06 Asking the way and giving directions.

Unit 07 Trying to persuade potential customers to buy your products.

Unit 08 Booking a room. Enquiring about cinema and theatre performances. Hiring a car.

Unit 09 Talking about houses, flats, buildings and gardens.

Unit 10 Describing people, using names for parts of the body and items of clothing. Talking about families.

Unit 11 The days of the week, the months and the seasons.

Unit 12 Vocabulary describing language learning and work.

Unit 13 Visiting sights in Copenhagen. Expressing permission, duty and courage.

Unit 14 Stating likes and dislikes about food, expressing preference and ordering a meal at a restaurant.

Unit 15 Talking about politics.

4

language functions

Unit 16 Illnesses and medical advice.

Unit 17 Shopping for presents in the centre of Copenhagen.

Unit 18 Talking about the labour market, jobs and unemployment. Expressing gratitude.

pronunciation

The Danish alphabet has 29 letters:

A	a	K	k	U	u
B	b	L	l	V	v
C	c	M	m	W	w
D	d	N	n	X	x
E	e	O	o	Y	y
F	f	P	p	Z	z
G	g	Q	q	Æ	æ
H	h	R	r	Ø	ø
I	i	S	s	Å	å
J	j	T	t		

The pronunciation of the Danish letters is explained below. The comparisons with English sounds are only approximate, and you will find it of great benefit to work with the cassette on which the words are recorded.

▶ Vowels

Danish has nine vowels: **a, e, i, o, u, y, æ, ø** and **å**. Vowels in Danish may be short or long. The short variant is often slightly more open than the long vowel. Apart from i and **u**, the vowels are much more open when immediately preceded or followed by **r** than otherwise (compare *bat* with *bar*).

Letter	How to pronounce it	Example
long **a**	slightly more open than *a* in *bad*	**bade** (*bathe*)
short **a**	slightly more open than *a* in *cat*	**kat** (*cat*)
long **e**	like extended **i** in *fit*	**bede** (*ask*)
short **e**	like **i** in *fit*	**fedt** (*fat*)

long i	like ee in *bee*	lide (*suffer*)
short i	a shortened version of the same	dit (*your*)
long o	almost like lengthened u in *put*	skole (*school*)
short o	like o in *often*	lokke (*lure*)
long u	like ou in *you*	pude (*cushion*)
short u	a shortened version of the same	kunne (*could*)
long/short y	This sound does not occur in English. It is produced by trying to pronounce Danish i (as in lide or dit) with rounded lips	byde (*offer*) bytte (*swap*)
long æ	slightly more open than e in *best* the short equivalent sound is written e	læse (*read*) men (*but*)
long ø and short ø	like i in *bird*	høne (*hen*) høns (*chickens*)
long å	slightly more closed than o in *or*	håbe (*hope*)
short å	like o in *got*	hånd (*hand*)

A double consonant generally serves to indicate that the preceding vowel is short. For example:

mase   – masse
heder   – hedder
pude   – pudder
læse   – læsse

Length, however, is connected with stress and in an unstressed position a long vowel is shortened. For example:

læse   – læse højt

The section on stress is on page 9.

The vowels in Danish are pure, not a combination of two vowel sounds (diphthongs) as is common in English.

Unstressed -e at the end of a word is pronounced like -e in *the* when it precedes a consonant. The following Danish words have two syllables, and the first vowel is a pure sound: rose (*rose*; a noun), rise (*flog*), hose (*stocking*) and fade (*dishes*).

▶ Diphthongs

Diphthongs do occur in Danish. They are written as a combination of a vowel and consonant, usually -g, -j or -v; also -f in the prefix af-. Occasionally a diphthong is written as two vowels, as in au in pause. The compound vowels end in either the Danish i-sound or u-sound. The first vowel is pronounced as described above, but the second element never reaches the pure i or u. Instead of i a sound between e and i is pronounced, and instead of u a sound between o and u. Several different combinations of letters may produce the same diphthong.

Sound	How to pronounce it	Example
the sound ai	like i in *fine*	**mig** (*me*), **jeg** (*I*), **eje** (*own*), **vej** (*road*)
the sound øi	like oy in *toy*	**øje** (*eye*), **løg** (*onion*)
the sound au	like ow in *how*	**hav** (*sea*)
the sound eu	'ehw'	**peber** (*pepper*)
the sound iu	'eew'	**livlig** (*lively*)
the sound ou	'orw'	**og** (*and*) **lov** (*law*)
the sound yu	'yw'	**syv** (*seven*)
the sound æu	'æw'	**evne** (*ability*)
the sound øu	'øw'	**øvrig** (*remaining*)
the sound åu	'åu'	**låg** (*lid*)

▶ Consonants

Danish has 20 consonants. However, **c, q, w, x** and **z** are only used in words of foreign origin.

All Danish consonants are short. A double consonant does not indicate length, but usually has the function of showing that the preceding vowel is short.

The pairs of consonants **b-p, d-t, g-k** are only different at the beginning of a word. For example, **k** in **lække** (*leak*) sounds exactly like **g** in **lægge** (*lay*). Similarly **p** and **b** sound the same in **stoppe** (*stop*) and **ebbe** (*low tide*), as do **t** and **d** in **sætte** (*set*) and **bredde** (*width*). The letters **p, t, k** are also pronounced as **b, d, g** after **s**: **spise** (*eat*), **stave** (*spell*) and **skinne** (*shine*).

Letter	How to pronounce it	Example
b	like **b** in *bed*	**bede** (*ask*), **købe** (*buy*)
d	like **d** in *dog*	**dag** (*day*), **dreng** (*boy*)
	In front of unstressed **e** (with a few exceptions) and at the end of a word similar to **th** in *the*	**gade** (*street*), **glad** (*glad*)

g	like **g** in *go*	**gå** (*go*), **græd** (*wept*)
	In front of unstressed **e** (with a few exceptions) and at the end of a word, **g** combines with the preceding vowel to form a diphthong, or is not pronounced	**kage** (*cake*), **låg** (*lid*)
p	like **p** in *pain*	**på** (*on*), **prop** (*cork*)
t	like **t** in *take*	**tage** (*take*), **træ** (*tree*)
k	like **c** in *come*	**komme** (*come*)
	When **k** is followed by **n**, the **k** is pronounced	**knæ** (*knee*), **kniv** (*knife*)
m	identical to English **m**	**mad** (*food*)
n	identical to English **n**	**navn** (*name*)
f	like **f** in *fine*	**fin** (*fine*)
v	like **v** in *very*	**verden** (*world*)
h	like **h** in *heaven*	**hus** (*house*)
	h is not pronounced before **v** and **j**	**hvis** (*if*), **hjem** (*home*)
s	like **s** in *sea* and *house*	**se** (*see*), **vise** (*show*)
j	like **y** in *yes*	**ja** (*yes*), **jord** (*earth*)
l	like **l** in *lie*	**le** (*laugh*), **alle** (*all*)
r	The quality of **r** varies according to its position in a word. At the beginning and after a consonant it is a back-tongue consonant with very little friction.	**rød** (*red*), **græde** (*weep*)
	After a vowel it is pronounced with greater distance between the tongue and the back of the mouth and no friction at all. In this position it affects the vowel, resulting in a more open vowel sound and is barely audible as a separate sound.	**høre** (*hear*), **værre** (*worse*)
	Unstressed **-er** is pronounced like *or* in *mortality*.	**venter** (*waits*), **lærer** (*teacher*)
c	pronounced like **s** in front of **e, i, y, æ** and **ø**;	**cølibat** (*celibacy*), **cykel** (*cycle*)
	as **k** before **a, o** and **u**;	Cuba, camping
	ch is pronounced as **sh** in *shell*, except in recent loan words	**chef** (*boss*), **charme** (*charm*), **chips**

qu	only used in words of foreign origin, pronounced as **kv**	**quiz, quickstep**
w	pronounced as **v**	**watt**
x	at the beginning of a word as **s**; after a vowel as **ks**	**xylofon** **Axel**
z	pronounced as **s**	**zebra, benzin**

Sometimes a written letter is not pronounced. In the combinations of **ld, nd, rd, ds** and **dt, d** is silent: **guld** (*gold*), **mand** (*man*), **ord** (*word*), **plads** (*place*) and **godt** (*good*). There are a few exceptions , such as **lærd** (*scholar*).

The glottal stop

The glottal stop is widely used in Danish. In some dialects there is no glottal stop, but it is a feature of standard Danish. It can occur in both vowels and consonants. It is different from the glottal stop in English. This replaces *t* in some dialects, as in *water* and *butter*. In Danish the glottal stop is an interruption of a voiced sound. The pronunciation begins normally, then a glottal stop is made through the closing of the vocal cords or in most cases only a narrowing of the gap between these, resulting in a brief pause. When the air from the lungs is allowed past the vocal cords again a small explosive sound is heard, like a brief echo of the interrupted sound:

Without the glottal stop:	With the glottal stop:
man (*one*)	**mand** [man'] (*man*)
mor (*mother*)	**mord** [mo'r] (*murder*)
hun (*she*)	**hund** [hun'] (*dog*)

The rules governing the use of the glottal stop are very complex, and since it is not essential for communication it is not necessary at an early stage to concentrate on this feature of Danish. It is best learnt through imitating either the Danes recorded on the cassette or Danish friends.

Stress

The stress usually falls on the first syllable of a word. Among the exceptions to this rule are many loan-words, the words beginning with **be-, er-, ge-** and **for-**, and several Danish place names.

Additional information about the pronunciation will be given in the units as it becomes relevant.

01

på banegården
at the railway station

In this unit you will learn
- how to form simple statements
  and questions
- how to introduce yourself
- how to greet people

Samtaler (*Dialogues*)

▶ 1 Dav Kirsten!

At the main railway station in Copenhagen, Hans is waiting for the train to arrive from Esbjerg. George has travelled to Denmark by boat from Harwich to Esbjerg and is at the moment on the Inter City train (**Englænderen**). This is the boat train that brings the passengers to Copenhagen. Hans sees a neighbour on the platform.

Hans   Dav Kirsten!

Kirsten   Hej Hans! Er det i dag, jeres venner fra England kommer?

Hans   Ja, George kommer i dag. Alison kommer på fredag. Hun flyver herover.

Kirsten   Min mor kommer også med toget fra Jylland. Hun skal bo hos os i en uge.

dav	*hello* (informal greeting)	**flyver**	*is flying, will fly*
hej	*hello* (informal greeting)	**herover**	*over here*
er	*is*	**min mor**	*my mother*
det	*it*	**også**	*also*
i dag	*today*	**med toget**	*by train*
jeres	*your* (plural)		(Lit. *by the train*)
venner	*friends*	**med**	*with,* here *by*
fra	*from*	**Jylland**	*Jutland*
kommer	*are coming, is coming*	**skal**	*is going to*
ja	*yes*	**bo**	*stay, live*
på fredag	*on Friday*	**hos os**	*with us*
hun	*she*	**i en uge**	*for a week*

▶ 2 Hvad hedder din mor?

Kirsten wants to do some shopping before the shops close and asks if Hans can give her mother a lift. Hans is pleased to help, but does not know her mother.

Hans   Hvad hedder din mor?

Kirsten   Hun hedder Marie Sørensen, og hun kommer fra Herning.

Hvad hedder din mor?	*What is your mother called?/ What is your mother's name?* (*your* informal)
og	*and*

▶ 3 Hej George!

Kirsten leaves and the train arrives shortly afterwards.

Hans	Hej George! Velkommen til Danmark!
George	Hej Hans! Tak!
Hans	Det er en lang rejse med båd og tog fra England til København.
George	Ja, men det er en interessant rejse.
Hans	Min nabos mor skal køre med os til Holte.

Velkommen til Danmark	*Welcome to Denmark!*
Tak!	*Thank you!*
lang	*long*
rejse	*journey*
med båd og tog	*by boat and train*
båd	*boat*
til	*to*
København	*Copenhagen*
men	*but*
en interessant rejse	*an interesting journey*
min nabos mor	*my neighbour's mother*
nabo	*neighbour*
køre	*go, drive, ride, travel*
med os	*with us*
Holte	a suburb of Copenhagen

▶ 4 Hans addresses an elderly lady

Hans	Undskyld, er De fru Marie Sørensen fra Herning?
Marie	Ja, jeg hedder Marie Sørensen.
Hans	Jeg hedder Hans Petersen. Deres datter Kirsten er min nabo. De skal køre med os hjem.
Marie	Mange tak!
George	Jeg hedder George Wilson, og jeg kommer fra England.
Marie	Jeg synes, vi skal sige 'du' til hinanden. Jeg er dus med alle i Herning.

Undskyld, ... ?	*Excuse me, ... ?*
De	*you* (formal)
fru	*Mrs*
jeg	*I*
Deres datter	*your* (formal) *daughter*
hjem	*home*

Mange tak!	*Thanks! Many thanks!*
Jeg synes, ...	*I think ...*
vi skal sige 'du' til hinanden	*we should say 'du'* (informal *you*) *to each other*
sige	*say*
hinanden	*each other*
Jeg er dus med alle	*I say 'du'* (informal *you*) *to everybody*
alle	*everybody* (plural of **al** = *all*)
i	*in*

Rigtigt eller forkert (*True or false*)

Now decide which of the following statements are true (**R**) and which false (**F**).

a   Alison is arriving today.
b   Kirsten's mother is from Herning.
c   George did not enjoy his journey.

i Saying *hello*

Dav, hej and also **davs** are informal greetings, while **goddag** is the formal and polite equivalent. The next note, **du/De** (*you*), defines informal and formal usage more closely.

i du/De (*you*)

There are two forms of address in Danish. There is an informal form:

(singular)	**du**
(plural)	**I**

and a formal and polite form:

(singular)	**De**
(plural)	**De**

Thirty years ago people used **du/I** only when addressing children, family and friends. Today, however, the informal form of address is more widely used. If you are in doubt about whether to use **du** or **De**, wait for the Dane to address you and then adopt the same mode of address.

ℹ️ Mr, Mrs, Miss and Ms

Mr	**hr.**	(an abbreviation of the first syllable of **herre**)
Mrs	**fru**	(the first syllable of **frue**)
Miss	**frk.**	(an abbreviation of **frøken**)
Ms	**fr.**	(This cannot be pronounced in Danish. It is used only as a written title.)

They are spelt with a small letter except at the beginning of a sentence.

ℹ️ Undskyld

Undskyld means literally *excuse (me)*. It is used as an apology and to introduce questions:

Undskyld!   *I am sorry!*
Undskyld, ... ?   *Excuse me, ... ?*

Sådan siger man det (*What to say*)

How to:

• ask someone's name	Hvad hedder din mor?
• give your name	Jeg hedder Hans Petersen.
• say where you are from	Jeg kommer fra England.
• ask a polite question	Undskyld, er De fru Sørensen?
• greet a friend	Hej George!
• greet formally	Goddag fru Sørensen!
• express an opinion, say what you feel about something	Jeg synes, vi skal sige 'du' til hinanden.
	Jeg synes, det er en interessant rejse.

Grammatik (*Language patterns*)

1 A (boat), a (train)

In Danish, nouns ('naming' words) are divided into two groups or 'genders': the common gender (c) and the neuter gender (n). About 75 per cent of nouns are common gender, but there are no satisfactory rules by which the gender of a noun can be determined. When you learn a new noun you should also learn its gender. The English *a* (indefinite article) in front of a Danish common gender noun is **en**, *a* in front of a neuter gender noun is **et**.

en båd	*a boat*
et tog	*a train*

Most of the nouns in the dialogues are common gender nouns:

en ven	en båd
en mor	en nabo
en uge	en datter
en rejse	

There is only one neuter gender noun in the dialogues:

et tog

2 *I, you, he/she/it* and *we, you, they*

These are called personal pronouns. You met many of these in the dialogues, and here is the complete list:

I	**jeg**	*we*	**vi**
you	**du/De** (singular)	*you*	**I/De** (plural)
he	**han**	*they*	**de**
she	**hun**		
it	**den** (common gender)		
	det (neuter gender)		

-**eg** in **jeg** is pronounced like *I*
In **det** the -**t** is silent.
De/de is pronounced with the Danish i-sound.

3 *Am, are* and *is* (present tense of *to be*): er

While in English the verb *to be* has three different forms in the present tense (I *am*, you *are*, he *is*), in Danish there is only one form (**er**):

jeg er	vi er
du er/De er	I er/De er
han er	de er
hun er	
den er	
det er	

4 The present tense

The present tense of Danish verbs ends in -r. You have seen several examples of this in the dialogues, such as **George kommer i dag** and **hun hedder Marie Sørensen**. Notice that the verb stays the same whatever goes before it:

jeg flyver til København
du/De flyver til England
han flyver til Danmark
hun flyver til Manchester
den flyver til Jylland
det flyver til Århus
vi flyver til Odense
I/De flyver til Gatwick
de flyver til Skotland

The present tense is used to describe:

a what usually happens.
Han flyver...   *He flies to Århus every day.*
b what is happening now.
Han flyver...   *He is flying above Copenhagen at the moment.*
c what will happen.
Han flyver...   *He'll fly tomorrow.*

It is used to indicate the future, especially in connection with expressions of time such as *soon, tomorrow, on Sunday, next year*.

5 Skal

This verb was used in the dialogues when the characters talked about what they were planning to do and means *is/are going (to)*:

Hun skal bo hos os i en uge. *She is going to stay with us for a week.*
De skal køre med os til Holte. *You are going (to go) with us to Holte.*

Skal was also used in Marie Sørensen's suggestion:

Jeg synes, vi skal sige 'du'   *I think we should say 'du' to*
til hinanden.   *each other.*

After **skal** the main verb of the sentence ends in -e or a stressed vowel, e.g. **sige**; this form of the verb is called the infinitive.

6 The infinitive

The infinitive ends in unstressed -e which is added to the stem (the main part of a verb without any endings). If the stem of the verb has only one syllable and ends in a stressed vowel no -e is added, e.g. **bo** (*stay*, *live*), though there are some exceptions. The present tense ending -r is added to the infinitive.

komme + r = kommer
bo + r = bor

The infinitive '*to be*' is **at være**.

7 Statements and questions

Look at the sentences below and notice the change in word order when a statement becomes a question and vice versa.

Statements

Han kommer fra England.	*He is from England.*
Hun hedder Marie.	*She is called Marie.*
Hans bor i Holte.	*Hans lives in Holte.*

Questions

Kommer han fra England?	*Is he from England?*
Hedder hun Marie?	*Is she called Marie?*
Bor Hans i Holte?	*Does Hans live in Holte?*

The answer may be *yes* **ja**, or *no* **nej**. If the answer is *yes* to a negative question (e.g. Doesn't he live in London?) the Danish reply is **jo**.

You can also form a question by using an interrogative word such as *what, when, how, why*.

hvad (*what*): Hvad hedder din mor?

8 Possession: my neighbour's mother

In Danish -s is added without an apostrophe: **min nabos mor**.

However, nouns ending in -s, e.g. **Hans**, add -es or an apostrophe: **Hanses hat** or **Hans' hat** (*Hans's hat*).

Øvelser (*Exercises*)

1   Answer the following questions in Danish:

   a   Hvad hedder Hans' nabo?
   b   Hvad hedder Hans' ven fra England?
   c   Hvad hedder Kirstens mor?
   d   Hvad hedder du?

2 Change these statements into questions:

a Alison kommer på fredag.
b Marie Sørensen bor i Herning.
c George kører med toget fra Esbjerg til København.
d Det er en interessant rejse.

3 Re-write the following sentences replacing the characters' names and nouns with pronouns. Here is an example to start you off:

George kommer fra England. Han kommer fra England.

a Kommer jeres venner i dag?
b Alison flyver herover.
c Rejsen er lang.
d Toget kører til København.
e Hans og Kirsten bor i Holte.

▶ **4** Complete the following dialogue, by filling in the answers:

– Goddag! Hvad hedder du?
a
– Jeg hedder Poul. Jeg kommer fra København. Kommer du også fra København?
b
– Bor du i London?
c

▶ **5** Complete the following dialogue:

a
– Jeg hedder Anna Jensen.
b
– Nej, jeg bor i Esbjerg.
c
– Nej, min datter bor i England.

▶ **6** How do you say the following in Danish:

a Hello John! Welcome to Denmark!
b Hello Mads! Thank you!
c I think it is an interesting journey.
d What is your mother called?
e She is called Edith Olesen.
f She is going to stay with us for a week.
g Excuse me, are you Viggo Nielsen?
h No, my name is Per Hansen.
i I am sorry!

Andre tekster (*Comprehension*)

▶ Samtale (*Dialogue*)

Hans's wife, Lone, is talking to Kirsten's husband, Niels.

Lone	Kirsten siger, du skal rejse til England i næste uge.
Niels	Ja, jeg skal flyve til Manchester på mandag.
Lone	Jeg synes, det er en interessant rejse med båd fra Esbjerg til Harwich.
Niels	Det synes jeg også, men det er en lang rejse. Jeg kan flyve fra København til Manchester. Jeg kommer tilbage til København på tirsdag.

rejse	*travel*	**kan**	*can*
næste	*next*	**tilbage**	*back*
på mandag	*on Monday*	**på tirsdag**	*on Tuesday*

Rigtigt eller forkert (*True or false*)

Now decide which of the following statements are true (**R**) and which are false (**F**).

a Niels is travelling to England on Monday.
b Niels will travel by boat from Esbjerg to Harwich.
c Niels will travel to Manchester and back to Copenhagen on the same day.

København

Det er interessant at være turist i København. Mange englændere rejser til København. De rejser med båd fra Harwich til Esbjerg og med tog fra Esbjerg til Danmarks hovedstad, eller de flyver derover. København er Danmarks politiske centrum. Dronningen bor på Amalienborg Slot. Der er mange museer og parker. Alle går i Tivoli.

at være	*to be*
en turist	*a tourist*
mange	*many*
englændere	*Englishmen, English people*
en englænder	*an Englishman*
en hovedstad	*a capital*
eller	*or*
derover	*over there*
politiske	*political*

et centrum	*a centre*
dronningen	*the queen*
en dronning	*a queen*
på Amalienborg Slot	*at Amalienborg Palace*
et slot	*a castle, a palace*
der er	*there are*
museer	*museums*
et museum	*a museum*
parker	*parks*
en park	*a park*
alle	*everybody*
går i Tivoli	*visit the Tivoli Gardens*
gå	*go, walk*

Tivoli Gardens, Copenhagen

Rigtigt eller forkert (*True or false*)

Which of these are true (**R**) and which are false (**F**)?

a Few English tourists visit Copenhagen.
b The queen lives at Amalienborg Palace.
c Only a few of the tourists visit the Tivoli Gardens.

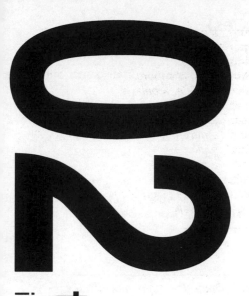

02 tak for mad!

it was a lovely meal!

In this unit you will learn
- how to say phrases used at meal times in Denmark
- how to express a wish
- how to make negative statements

Samtaler (*Dialogues*)

▶ 1 Dav George!

When Hans parks the car outside their house Lone comes out to welcome him and George.

Lone	Dav George! Velkommen til Danmark!
George	Hej Lone! Tak skal du have!
Lone	Er du træt?
George	Ja, lidt. Det er en lang rejse.
Lone	Er du sulten?
George	Ja, jeg er meget sulten.
Lone	Maden er næsten færdig. Vi kan spise om et kvarter.
Hans	Du trænger til en gin og tonic, George. Det gør vi alle tre.
George	Ja tak, det vil jeg gerne have.
Hans	Værsgo, en stærk gin og tonic!
George	Tusind tak!

Tak skal du have!	*Thank you* (*very much*)*!*
træt	*tired*
lidt	*a little*
sulten	*hungry*
meget sulten	*very hungry*
maden	*the food*
næsten	*nearly*
færdig	*ready*
spise	*eat*
om et kvarter	*in a quarter of an hour*
trænger til	*need*
det gør vi alle tre	*all three of us do* (Lit. *that we do all three*)
gør	present tense of **gøre** (*do*)
det vil jeg gerne have	*I would like* (*to have*) *that* (Lit. that I would like to have)
vil gerne	*would like*
Værsgo!	*Here you are!*
stærk	*strong*
Tusind tak!	*Thank you very much!*

▶ 2 A quarter of an hour later

Lone	Værsgo! Nu skal vi spise. Vi skal have klar suppe, flæskesteg med rødkål og æblekage.
George	Det lyder godt. Jeg holder meget af dansk mad.

Lone   Har du en flaske rødvin, Hans?
Hans   Her er to flasker rødvin.
George Det bliver hyggeligt.

Værsgo!	(here) an invitation to come to table
nu	*now*
have	*have*
klar suppe	*consommé*
flæskesteg med rødkål	*roast pork with red cabbage*
æblekage	*a dessert similar to trifle, made with stewed apples*
det lyder godt	*that sounds good*
lyde	*(to) sound*
jeg holder meget af	*I am very fond of*
holde af	*be fond of, like*
dansk mad	*Danish food*
Har du ... ?	*Do you have ... ? Have you got ... ?*
en flaske	*a bottle*
rødvin	*red wine*
her	*here*
to flasker rødvin	*two bottles of red wine*
det bliver hyggeligt	*it will be 'cosy'* (we shall have a lovely time)
blive	*become*
hyggeligt	*'cosy', homely, nice*

▶ 3 An hour later

Lone   Du kan godt spise noget mere, ikke George?
George Jo tak, det kan jeg godt. Det smager så godt.
Hans   Jeg kan også godt spise lidt mere æblekage. Man kan godt drikke rødvin til æblekage. Skål!
George Ja, det kan man. Skål!

godt	*well* (not to be translated here)
noget mere	*some more*
ikke George?	*Can't you, George?*
Jo tak	*Yes please* (after a negative question)
det smager så godt	*it tastes so good*
smage	*(to) taste*
man kan godt drikke	*one can drink*
man	*one*
drikke	*(to) drink*
til æblekage	*with **æblekage***
Skål!	*Cheers!*

▶ 4 Shortly afterwards

Lone Velbekomme! Nu trænger vi til en kop kaffe.
George Tak for mad. Det smagte dejligt.
Hans Tak for mad, skat.

Velbekomme!	At the end of the meal the hostess says **velbekomme**. There is no equivalent phrase in English. It means: *may it* (the food) *do you good*
en kop kaffe	*a cup of coffee*
det smagte dejligt	*it tasted lovely*
dejligt	*lovely*
skat	*darling*

Rigtigt eller forkert (*True or false*)

a George is hungry.
b George would like a gin and tonic.
c George has never tasted Danish food before.
d They drink a bottle of white wine.
e Hans eats several helpings of the dessert.

ⓘ Shaking hands

When you arrive at a Danish home and are greeted, you shake hands with your host as you say *hello* to each other. When leaving, you shake hands again. *Goodbye* is **farvel**, while the informal equivalent is **hej** or **hej-hej**.

ⓘ Værsgo

Værsgo is a contracted form of **værsågod** which literally means *be so good*. You use it when handing somebody something in the sense *here you are!*: **Værsgo, en stærk gin og tonic!**

Værsgo is also used as an invitation to come to table: **Værsgo! Nu skal vi spise** (corresponding to *Dinner is served*).

ⓘ Tak for mad

When the hostess says **velbekomme** at the end of the meal, everybody thanks her for the food, using the phrase **tak for mad**. It is part of table manners.

Sådan siger man det (*What to say*)

How to:

- express what you would like
  Jeg **vil gerne** followed by the infinitive of the main verb, e.g. **Jeg vil gerne rejse til København.**
  Ja tak, det **vil** jeg **gerne** have: *Yes please, I would like that.* (Literally, yes please, that I would like to have.)
  Jeg **vil gerne** komme på fredag: *I would like to come on Friday.*
- say 'thank you'
  Tak!
  Tak skal du have!
  'many thanks!' **Mange tak!**
  'thank you very much!' **Tusind tak!**
- say 'yes please!'
  Ja tak!
  Jo tak!
  'no thanks!' **Nej tak!**
- say phrases used at meal times **Værsgo!**
  Tak for mad!
  Velbekomme!

Grammatik (*Language patterns*)

1 The (boat), the (train)

In Danish *the* is not a separate word, but an ending. If the noun is common gender, -**en** is added to the word; if it is neuter gender, -**et** is added.

The common gender:

en båd	*a boat*
båden	*the boat*

The neuter gender:

et tog	*a train*
toget	*the train*

The is not an ending if immediately before the noun there is a qualifying word, e.g. the *long* journey. (See Unit 05.)

Nouns that end in unstressed -e only add -n or -t:

en rejse	*a journey*
rejsen	*the journey*
en uge	*a week*
ugen	*the week*

A double consonant in Danish does not indicate length, but serves to show that the preceding vowel is short. A word never ends in a double consonant. If the vowel before the final consonant is short and stressed the consonant is doubled when the ending is added:

en kop	*a cup*
koppen	*the cup*
et slot	*a palace*
slottet	*the palace*

2 *Me, you, him/her/it* and *us, you, them*

In the first unit you were given the personal pronouns in the form that is used when the personal pronoun performs the act that the verb describes (*I* travel, *you* eat, *he* drinks, etc.); in other words, when they are the subject. In this note you have the forms that are used when the pronoun is the object (I can see *him*, we visit *them*, etc.). Here is the complete list:

me	mig	*us*	os
you	dig/Dem	*you*	jer/Dem
him	ham	*them*	dem
her	hende		
it	den/det		

-**ig** in **mig** and **dig** is pronounced like *I*; **d** in **hende** is silent.

Here are some examples, using the phrase **holde af** (*be fond of*):

de holder af **mig**	*they are fond of me*
hun holder af **dig**	*she is fond of you* (informal, singular)
vi holder af **Dem**	*we are fond of you* (formal, singular)
jeg holder af **ham**	*I am fond of him*
vi holder af **hende**	*we are fond of her*
han holder af **den**	*he is fond of it* (common gender)
hun holder af **det**	*she is fond of it* (neuter gender)
de holder af **os**	*they are fond of us*

jeg holder af **jer**	*I am fond of you* (informal, plural)		
vi holder af **Dem**	*we are fond of you* (formal, plural)		
hun holder af **dem**	*she is fond of them*		

3 Expressing a wish

Look at the sentences below and notice that after **vil gerne** and **vil ikke** the main verb is in the infinitive.

Saying what you would like:

Jeg **vil gerne** have lidt æblekage.   *I would like to have a little æblekage.*

Saying what you would like to do:

Jeg **vil gerne** rejse på fredag.   *I would like to travel on Friday.*

Saying what you do not want to do:

Jeg **vil ikke** flyve på mandag. *I don't want to fly on Monday.*

4 The present tense of *to have*

Have (*have*) is pronounced *ha*. The present tense of the verb has only one syllable – **har**:

I have	**jeg har**	*we have*	**vi har**
you have	**du/De har**	*you have*	**I/De har**
he/she/it has	**han/hun/den/det har**	*they have*	**de har**

5 How to form negative statements

Look at the sentences below and see how you change a positive statement into a negative one.

Hun har en ven i England. *She has a friend in England.*
Hun har ikke en ven i England. *She does not have a friend in England.*

In statements formulated in this way (main clauses) the word **ikke** which means *not* is placed after the verb.

In sentences with **skal** or **vil** followed by an infinitive, **ikke** is placed between **skal** or **vil** and the infinitive:

Jeg skal ikke flyve til London på mandag. *I am not flying to London on Monday.*

▶ 6 Numerals: 0–10

0	nul	6	seks
1	en	7	syv
2	to	8	otte
3	tre	9	ni
4	fire	10	ti
5	fem		

Øvelser (*Exercises*)

1 Complete the right-hand column. There are four examples to help you:

en båd	bå**den**	(*the boat*)
en rejse	rejse**n**	(*the journey*)
en ven	ven**nen**	(*the friend*)
et tog	tog**et**	(*the train*)
en nabo	a	(*the neighbour*)
en turist	b	(*the tourist*)
et slot	c	(*the palace*)
en dronning	d	(*the queen*)
en uge	e	(*the week*)
en kop	f	(*the cup*)

2 Insert **ikke** in the following sentences. Here is an example:
George kommer i dag. George kommer ikke i dag.

a Det er en lang rejse.
b Alison flyver til København.
c Hun hedder Marie Sørensen.
d De spiser æblekage.
e Han kan spise mere.
f Hun skal bo hos os.
g Vi skal køre nu.

▶ 3 Express the following wishes in Danish:

a I would like to fly on Friday.
b I would like to stay with them.
c I would like to travel to England.
d I would like a cup of coffee.

4 Rewrite the following sentences replacing the names and the nouns with *him*, *her*, *it* and *them*, as in this example:

Han skal bo hos Hans og Lone.   Han skal bo hos dem.

- **a** De spiser æblekagen.
- **b** Jeg skal køre med Hans og Kirsten.
- **c** De holder meget af Niels.
- **d** Vi siger 'du' til Kirstens mor.

5 Answer the following questions in Danish:

- **a** Er George træt?
- **b** Hvad trænger han til?
- **c** Hvad skal de have at spise?
- **d** Holder George af dansk mad?
- **e** Drikker de vin til maden?

6 Arrange the following sentences so that they form a dialogue:

- **a** Hej Lise! Tak skal du have!
- **b** Dav Mette! Velkommen til København!
- **c** Ja, lidt. Det er en lang rejse.
- **d** Er du træt?
- **e** Ja tak! Det vil jeg gerne have.
- **f** Du trænger til en kop kaffe.

Andre tekster (*Comprehension*)

▶ A Danish meal

Det er dejligt at spise hos en dansk familie. Jeg holder meget af dansk mad. Mine danske venner bor i København. De hedder Lene og Mikael Larsen. Lene siger: 'Værsgo! Nu skal vi spise', når maden er færdig. Mikael kommer med en flaske rødvin. Jeg synes, maden smager godt. Lene siger: 'Du kan godt spise noget mere, ikke David?', og jeg siger: 'Jo tak, det kan jeg godt'. Jeg vil gerne have mere vin. Vi drikker to flasker vin. Til dessert spiser vi chokoladeis. Lene siger: 'Velbekomme!', og Mikael og jeg siger: 'Tak for mad!'

at	*to (before the infinitive* **at spise***)*	**kommer med**	*brings*
		en dessert	*a dessert*
en familie	*a family*	**chokoladeis**	*chocolate ice-cream*
når	*when*		

Rigtigt eller forkert (*True or false*)
Which of these are true (**R**) and which are false (**F**)?

a David enjoys eating a meal in a Danish home.
b His Danish friends live in Jutland.
c David does not like the wine.
d They have ice-cream for dessert.

03

på indkøb

shopping

In this unit you will learn
- how to ask a favour
- how to offer assistance
- how to say phrases that you will need when shopping
- how to describe the weather

Samtaler

▶ 1 Godmorgen!

Lone is making coffee in the kitchen.

George	Godmorgen!
Lone	Godmorgen! Har du sovet godt?
George	Ja tak, jeg har sovet som en sten.
Lone	(*addressing Hans who is still in the bedroom*) Hans! Kan du lige gå hen til bageren efter morgenbrød og mælk?
Hans	Ja, det skal jeg nok, men jeg skal lige have et brusebad først.
George	Jeg kan gå hen til bageren. Jeg ved godt, hvor butikken ligger.
Lone	Tak skal du have! Så dækker jeg bord i mellemtiden.

Godmorgen!	*Good morning!*
Har du sovet godt?	*Did you sleep well?* (Lit. have you slept well?)
en sten	*a stone*
sove som en sten	*sleep like a log*
lige	*just*
hen	This word indicates movement away from the speaker. There is no equivalent in modern English.
en bager	*a baker*
til bageren	*to the baker's*
efter	(here) *for*
morgenbrød	*breakfast rolls*
mælk	*milk*
det skal jeg nok	*I'll do that.* (Lit. I shall certainly (do) that).
et brusebad	*a shower*
først	*first*
jeg ved	*I know* (to know=**at vide**)
hvor	*where*
en butik	*a shop*
ligge	*lie, be situated*
så	*then*
dække bord	*lay the table*
et bord	*a table*
i mellemtiden	*in the meantime*

▶ 2 At the baker's

Ekspeditricen Hvad skulle det være?

George Jeg vil gerne have 3 rundstykker og 3 stykker wienerbrød.

Ekspeditricen Ellers andet?

George Ja, en liter letmælk og noget piskefløde. Hvad koster en liter piskefløde?

Ekspeditricen Den koster 20 (tyve) kroner.

George Jeg skal have en halv liter. Hvor meget bliver det?

Ekspeditricen Det bliver 30 (tredive) kroner.

en ekspeditrice	*a shop assistant*
Hvad skulle det være?	*Can I help you?*
	(Lit. what should it be?)
et rundstykke (3 rundstykker)	*a roll (three rolls)*
3 stykker wienerbrød	*three Danish pastries*
et stykke wienerbrød	*a Danish pastry*
ellers andet	*anything else*
en liter letmælk	*a litre of semi-skimmed milk*
noget piskefløde	*some whipping cream*
	(**fløde**=*cream*)
hvad koster ... ?	*how much is ... ?*
koste	*cost*
en krone	*a crown* (Danish coin, roughly the equivalent of 10 pence)
en halv liter	*half a litre*
Hvor meget bliver det?	*How much is (all) that?*
	(Lit. how much does that become?)

▶ 3 At the florist's

Ekspeditricen Godmorgen! Kan jeg hjælpe Dem?

George Ja tak, jeg vil gerne have en buket blomster. Hvad koster roserne?

Ekspeditricen En stor buket med 10 røde roser koster 60 (tres) kroner.

George Det er lidt for dyrt, synes jeg.

Ekspeditricen En lille buket med 3 tulipaner og 3 påskeliljer koster 15 (femten) kroner.

George Det er billigt. Den vil jeg gerne have.

Ekspeditricen *(wraps the flowers and hands them to George)* Værsgo!

George (*handing her the money*) Værsgo, her er aftalte penge! Vil De være så venlig at sige mig, hvordan jeg kommer hen til Kløvervej?

hjælpe	*help*
en buket	*a bouquet*
blomster	*flowers* (**en blomst** = *a flower*)
roserne	*the roses* (**en rose** = *a rose*)
stor	*big*
10 røde roser	*ten red roses*
Det er lidt for dyrt.	*That is a bit too expensive.*
..., synes jeg	*..., I think*
lille	*small*
tulipaner	*tulips* (**en tulipan** = *a tulip*)
påskeliljer	*daffodils* (**en påskelilje** = *a daffodil*)
Det er billigt.	*That is cheap.*
her er aftalte penge	*here is the exact amount*
penge (plural)	*money*
Vil De være så venlig ...	*Could you please ...* (Lit. will you be so kind ...)*?*
sige	*tell*
hvordan	*how*
Kløvervej	*Clover Road* (typical street name in a residential area)

▶ 4 Hans and Lone are waiting for George

Lone Hvor bliver George dog af?

Hans Bare han ikke er faret vild i vores villakvarter.

George (*arriving*) Det må I undskylde. Det var jeg længe om. Værsgo, morgenbrød, mælk, fløde og en buket blomster!

Lone Tusind tak, George!

Hans Hvordan er vejret i dag?

George Det regner, men det er ikke koldt.

Hans Blæser det?

George Nej, det blæser ikke.

Lone Det klarer op i løbet af formiddagen. Vi kan gå en tur i eftermiddag.

Hans Hvis solen skinner i eftermiddag, kan vi køre op til Dyrehaven og gå en tur der.

Hvor bliver George af?	*Where has George got to?*
dog	used in exclamatory remarks (here it conveys slight impatience)
Bare han ikke er faret vild.	*I hope he hasn't lost his way.*
bare ...	*I hope/I do hope ...*
(at) fare vild	*(to) lose one's way*
i vores villakvarter	*in our estate* (**et villakvarter** = *an estate*)
Det må I undskylde.	*I am sorry.* (Lit. you must excuse/ forgive that)
Det var jeg længe om.	*That took me a long time.*
længe	*long, a long time*
Hvordan er vejret i dag?	*What is the weather like today?*
det regner	*it is raining*
koldt	*cold*
det blæser	*it is windy*
det klarer op	*it will brighten up*
i løbet af	*in the course of*
formiddagen	*the morning* (the time between nine o'clock and noon)
gå en tur	*go for a walk*
i eftermiddag	*this afternoon*
hvis	*if*
solen	*the sun*
skinner	*shines*
op til Dyrehaven	*up to the Deer Park* (an area of parkland and woods)
der	*there*

Rigtigt eller forkert (*True or false*)

a Hans goes to the baker's to buy rolls and milk.
b George buys ten red roses.
c It is raining, but it is not windy.

ℹ️ How much is this?

If you want to inquire about the price of an article you use the phrase: **Hvad koster den/det?** When you want to pay for several items that you have selected you ask: **Hvor meget bliver det?**

You might receive the answer: **Den/Det koster 20 (tyve) kroner flasken.** *It costs 20 crowns a bottle.* Notice that the definite form (**flasken**) is used in Danish, i.e. 20 crowns *the* bottle.

ℹ️ Please

There is no single equivalent in Danish for the word *please*. In requests among friends the word **lige** is often used. It adds politeness to what would otherwise be a brusque request. **Kan du lige gå ned til bageren?**

Vil De være så venlig at ... is the more formal way of introducing a request.

Sådan siger man det

How to:

• offer to do something	Jeg kan gå hen til bageren.
• offer assistance in a shop	Hvad skulle det være?
	Kan jeg hjælpe Dem?
• ask for something in a shop	Jeg vil gerne have ...
• ask the price	Hvad koster en liter piskefløde?
	Hvor meget bliver det?
• express surprise that somebody has not yet arrived	Hvor bliver George af?
• apologize	Det må I undskylde.
• ask what the weather's like	Hvordan er vejret i dag?
• say that it is raining	Det regner.
• say that it is windy	Det blæser.
• say that the sun is shining	Solen skinner.

Grammatik

1 The plural forms of nouns

In Danish there are three ways of forming the plural of nouns: (i) Some nouns add -**e**, (ii) some add -**er** (if the word ends in -**e** add only -**r**) and (iii) some have no plural ending. The rule mentioned in Unit 02 (page 26) concerning the doubling of a final consonant following a short and stressed vowel also applies when the plural ending is added.

en båd	*a boat*	både	*boats*
et bord	*a table*	borde	*tables*
en blomst	*a flower*	blomster	*flowers*
en ven	*a friend*	venner	*friends*
en rose	*a rose*	roser	*roses*
en sten	*a stone*	sten	*stones*
et tog	*a train*	tog	*trains*

The Danish equivalent of *the*, immediately preceding a noun in the plural, is an ending. **-ne** is added to the plural form regardless of whether the word is common gender or neuter gender. If the noun does not have a plural ending an extra syllable is created by the insertion of **-e-** between this plural form and the ending.

både	*boats*	bådene	*the boats*
borde	*tables*	bordene	*the tables*
blomster	*flowers*	blomsterne	*the flowers*
venner	*friends*	vennerne	*the friends*
roser	*roses*	roserne	*the roses*
sten	*stones*	stenene	*the stones*
tog	*trains*	togene	*the trains*

At the back of the book you will find a list of all the Danish words that are used in the dialogues and texts, in alphabetical order (page 262). The gender and plural form of the nouns are indicated in brackets.

2 Adjectives

Adjectives are 'describing' or 'qualifying' words. In Danish, adjectives do not always appear in the same form. Endings are added and they are determined by the form of the noun that an adjective qualifies. After the indefinite article **en/et**, adjectives are inflected according to gender. After **en** no ending is added. After **et**, **-t** is added.

en rød blomst	*a red flower*
et rødt bord	*a red table*

In the plural the adjective ends in **-e**.

røde blomster	*red flowers*
røde borde	*red tables*

If the adjective follows the noun, separated from it by a form of the verb *to be*, as in *the rose is red*, the adjective is inflected in Danish. Describing a common gender noun in the singular, it does not add an ending. Referring back to a neuter gender noun in the singular, it adds **-t**. If the noun is in the plural, the adjective ends in **-e**.

Buketten er billig.	*The bouquet is cheap.*
Bordet er dyrt.	*The table is expensive.*

| Det er dyrt. | *That is expensive.* |
| Blomsterne er billige. | *The flowers are cheap.* |

A final consonant following a short and stressed vowel is doubled before -e: **turisterne er trætte** (*the tourists are tired*).

The adjective **lille** (*small*) does not add -t in the neuter gender: **et lille bord. Lille** is only used in the singular, in the plural it is replaced by **små: små borde**. The adjective **små** does not end in -e, although it is a plural form.

3 Word order

While in an English sentence the subject (the person or thing 'doing' something) normally comes before the verb, e.g. *Then I shall lay the table*, their order is frequently reversed in a Danish clause. This is called inversion. It happens in the following cases:

a In a main clause when it does not start with the subject:

| Så **dækker jeg** bord i mellemtiden. | *Then I **shall** lay the table in the meantime.* (Lit. then shall I ...) |

A main clause is a sentence, containing a subject and a verb, which is a complete statement, while a subordinate clause is an incomplete statement that only makes sense when it is joined to the main clause. *I'll come tomorrow* is a main clause. *When I come tomorrow* is a subordinate clause.

b In a main clause when it follows a subordinate clause:

| Hvis solen skinner i eftermiddag, **kan vi** køre op til Dyrehaven. | *If the sun shines this afternoon **we can** drive up to Dyrehaven.* (Lit.... . can we drive ...) |

c In questions (see Unit 01, page 17):

| **Bor Hans** i Holte? | *Does Hans live in Holte?* |

4 *My, your, his/her/its* and *our, your, their*

Singular forms

a *my*: **min, mit, mine**. In Danish, *my* agrees with the noun that it is attached to:

min nabo	*my neighbour*
mit slot	*my castle*
mine venner	*my friends*

b *your* (sing.): **din, dit, dine.** This form of the pronoun also agrees with the noun:

din familie	*your family*
dit tog	*your train*
dine flasker	*your bottles*

c In the third person singular the possessive pronouns have two forms. The required form depends on the grammatical relationship between the subject of the clause and the possessive pronoun as explained below. The possessive pronoun *his* is either **hans** or **sin/sit/sine**, *her* is either **hendes** or **sin/sit/sine**, and *its* is either **dens/dets** or **sin/sit/sine**.

his: **hans.** No agreement, which means this form is used regardless of gender and number:

hans mor	*his mother*
hans rundstykke	*his roll*
hans blomster	*his flowers*

her: **hendes.** No agreement:

hendes datter	*her daughter*
hendes bord	*her table*
hendes penge	*her money*

its: **dens** or **dets,** depending on whether *it* is common gender or neuter gender:

dens blomster	*its* (common gender) *flowers*
dets park	*its* (neuter gender) *park*

his, her and *its*: **sin, sit, sine** (agreement). This form is used when the sentence is constructed in a certain way. If *he* is the subject of the verb and the action involves something or somebody that belongs to *him* then **sin, sit,** or **sine** is used:

Han hjælper **sin** mor.	*He helps his mother.*

Similarly:

Hun hjælper **sine** venner.	*She helps her friends.*

If you said: *Han* hjælper *hans* mor, it would be someone else's mother he was helping.

Plural forms

a *our*: **vores** (no agreement):

vores slot	*our castle*

b *your* (pl.): **jeres** (no agreement):

jeres dronning   *your queen*

c *their*: **deres** (no agreement):

deres hovedstad   *their capital*

The formal *your* is **Deres** in both the singular and the plural (no agreement):

Deres is   *your ice-cream*

The possessive pronoun **hans** is pronounced differently from the name **Hans**. In **Hans** there is a glottal stop in the **n**, while there is no glottal stop in **hans**.

5 En flaske vin (*a bottle of wine*)

Notice that in Danish **vin** follows immediately after **flaske**. Similarly:

en liter mælk   *a litre of milk*
en kop kaffe   *a cup of coffee*

6 Numerals: 11–20

11	elleve	16	seksten
12	tolv	17	sytten
13	tretten	18	atten
14	fjorten	19	nitten
15	femten	20	tyve

-ek- in **seksten** is pronounced like *I*.

Øvelser

1 Write down the plural and the definite forms of the following nouns, as in these examples:

en dag	dagen	dage	dagene
(*a day*)	(*the day*)	(*days*)	(*the days*)
en ven	ven**nen**	ven**ner**	ven**nerne**

a en buket   **e** et slot
b et bord   **f** en nabo
c en dronning   **b** en familie
d et tog   **h** en båd

▶ **2** Complete the following dialogue by filling in what the customer says in Danish:

Ekspeditricen: Hvad skulle det være?
(The customer): *I would like a bottle of red wine.*
a
Ekspeditricen: Jeg har en god flaske rødvin her. Den koster 90 (halvfems) kroner.
(The customer): *That is a bit too expensive, I think!*
b
Ekspeditricen: Her er en god og billig vin. Den koster 50 (halvtreds) kroner.
(The customer): *Yes, that is cheap. I would like that.*
c

3 Change the following adjectives and nouns from the singular to the plural as in this example:

en billig flaske (*a cheap bottle*), billige flasker (*cheap bottles*)

a	en dyr buket	**e**	et hyggeligt slot
b	en dansk familie	**f**	en stærk vin
c	en lille park	**g**	en lang rejse
d	en træt ekspeditrice		

4 Move the words in bold to the beginning of the sentence and place the verb before the subject. (See **Grammatik**, page 38, on inversion.) Here is an example:

Det klarer op **i løbet af formiddagen**. I løbet af formiddagen klarer det op.

a Jeg dækker bord **i mellemtiden**.
b Vi spiser chokoladeis **til dessert**.
c George kommer **i dag**.
d Jeg skal flyve til London **på mandag**.
e Vi skal spise **nu**.
f Jeg kører til Holte **om et kvarter**.

5 Insert the possessive pronoun in the correct form in the following sentences:

a (*my*) —— mor bor i Herning.
b (*his*) —— mor bor i København.
c (*our*) —— venner flyver til Danmark.
d (*their*) —— dronning bor på Amalienborg slot.
e (*her*) —— buket er dyr.
f Hun drikker (*his*) —— vin.

g Hun bor hos (*her*) —— datter i en uge.
h Hvad hedder (*your* pl.) —— nabo?
i Bor (*your* sing.) —— venner i London?
j Han rejser over til (*his*) —— venner i Jylland.

6 Imagine you are going shopping and you want to buy the items pictured below. What would you say to the shop assistant:

a

b

c

d

7   Answer the following questions in Danish, using whole sentences.
   a   Har George sovet godt?
   b   Går Hans til bageren?
   c   Er roserne billige?
   d   Skinner solen?

Andre tekster

In the morning

Når vejret er godt, går jeg til bageren om morgenen, inden vi spiser morgenmad. Jeg køber fire rundstykker og to stykker wienerbrød. Bageren sælger også mælk, og jeg køber en liter letmælk. Jens laver kaffe, og når jeg kommer tilbage, er kaffen færdig. Det er dyrt at købe morgenbrød hver dag, men jeg synes, det smager så godt. Jeg køber også rundstykker og wienerbrød, når det regner. Så kører jeg hen til bagerbutikken.

gå	walk	**sælge**	sell
om morgenen	in the morning	**lave**	make
inden	before	**hver**	each
morgenmad	breakfast	**dag (-en, -e)**	day
mad (-en)	food	**så (godt)**	so (good)
købe	buy		

Rigtigt eller forkert (*True or false*)

Which of these are true (**R**) and which are false (**F**)?

a   I only go to the baker's when the sun is shining.
b   I buy two Danish pastries.
c   The baker also sells milk.
d   I make coffee when I return home.

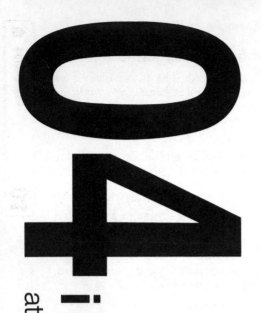

04

i lufthavnen
at the airport

In this unit you will learn
- how to ask for information at a
  railway station and an airport
- how to tell the time

Samtaler

▶ 1 Buying tickets at the railway station

It is Friday, the day of Alison's arrival. The plane arrives at 2 p.m. Before going to the airport to meet her, George calls at the main railway station to buy train tickets to Århus. He and Alison are travelling to Jutland on Monday. Lone has taken the day off work.

George   Min kone og jeg skal rejse til Århus på mandag midt på dagen. Hvornår afgår der tog fra København?

Billetsælger   Der afgår Inter City tog fra København hver time: 12.00, 13.00 osv. (tolv nul nul, tretten nul nul, og så videre). Man skal have pladsbillet til toget.

George   Jeg vil gerne have to billetter til toget klokken 12.00.

Billetsælger   Enkeltbilletter eller returbilletter?

George   Enkeltbilletter.

Billetsælger   Rygere eller ikke-rygere?

George   Ikke-rygere.

Billetsælger   Det bliver 442,00 (fire hundrede toogfyrre) kroner.

kone (-n, -r)	*wife*
midt på dagen	*in the middle of the day, midday*
hvornår?	*when? (in a question)*
afgå	*depart*
billetsælger (-en, -e)	*ticket office clerk*
hver time	*each hour*
time (-n, -r)	*hour*
osv. (og så videre)	*etc.*
skal	*must (here used to imply necessity)*
pladsbillet	*seat reservation*
billet (-ten, -ter)	*ticket*
klokken 12.00	*at 12 o'clock, at 12 noon*
enkeltbillet	*single ticket*
returbillet	*return ticket*
rygere	*smokers*
ikke-rygere	*non-smokers*

▶ 2 Waiting at the airport

Lone and George arrive at the airport at 2 o'clock. They have a cup of coffee while they are waiting for the arriving passengers to reclaim their baggage.

Lone   Det er nu nemt at flyve fra England til Danmark. Hvor længe varer flyveturen?

George   Den tager ca. 2 timer. Men Alison skal med toget ned til London og derfra med undergrundsbanen ud til Heathrow. Hun rejste hjemmefra klokken halv seks i morges.

Lone   Nu kommer passagererne fra London. Der har været mange med flyet.

George   Ja, men jeg tror ikke, Alison har været med. Nu er de alle kommet.

Det er nemt.	*It is easy.*
nu	here: *I must say*
vare længe	*take a long time*
Hvor længe varer flyveturen?	*How long does the flight take?*
den tager	*it takes*
ca. (cirka)	*circa, approximately*
Alison skal med toget	After **skal** the verb of movement is often omitted in Danish. Here **rejse** is implied.
ned	*down*
derfra	*from there*
undergrundsbanen	*the Tube*
ud	*out*
rejste	*travelled* (past tense)
rejste hjemmefra	*left home*
klokken halv seks	*at half past five*
i morges	*this morning*
passager (-en, -er)	*passenger*
har været	*has/have been*
fly (-et, -)	*(aero)plane*
jeg tror ikke …	*I don't think …*
er kommet	*has/have come/arrived*

▶ 3 Still waiting at the airport

Lone rings Hans at work and learns that Alison telephoned him from Heathrow a couple of hours ago to say that she had arrived late at the airport because the train had been delayed. Lone returns to George.

Lone   Jeg har talt med Hans. Alison ringede til ham klokken halv 1 (et) fra Heathrow. Toget var forsinket, og hun ankom til lufthavnen så sent, at hun ikke kunne komme med flyet.
George   Hvornår kommer hun så? Kommer hun i dag?
Lone   Ja. Hun sagde, at hun kommer med det næste fly.
George   Så må vi finde ud af, hvornår det ankommer.

har talt	*have talked*
tale med	*talk to*
ringede til	*telephoned* (past tense of **ringe**)
klokken halv 1 (et)	*at half past 12*
var forsinket	*was delayed*
ankom	*arrived* (past tense of **ankomme**)
lufthavn (-en, -e)	*airport*
så sent	*so late*
at	*that*
kunne	*could*
sagde	*said* (past tense of **sige**)
må	*must*
finde ud af	*find out*

▶ 4 George goes to the information desk

George   Undskyld, kan De sige mig, hvornår det næste fly ankommer fra London?
Funktionær   Ja, der ankommer et British Airways fly 15.45 (femten femogfyrre).
George   Min kone kommer med et SAS fly.
Funktionær   Det ankommer 17.30 (sytten tredive).

funktionær (-en, -er)	*employee*
der ankommer et British Airways fly ...	*a British Airways plane arrives ...* (Lit. there arrives a British Airways plane ...)

Rigtigt eller forkert

a   George buys return tickets to Århus.
b   Alison and George live a long way from London.
c   Alison arrives late in Copenhagen because her plane took off late from Heathrow.
d   Alison arrives at half past 5.

ℹ️ Telling the time

Hvad er klokken?	What is the time?
Klokken er 1 (et).	It is 1 o'clock.
Klokken er 7.	It is 7 o'clock.

It is a quarter past 8. The word *past* is **over** in Danish, and *a quarter* is **et kvarter** or just **kvart**. The whole phrase is **klokken er et kvarter over 8** or **klokken er kvart over 8**. **Klokken** can be replaced by **den**: **den er kvart over 8**.

It is a quarter to 9 (*to* in Danish is **i**) is **den er kvart (et kvarter) i 9**.

It is half past 10. In Danish you relate the half-past expressions to the following hour. *Half past 10* is **halv 11** (Lit. half 11). The whole phrase is **den er halv 11**.

It is 5 (minutes) past 10 is **den er 5 minutter over 10** (you cannot leave out the word **minutter**).

It is 25 past 10. The time between 21 minutes past and 29 minutes past the hour is usually expressed by giving the number of minutes left before the 'half hour'. In this case you say that *it is five minutes to half past 10* (Lit. to half 11): **den er 5 minutter i halv 11**.

It is 22 minutes to 11. The time between 29 minutes to the hour and 21 minutes to the hour is usually expressed in a similar way, by giving the number of minutes past the 'half hour': **den er 8 minutter over halv 11**.

It is 20 to 11 is simply **den er 20 minutter i 11**.

At 12 o'clock is **klokken 12** (there is no word in Danish corresponding to *at*).

Arrival and departure times at airports and railway stations are given by the 24-hour clock, starting at midnight. E.g., the time *15.03* is expressed as **femten nul tre** and *21.17* as **enogtyve sytten**.

Sådan siger man det

How to:

- ask when there are trains departing for a certain destination

  Hvornår afgår (kører) der tog til Århus?

- say that a seat reservation is required

  Man skal have pladsbillet til toget.

- inquire about the arrival time of an aeroplane

  Undskyld, kan De sige mig, hvornår det næste fly ankommer fra London?

Grammatik

1 Talking about the past

When you talk about something that took place or was done earlier in the day, or longer ago, you do not use the form of the verb that ends in **-r** (the present tense), but either the past tense (**hun rejste ned til London:** *she travelled down to London*) or the perfect tense (**jeg har talt med Hans:** *I have talked to Hans.*) English and Danish use the two tenses in the same way, although in practice there are occasional differences. The past tense refers to a certain time prior to the moment of speaking and stresses the fact that an action was completed then. The perfect tense is concerned with the result of a past action, relating it to the present moment. Compare these two examples:

hun ringede klokken halv 1   *she rang at half past 12*
                                (past tense)
hun har ringet   *she has telephoned* (perfect tense)

In English some verbs add an ending in the past tense: *talk-ed, help-ed,* and others form the past tense by changing the vowel: *drink/drank, hang/hung.* The same two groups are found in Danish.

a Some verbs have an ending which is added to the stem of the verb. This ending is either **-ede** or **-te**:

infinitive:	*stem:*	*past tense:*
ringe	ring	ringede
koste	kost	kostede
bo	bo	boede
tale	tal	talte
spise	spis	spiste
trænge	træng	trængte

No rules can be given as to which of the two endings a verb from this group takes. In the vocabulary at the end of the book the past tense of all verbs is indicated in brackets.

b The other group does not have an ending in the past tense. Here the tense is shown by a change of vowel:

infinitive:	*past tense:*
hjælpe	hjalp
drikke	drak
være (*be*)	var (*was*)

There are a few verbs without a change of vowel:

infinitive: hedde	*past tense:* hed
komme	kom

c There are also a number of irregular verbs. These have an ending in the past tense and in most cases a change of vowel. The ending is either -de or -te:

infinitive: sige	*past tense:* sagde
gøre	gjorde
have (*have*)	havde (*had*)

2 Questions

When you want to ask a question you either place the verb before the subject (inversion), which you read about in Unit 01 (page 17) or you start the sentence with an interrogative word. In the dialogues and texts the following have been used:

hvad	*what*
hvordan	*how*
hvornår	*when*

who is **hvem:**

Hvem kommer i dag?	*Who is coming today?*
Hvem talte du med?	*Whom did you talk to?*

whose is **hvis:**

Hvis datter rejste til London?	*Whose daughter travelled to London?*

which is **hvilken, hvilket, hvilke:**

Hvilken båd sejlede du med?	*Which boat did you sail on?*
Hvilket bord købte I?	*Which table did you buy?*
Hvilke blomster købte han?	*Which flowers did he buy?*

Colloquially, however, people use **hvad for en, hvad for et, hvad for nogen:**

Hvad for en buket vil du have?	*Which bouquet would you like?*
Hvad for et tog kommer han med?	*Which train is he coming on?*
Hvad for nogen billetter købte du?	*What kind of tickets did you buy?*

▶ 3 Numerals: 20–100

20	tyve	70	halvfjerds
30	tredive	80	firs
40	fyrre	90	halvfems
50	halvtreds	100	hundrede
60	tres		

The numerals after 40 are the abbreviated forms of multiples of 20. The word for 50 (**halvtreds**) is an abbreviation of **halvtredsindstyve**. **Sinds** means 'times', and here **tyve** is multiplied by **halvtredje** (*two and a half*).

60 comes from *three times 20*: **tresindstyve**

70 comes from *three and a half* (**halvfjerde**) *times 20*: **halvfjerdsindstyve**

80 comes from *four times 20*: **firsindstyve**

90 comes from *four and a half* (**halvfemte**) *times 20*: **halvfemsindstyve**

While **halvanden/halvandet** is still used (*one and a half*), the words above starting with **halv-** are outdated expressions.

When speaking, you say the last digit first. Twenty-one is *one and twenty*: **enogtyve**.

35: **femogtredive**, 67: **syvogtres**, 98: **otteoghalvfems**, 109: (et) **hundrede (og) ni**, 382: **tre hundrede (og) toogfirs**.

Øvelser

1 Change the following adjectives and nouns from the plural to the singular, as in the examples:

roserne er dyre   rosen er dyr
(*the roses are expensive*)   (*the rose is expensive*)

bordene er lange   bordet er langt

a   buketterne er billige   e   turisterne er venlige
b   togene er røde   f   desserterne er gode
c   passagererne er trætte   g   slottene er dyre
d   flaskerne er små

2 Change the verbs in bold type in the following sentences from the present tense to the past tense. All the verbs form the past tense by adding -**ede** to the stem.

a   Jens og Lise **bor** i Odense.   c   Jens **ringer** til Jørgen.
b   Lise **dækker** bord.   d   Det **regner**.

e Det **klarer** op i løbet af
   formiddagen

f Turen **varer** ikke længe.

g Blomsterne **koster** 60 kroner

h Jørgen **laver** kaffe.

3 Change the verbs in bold in the following sentences from the present tense to the past tense. All the verbs form the past tense by adding -te to the stem.

a Det **blæser**.

b Vi **kører** til København.

c Peter **køber** 20 roser.

d Maden **smager** godt.

e Vi **spiser** chokoladeis.

f De **trænger** til en kop kaffe.

g Marie **taler** med Hans.

h Eva **rejser** til London.

4 In the following dialogue translate the English sentences into Danish.

– Hvornår ankommer det næste tog fra Korsør?

a *The train is delayed. It will arrive at 1 o'clock.*

– Jeg skal rejse til Esbjerg i morgen med Englænderen. Hvornår afgår toget?

b *Englænderen departs at 12.30. You must have a seat reservation.*

– Jeg vil gerne have en billet til toget.

c *A single or a return ticket?*

– En returbillet.

d *That's 438.00 kroner.*

5 Fill in the gaps by inserting the possessive pronouns in the correct form.

a Hvor er (*my*) —— billetter?

b Han kan ikke spise (*his*) —— chokoladeis.

c Hvor bor (*her*) —— mor?

d Hvornår kommer (*your* pl.) —— nabo?

e De talte med (*their*) —— datter.

f Jeg ringer til (*your* sing.) —— venner.

g (*his*) —— fly er forsinket.

6 In the following sentences the expressions of time are illustrated with clocks. Express these times in words, as in the example

kvart over ni.

Lotte kommer **a**

Jeg ringer **d**

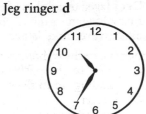

Vi spiser klokken **b**

Hvad er klokken?
Den er **e**

Han skal gå **c**

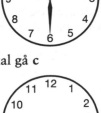

Klokken er **f**

7 Answer the following questions, using whole sentences.

a Hvornår skal Alison og George rejse til Århus?
b Køber George enkeltbilletter eller returbilletter?
c Hvornår afgår der intercitytog fra København?
d Hvor længe varer flyveturen fra London til København?
e Ankommer Alison med flyet klokken 2?

Andre tekster

Travelling by train

Jeg synes, det er nemt at rejse med toget. Der afgår Inter City tog fra København hver time. De kører fra hovedstaden over Sjælland og Fyn til Jylland. I Jylland kører togene nordpå op gennem de store byer i Østjylland til Frederikshavn. Det er ikke særlig dyrt at rejse med toget. Jeg kan lide at tale med mennesker, jeg møder i toget. Vi snakker om vejret, vores problemer og vores familie. Jeg har mødt mange interessante mennesker.

over	*over, across*
Sjælland	*Zealand*
Fyn	*Funen*
nordpå	*northwards, north*
op	*up*
gennem	*through*
de store byer	*the large towns*
by (-en, -er)	*town*
Østjylland	*Eastern Jutland*
det er ikke særlig dyrt	*it is not very expensive*
kan lide	*like*
menneske (-t, -r)	*person, human being*
møde (-te, -t)	*meet*
snakke (-ede, -et)	*talk, chat*
om	*about*
problem (-et, -er)	*problem*

Rigtigt eller forkert

a   Inter City trains depart from Copenhagen every two hours.
b   In Jutland the trains travel north through large towns.
c   It is expensive to travel by train in Denmark.

Samtale i lufthavnen

Lone   Hvor bliver passagererne af? Flyet landede klokken halv 6, og nu er den 6.

George   De står nok og venter på bagagen.

Lone   Jeg tror, de kommer nu.

George   Ja, der kommer Alison. Hej og velkommen, skat!

Lone   Hej, Alison! Det har været en besværlig rejse.

Alison   Ja, det har været en lang dag. Har I ventet herude i lufthavnen hele eftermiddagen?

George   Nej, vi har været i biografen. Jeg er ked af, din rejse har været så besværlig. Næste gang vi skal til Danmark, rejser vi sammen.

lande (-ede, -et)	*land*
stå (stod, stået)	*stand*
nok	*probably*
vente (-ede, -et)	*wait*
bagage (-n)	*luggage*
har været	*has been*
besværlig	*difficult, tiresome*
herude	*out here*
hele eftermiddagen	*all afternoon*
biograf (-en, -er)	*cinema*
Jeg er ked af ...	*I am sorry ...*
næste gang	*next time*
gang (-en, -e)	*time*
sammen	*together*

Rigtigt eller forkert

a The plane arrives at 6 o'clock.
b Lone and George spent the afternoon at the airport.
c George and Alison will travel together when they next go to Denmark.

05

weekend i Nordsjælland
weekend in North Zealand

In this unit you will learn
- how to make suggestions
- how to express agreement and disagreement

Samtaler

▶ 1 During breakfast the next morning

Hans   Nå, hvad skal vi lave i dag?

Lone   (*addressing Alison and George*) I aften er vi inviteret til en fest hos nogle af vores venner. De hedder Lars og Malene. Det er sankthansaften i aften, og de holder en fest i deres sommerhus i Gilleleje.

Hans   Ja, men den begynder først klokken 6. Hvad har I lyst til at lave i mellemtiden?

Alison Jeg vil meget gerne se Louisiana.

Hans   Det er en god idé. Lad os køre op til Louisiana. Vi kan spise frokost på en restaurant først og sidst på eftermiddagen køre op til Gilleleje.

Lone   Jeg synes ikke, vi skal besøge Louisiana i dag. Lad os tage derop i morgen og køre op til Helsingør i stedet. Jeg kan få billetter til forestillingen på Kronborg Slot i eftermiddag. En engelsk teatergruppe opfører for tiden *Hamlet.*

Nå, ...	*Well, ...*
lave (-ede, -et)	*do*
i aften	*this evening, tonight*
aften (-en, -er)	*evening*
invitere (-ede, -et)	*invite*
fest (-en, -er)	*party*
nogle af vores venner	*some of our friends*
sankthansaften	*St. John's Eve* (23 June)
holde (holdt, holdt)	*hold, keep,* (here: *have*)
sommerhus (-et, -e)	*summer cottage*
hus (-et, -e)	*house*
Gilleleje	*a fishing town on the north coast*
begynde (-te, -t)	*begin*
først	*not until*
Hvad har I lyst til at lave?	*What do you feel like doing?*
have lyst til	*feel like*
jeg vil meget gerne se	*I would like very much to see*
se (så, set)	*see*
Louisiana	the name of a museum of modern art
idé (-en, -er)	*idea*
lad os	*let us*
lade (lod, ladet or **ladt)**	*let*

frokost (-en, -er)	lunch
på en restaurant (pl. -er)	at a restaurant
sidst på eftermiddagen	at the end of the afternoon
besøge (-te, -t)	visit
tage (tog, taget)	take, (here: go)
derop	up there
i morgen	tomorrow
i stedet	instead
få (fik, fået)	get
forestilling (-en, -er)	performance
Kronborg Slot	the Castle of Elsinore
engelsk	English
teatergruppe (-n, -r)	theatre company
opføre (-te, -t)	perform
for tiden	at the moment

▶ 2 About six o'clock in the evening

Alison Bor Lars og Malene i Gilleleje hele året rundt?

Lone Nej, de har sommerhus heroppe. De bor i en lejlighed inde midt i København. Vi har ikke besøgt dem heroppe før.

Hans Jeg tror godt, jeg ved, hvor huset ligger. Det er vist det røde hus derhenne.

Lone Nej, huset er ikke rødt. Det er gult, og det ligger lidt uden for Gilleleje.

George Jeg håber, vi finder det. Kunne vi ikke spørge om vej?

Hans Kan du huske adressen, Lone?

Lone Nej, jeg troede, Lars havde givet dig adressen.

Hans Ja, det gjorde han, men jeg har glemt den. Jeg kører lidt uden for byen. Der finder vi nok et gult hus.

George Hvor er her smukt! Når jeg tænker på Danmark, tænker jeg altid på farven blå: blå himmel, blåt hav.

Lone Lad os køre over til det gamle, gule hus derovre ved den lille skov. Hvis det ikke er Lars og Malenes, ved ejeren måske, hvor deres ligger.

Hans Ja, det lyder fornuftigt.

hele året rundt	*all year round*
år (-et, -)	*year*
heroppe	*up here*
lejlighed (-en, -er)	*flat*
inde midt i København	*in the middle of Copenhagen*
før	*before*
vist	*probably*
derhenne	*over there, up there*
gul	*yellow*
uden for Gilleleje	*outside Gilleleje*
håbe (-ede, -et)	*hope*
finde (fandt, fundet)	*find*
spørge om vej	*ask the way*
spørge (spurgte, spurgt)	*ask*
huske (-ede, -et)	*remember*
adresse (-n, -r)	*address*
give (gav, givet)	*give*
glemme (-te, -t)	*forget*
Hvor er her smukt!	*How beautiful it is here!*
tænke på (-te, -t)	*think of*
altid	*always*
farve (-n, -r)	*colour*
blå	*blue*
himmel (-en, himle)	*sky, heaven*
hav (-et, -e)	*sea*
det gamle, gule hus	*the old, yellow house*
gammel	*old*
derovre	*over there*
ved	*by*
den lille skov	*the small wood*
skov (-en, -e)	*wood, forest*
ejer (-en, -e)	*owner*
måske	*perhaps*
fornuftig	*sensible, reasonable*

▶ 3 Around ten o'clock in the evening

Alison Bliver det slet ikke mørkt her?

Lone Jo, nu begynder det snart at blive mørkt.

Lars Jeg går ned til stranden nu og tænder bålet.

Malene Vi kommer om 10 minutter. Skal vi tage noget med derned?

Lars Bare jeres sangstemmer.

Alison Hvad skal vi synge?

Hans Når vi sidder omkring bålet sankthansaften, synger vi sange om den danske sommer, først og fremmest *Vi elsker vort land*, der handler om sankthansaften:

over mark, under strand,
vil vi bålet på fædrenes gravhøje tænde,
hver by har sin heks, og hvert sogn sine trolde,
dem vil vi fra livet med glædesblus holde,
vi vil fred her til lands,
sankte Hans, sankte Hans,
den kan vindes, hvor hjerterne aldrig bliver
tvivlende kolde.

Bliver det slet ikke mørkt her?	*Doesn't it get dark here at all?*
blive (blev, blevet)	*become*
mørk	*dark*
snart	*soon*
ned	*down*
strand (-en, -e)	*beach*
tænde (-te, -t)	*light*
bål (-et, -)	*bonfire*
Skal vi tage noget med derned?	*Shall we bring something?*
derned	*down there*
bare	*only*
sangstemme (-n, -r)	*singing voice*
synge (sang, sunget)	*sing*
sidde (sad, siddet)	*sit*
omkring	*around, round*
sang (-en, -e)	*song*
sommer (-en, somre)	*summer*
først og fremmest	*first and foremost*
elske (-ede, -et)	*love*
vort (old neuter form of **vores**)	*our*
land (-et, -e)	*country*
der	*which/who/that*
handle om (-ede, -et)	*be about, deal with*

the lines from the song by Holger Drachmann:

on field and beach
we shall light our bonfires on our fathers' burial mounds,
each town has its witch, each parish its trolls,
we shall keep them at bay with a merry blaze,
we want peace in our land,
St John, St John,
it can be won where hearts never become cold with doubt

Rigtigt eller forkert

a Alison would like to visit Louisiana.

b Lone thinks that it is a good idea to visit Louisiana before going to the party on Saturday evening.

c Lone and Hans have visited Lars and Malene in Gilleleje before.

d Lars and Malene's cottage is yellow and it is situated a little outside the town of Gilleleje.

i Sankthansaften

Sankthansaften is the eve of an old saint's day on which an ancient pagan ritual continues to be performed with the lighting of bonfires all over the country.

i Kronborg Slot

Kronborg Slot (the castle of Elsinore) is situated in **Helsingør** where the sound between Denmark and Sweden is at its narrowest. It was built in the first half of the fifteenth century by the Danish king, Erik of Pomerania, when he introduced the Sound Dues – a toll to be paid by ships passing Elsinore. The king built a number of castles on both sides of the Sound to make sure that these dues were paid. **Kronborg Slot** has provided the setting for many productions of Shakespeare's *Hamlet*.

i synes, tro, tænke (*think*)

When you express your personal opinion about somebody or something you introduce the statement with **jeg synes**:

Jeg synes, blomsterne er lidt   *I think the flowers are a bit too*
    for dyre.   *expensive.*

If you begin a sentence with **jeg tror**, you are implying that you believe something to be the case, but you are not completely sure:

Jeg tror, de kommer   *I think they will arrive at*
    klokken 3.   *3 o'clock.*

You can also begin sentences with **jeg tænker**:

Jeg tænker ofte på ham.   *I often think of him.*

ⓘ først (*first* or *not until*)

Vi kan spise frokost på en restaurant først og ...	*We can eat lunch at a restaurant first and ...*
Festen begynder først klokken 6.	*The party does not start until 6 o'clock.*

Sådan siger man det

How to:

- ask what someone feels like doing   **Hvad har du lyst til at lave?**
- express agreement   **Jeg synes, det er en god idé.**
- express disagreement   **Jeg synes ikke, vi skal besøge Louisiana i dag.**
- express an assumption   **Jeg tror godt, jeg ved, hvor huset ligger.**
- make a suggestion   **Lad os køre over til det gamle, gule hus.**

Grammatik

1 The word *the* and adjectives

a In Unit 02 (page 25) you were told that *the* is not a separate word in Danish, but an ending. In the singular, -**en** or -**n** is added to a common gender noun and -**et** or -**t** to a neuter noun. Note 1 in Unit 03 (page 37) explained that *the* immediately before a noun in the plural is also an ending: -**ne**. However, if there is an adjective between the article and the noun, *the* is not an ending, but a separate word, an article, as in English.

Note that after the definite article (*the*), the adjective normally ends in -**e**.

den røde blomst	*the red flower* (common gender, singular)
det gule hus	*the yellow house* (neuter gender, singular)

In the plural the article is the same for both genders: **de**.

de røde blomster	*the red flowers*
de gule huse	*the yellow houses*

b Adjectives that end in -el, -en, -er drop the e when the ending -e is added: **sulten** + -e = **sultne**. A double consonant immediately before -e- is simplified: **gammel** + e = **gamle**.

en gammel by, den gamle by *an old town, the old town*
et sultent menneske   *a hungry person,*
  det sultne menneske   *the hungry person*

c Most adjectives that consist of one syllable and end in a vowel do not add -e when this is otherwise required: **blå, små**.

et blåt hav, det blå hav, små huse

2 Plural of nouns

Before the plural ending most nouns that end in -el, -en and -er drop the e. For example, **sommer** becomes **somre** in the plural, and **himmel** becomes **himle** (a preceding double consonant is simplified).

Nouns denoting professions and nationalities mainly end in -er. These do not drop the e in the plural. For example **bager** (*baker*) becomes **bagere** and **englænder** becomes **englændere**. In these nouns, however, the plural ending disappears when the definite article *the* is used: **bagere** (*bakers*) becomes **bagerne** (*the bakers*). Similarly **englændere** becomes **englænderne**.

The word **menneske** ends in -r in the plural. Before the definite ending (-ne) the -r tends to disappear:

et menneske   mennesket   mennesker   menneskene

Sometimes a vowel change takes place when the plural ending is added. This happens in **datter** (*daughter*), **døtre** (*daughters*), and **hovedstad** (*capital*), **hovedstæder** (*capitals*).

3 The position of words like 'ikke' (*not*) and 'altid' (*always*) in a main clause

In Unit 02 (page 27) you learned how to form negative statements in Danish by placing **ikke** after the verb:

Hun kommer i dag.   *She is coming today.*
Hun kommer **ikke** i dag.   *She is not coming today.*

Words meaning *not, never, always, often, seldom, only, soon* and *probably* are placed after the verb in a main clause:

Vi spiser **altid** rundstykker   *We always eat rolls in the*
  om morgenen.   *morning.*

If the verb consists of an auxiliary (or 'helping') verb and a past participle (the perfect tense), these words (adverbs) follow immediately after the auxiliary verb:

Jeg har **ikke** købt billetterne. *I have not bought the tickets.*

As mentioned in Unit 02 (page 27) the position of adverbs in sentences with **skal** or **vil** (and also **må** or **kan**) followed by an infinitive, is between these verbs and the infinitive:

Han vil **bare** se huset. *He only wants to see the house.*

4 Prepositions in expressions of time

Prepositions are words such as *in, on, for, at,* etc. Note how they are used in Danish in the following phrases to express time:

i dag	*today*
i morgen	*tomorrow*
i næste uge	*next week*
i morges	*this morning*
i eftermiddag	*this afternoon*
i aften	*this evening*
i mellemtiden	*in the meantime*
i løbet af formiddagen	*in the course of the morning*
på mandag	*on Monday* (future)
i en uge	*for a week*
om et kvarter	*in a quarter of an hour*
midt **på** dagen	*in the middle of the day*
sidst **på** eftermiddagen	*at the end of the afternoon*
for tiden	*at the moment*

Øvelser

1 Change the noun and adjective to make a sentence, as in the following examples:

det dejlige hus	huset er dejligt
(*the lovely house*)	(*the house is lovely*)
de gule huse	husene er gule
(*the yellow houses*)	(*the houses are yellow*)

a	den fornuftige ven	e	de venlige bagere
b	det lange tog	f	det gamle slot
c	den smukke dronning	g	den sultne passager
d	de dyre blomster		

2 Look at the advertisement below and then answer the questions in English.

Strand

Hotel
Nordsjælland

1/2 time

Helsingør

1/2 time

Priser
150,- 375,- DKr.
Morgenmad 25,-

i Nordsjællands
centrum

God beliggenhed -
Gode værelser

1/2 time

København

a How much does a single room cost per night?
b Is breakfast included in the price?
c How long does it take to drive from the hotel to the beach?

3 In the following sentences change **en/et** into **den/det** as in this example:

De er inviteret til **en** stor fest. (**den** store fest)

a Om eftermiddagen spiser de på **en** hyggelig restaurant.
b **En** sulten englænder spiser æblekage.
c Han drikker **en** dyr vin.
d De kører over til **et** blåt hus.
e Lars og Malene bor i **et** gammelt, gult hus.
f Lars tænder **et** stort bål.

▶ **4** In the following dialogue translate the English sentences into Danish.

– Hvad har du lyst til at lave i dag?
a *I would like to visit a museum.*
– Det er en god idé. Vi kan spise frokost på en restaurant

først og besøge et museum i eftermiddag.

b *I don't think we should eat at a restaurant. It is too
  expensive.*
– Der ligger en billig restaurant inde midt i København.
  Maden der er god.
c *If the food is good and cheap, I would like to eat there.*

5 Change the pronouns from the singular to the plural in the
   following sentences (e.g. *I* to *we*, *me* to *us*, *my* to *our*, *he* to
   they).

a **Jeg** rejste til England med **min** datter.
b **Han** ringer til **mig** hver dag.
c **Jeg** skal nok køre **dig** op til Gilleleje.
d **Hun** vil gerne købe **dit** hus.
e **Mine** blomster var ikke dyre.
f **Hans** fly er forsinket.
g Kan **du** køre **ham** ud i lufthavnen?

6 Insert the words in brackets into the following sentences.

a (**nok** *probably*) De kommer i morgen.
b (**bare** *only*) Jeg skal dække bord.
c (**ikke**) Han har tændt bålet.
d (**altid** *always*) Jeg ringer til min mor midt på dagen.
e (**snart** *soon*) Det begynder at blive mørkt.
f (**ikke**) Solen skinner.
g (**ikke**) Det har regnet hele dagen.
h (**ikke**) Jeg kan få billetter til forestillingen.

7 Answer the following questions, using whole sentences.

a Synes Hans, det er en god idé at køre op til Louisiana?
b Kører de op til Helsingør i stedet?
c Ligger Lars og Malenes sommerhus i Gilleleje?
d Hvordan finder de huset?

Andre tekster

Samtale

Trine   Hvad har du lyst til at lave i dag?
Karen   Jeg synes, vi skal køre ud til en skov og gå en tur.
Trine   Vejret er ikke godt, det regner.
Karen   Gør det? Blæser det også?

Trine	Nej, men det er meget koldt. Jeg har ikke lyst til at gå en tur i dag.
Karen	Jeg trænger til at gå en tur.
Trine	Skal vi ikke vente til i eftermiddag? Hvis det klarer op i løbet af formiddagen, kan vi køre op til Dyrehaven i eftermiddag og gå en tur der.

Gør det?   *is it?* (here, following, 'it is raining')

Rigtigt eller forkert

a   Karen changes her mind about going to the wood when she learns that it is raining.

b   It is not particularly cold.

c   Trine would like a walk in Dyrehaven later in the day if the weather improves.

06

med toget til Jylland

by train to Jutland

In this unit you will learn
- how to ask the way
- how to give directions

Samtaler

▶ 1 Finding seats on the train

It is Monday and the time is 11.45 a.m. Alison and George have just found their reserved seats on the Inter City train that departs at 12 o'clock.

Alison	To vinduespladser. Det var heldigt!
George	Ja, jeg glæder mig til turen.
En dame	Undskyld, men jeg tror, I har sat jer på de forkerte pladser. Min mand og jeg skal sidde på pladserne 57 og 58, og jeg fik at vide, at den ene er en vinduesplads.
George	Det må I meget undskylde. Vores pladser er 55 og 56, og jeg troede, at begge pladser var vinduespladser.
Damen	George!! Måske tager jeg fejl, men du minder mig om en, jeg engang kendte.
George	Jette!!

vinduesplads (-en, -er)	*window seat*
Det var heldigt!	*How fortunate!* (Lit. that was lucky)
glæde sig til (-ede, -et) ↻	*look forward to*
tur (-en, -e)	*trip, journey*
I har sat jer	*you have sat down*
sætte sig (satte, sat)	*sit down*
forkert	*wrong*
plads (-en, -er)	*place, seat*
få at vide	*be told* (Lit. get to know)
den ene	*one* (*of them*)
Det må I meget undskylde.	*I am very sorry.*
undskylde (-te, -t)	*excuse*
begge	*both*
tage fejl	*be mistaken, be wrong*
minde (-ede, -et) (om)	*remind* (*of*)
en	*one, someone*
engang	*once*
kende (-te, -t)	*know*

▶ 2 A meeting

Alison	Kender I hinanden?
George	Ja, men vi har ikke set hinanden i 25 år. Kan du huske, at jeg engang fortalte, at jeg har været på højskole i Danmark? Det var i det år, jeg tog fri, inden jeg begyndte at læse på universitetet.

fortælle (fortalte, fortalt)	*tell*
højskole (-n, -r)	*(folk) high school*
tage (et år) fri	*take (a year) off*
inden	*before*
læse (-te, -t)	*read, study*
universitet (-et, -er)	*university*

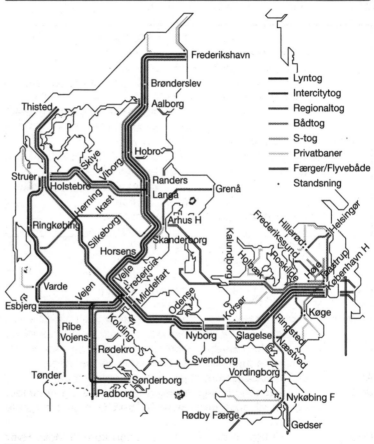

Frederikshavn

— Lyntog
— Intercitytog
— Regionaltog
— Bådtog
— S-tog
— Privatbaner
— Færger/Flyvebåde
· Standsning

Brønderslev

Thisted

Aalborg

Skive

Viborg

Hobro

Struer

Holstebro

Randers

Grenå

Herning

Ikast

Langå

Ringkøbing

Silkeborg

Århus H

Kalundborg

Frederikssund

Hillerød

Helsingør

Horsens

Skanderborg

Holbæk

Roskilde

Hørn

Kastrup

København H

Varde

Vejle

Fredericia

Middelfart

Odense

Korsør

Ringsted

Køge

Esbjerg

Vejen

Ribe

Vojens

Kolding

Nyborg

Slagelse

Næstved

Rødekro

Svendborg

Tønder

Sønderborg

Vordingborg

Padborg

Nykøbing F

Rødby Færge

Gedser

▶ 3 Jette addresses her husband

Jette Jeg har fundet pladserne, og jeg har fundet en ven, som jeg ikke har set i 25 år. (*Addressing George*) Ja, det er min mand, Peter.

George Goddag, jeg hedder George, og min kone hedder Alison.

Alison	Goddag. I må undskylde, at vi tog jeres vinduesplads.
Jette	Det gør ikke noget. Bliv endelig siddende. Vi kender turen. Vi rejser som regel med toget, når vi skal til København.
George	Hvor i landet bor I?
Peter	Vi bor i Århus.
George	Vi skal også til Århus. Vi skal holde et forretningsmøde der.

som	*who, which, that*
Det er min mand.	*This is my husband.*
mand (-en, mænd)	*man, husband*
det gør ikke noget	*it does not matter, that's all right!*
bliv endelig siddende	*do stay*
endelig	An adverb which here gives same emphasis as English *do.*
som regel	*usually, as a rule*
Vi skal også til Århus.	After **skal** and **vil** a verb of movement is often omitted in Danish: **Vi skal også (rejse) til Århus.**
forretningsmøde (-t, -r)	*business meeting*

▶ 4 Old friends

Jette	Vi skal faktisk ud og bo i vores sommerhus på Mols i en måned. Når I er færdige med forretningsmødet, kunne I så ikke tænke jer at komme ud og besøge os? Vi har masser af plads. I kunne bo hos os i et par dage.
Alison	Det er mægtig sødt af jer, men det er alt for galt.
Jette	Nej, tværtimod. Jeg vil meget gerne lære dig at kende, og jeg vil også gerne snakke med George om gamle dage.
George	Jeg vil leje en bil i Århus, så vi kan køre til Mols. Hvor ligger jeres sommerhus?
Peter	Det er let at finde. Når I kommer til Molskroen, skal I dreje til venstre mod Ebeltoft. Når I har kørt en kilometer, skal I dreje til venstre igen. Det er en blind vej, og vores hus er det sidste hus på højre hånd.

faktisk	*in fact*
en måned (-en, -er)	*month*
være færdig med	*have finished*
kunne tænke sig	*feel like*
masser af plads	*lots of room*
et par	*a few, a couple of*
mægtig sødt	*immensely kind* (Lit. sweet)
Men det er alt for galt!	*But you are far too kind!*
tværtimod	*on the contrary*
lære at kende	*get to know*
leje (-ede, -et)	*hire, rent*
bil (-en, -er)	*car*
så	*so*
let	*easy*
kro (-en, -er)	*inn*
dreje til venstre	*turn left*
dreje (-ede, -et)	*turn*
mod	*towards*
kilometer (-en, -)	*kilometer*
igen	*again*
en blind vej	*a cul-de-sac*
blind	*blind*
sidst	*last*
på højre hånd	*on your right*

Rigtigt eller forkert

a George and Jette have not seen each other for 25 years.
b Peter and Jette occasionally go by train to Copenhagen.
c Jette insists on having the window seat that she has reserved.
d George and Alison accept the invitation to spend a couple of days with Peter and Jette in Mols.

ℹ️ En (folke)højskole

En højskole or **folkehøjskole** is a residential school for people older than 18. There are no exams, and adults of all ages can spend a period here learning a number of subjects of their own choice and living together with other people. The first folk high school was built in 1844 by Kristen Kold (1816–1870). The inspiration came from N.F.S. Grundtvig (1783–1872), who wanted to educate the Danish population and prepare people from all levels of society for democracy. The folk high school has changed since the first schools were founded in the middle of the last century and among the subjects taught today are ecology and Third World problems. However, it still fulfils its role as one of the many factors shaping Danish democracy.

ℹ️ højre/venstre

højre right, right-hand

på højre hånd	*on your right*
dreje til højre	*turn right, turn to the right*
til højre for	*to the right of*

venstre left, left-hand

på venstre hånd	*on your left*
dreje til venstre	*turn left, turn to the left*
til venstre for	*to the left of*

Sådan siger man det

How to:

• ask the way	**Undskyld, kan De/du sige mig, hvor Tivoli ligger?** (*Excuse me, can you tell me where the Tivoli Gardens are?*)
• give directions	**Når De kommer til banegården, skal De dreje til højre. Tivoli ligger på venstre side af gaden.**
• ask the way	**Vil De være så venlig at sige mig, hvordan jeg kommer hen til Kløvervej?**
• give a negative reply	**Det kan jeg ikke hjælpe Dem med, jeg kender ikke kvarteret.**
• ask the way	**Hvor ligger jeres hus?**
• give directions	**Det ligger lidt uden for Gilleleje, mellem Gilleleje og Hornbæk. Når I har kørt ca. 2 kilometer, kan I se huset fra vejen. I skal dreje til venstre mod havet og vores hus er det sidste på højre hånd.**

Grammatik

1 Reflexive verbs

Reflexive verbs consist of a verb and a reflexive pronoun. They are called reflexive verbs because the action of the verb reflects on, is thrown back on, the subject. What is done, is done to the subject. (**at**) **sætte** means (*to*) *place* (for example, the vase on the table). (**at**) **sætte sig** means (*to*) *sit down* (Lit. place oneself).

The reflexive pronoun **sig** is used only in the third person singular (after **han/hun/den/det**) and the third person plural (after **de**). In the first and second persons the personal pronouns are used in the 'object' form. Here is the present tense of **sætte sig**:

jeg sætter **mig**	vi sætter **os**
du sætter **dig**/De sætter **Dem**	I sætter **jer**/De sætter **Dem**
han/hun/den/det sætter **sig**	de sætter **sig**

2 The perfect tense

As you saw in Unit 04 (pages 49–50) the perfect tense is used in both English and Danish when you relate an action in the past to the present moment. The perfect tense is concerned with the result, while the past tense stresses the fact that the action took place in the past.

The perfect tense consists of an auxiliary or 'helping' verb, plus the main verb in a form which is called the past participle. This form is sometimes identical with the past tense in English, as in *talked* and *has talked*, but not always, as in *drank* and *has drunk*. In Danish the past participle ends in -**t**.

a If the past tense ends in -**ede**, the past participle ends in -**et**:

ring**ede**	har ring**et**

If the past tense ends in -**te**, the past participle ends in -**t**:

tal**te**	har tal**t**

b In many of the verbs that do not have an ending in the past tense, but where the tense is shown by a change of vowel, a third vowel appears in the past participle:

hjælpe	hjalp	har hjulpet
drikke	drak	har drukket
være	var	har været

c If the irregular verbs have a different vowel in the past tense from the infinitive, the same vowel appears in the past participle:

sige	sagde	har sagt
gøre	gjorde	har gjort
spørge	spurgte	har spurgt
sætte	satte	har sat

Where there is no vowel change the vowel stays the same in the past participle too:

have	havde	har haft

In the vocabulary starting on page 262 the past tense and the past participle of the verbs are indicated in brackets.

The auxiliary verb is not always **har** in the perfect tense. Verbs of movement and verbs that imply 'change' use **er** in the perfect tense:

han er rejst til Danmark
hun er kommet

de er blevet store (*have become*)
det er begyndt at regne

3 The imperative

The imperative is the form of the verb you use when you invite or tell someone to do something. It is identical with the stem of the verb and you use the same form whether adressing one person or several people:

Kom!
Rejs!
Bliv siddende!

4 Relative clauses

Relative clauses are subordinate clauses that define or give additional information about something or somebody mentioned in the main clause (the antecedent).

Jeg har fundet en ven, som jeg ikke har set i 25 år. | *I have found a friend whom I haven't seen for 25 years.*

Vi synger en sang, **der handler om sankthansaften.** | *We sing a song which is about (deals with) St. John's Eve.*

In English a relative clause begins with *who* or *whom* when it relates to a person/people, and otherwise with *which*. In both cases *that* can be used. In Danish no such distinction is made and **som** or **der** can refer to any antecedent. The word **som** can be used both as the subject and the object of the relative clause. In the first example above it is the object. In the second example **der** is the grammatical subject. The word **der** could be replaced by **som** in this clause:

Vi synger en sang, **som** handler om sankthansaften. | *We sing a song which is about (deals with) St. John's Eve.*

Der can only be used as the subject.

When the word that establishes the relationship is the grammatical object of the relative clause, it is sometimes left out in both English and Danish.

Jeg kan lide at tale med mennesker, jeg møder i toget. | *I like talking to people I meet on the train.*

When it can be omitted in English, it can be omitted in Danish.

Relative clauses can relate to the whole of the main clause. For example, *he is very angry, which worries me*. In this case **som** or **der** cannot be used. Unit 12 contains more information about relative clauses.

Øvelser

1 Change the verbs in bold type in the following sentences from the past tense to the perfect tense:

a Jens **besøgte** os.
b Malene **dækkede** bord.
c Det **regnede**.
d Hun **glemte** at købe mælk.
e De **købte** fem billetter. var for dyre.

f   Vi **drak** en flaske vin.
g   De **fandt** huset.
h   Flyet **ankom**.

i   Vejret **var** godt.
j   Han **sagde**, at blomsterne

2   Change the verbs in the following sentences from the perfect tense to the past tense.

a   Det **er begyndt** at regne.
b   Vi **har inviteret** dem til en fest.
c   De **har boet** i en lejlighed.
d   De **er rejst** til England.
e   Jeg **har fået** pengene.
f   Jeg **har fortalt** ham om slottet.
g   Hendes datter **er blevet** stor.
h   Jeg **har været** i København.

3   Combine the two sentences by making the sentence in brackets part of the first sentence as a relative clause. Here are two examples:

Vi har set forestillingen. (Forestillingen handler om Danmark i dag.): **Vi har set forestillingen, der/som handler om Danmark i dag.**

Jeg har set forestillingen. (En engelsk teatergruppe opfører forestillingen på Kronborg Slot.): **Jeg har set forestillingen, som en engelsk teatergruppe opfører på Kronborg Slot.**

a   Lars og Malene har et sommerhus. (Deres sommerhus ligger i Gilleleje.)
b   Vi går ned til bålet. (Lars har tændt bålet.)
c   De har drukket den dyre flaske vin. (George gav dem den dyre flaske vin.)
d   Hans spiser lidt mere af æblekagen. (Lone har lavet æblekagen.)
e   Vi rejser over til København. (København er Danmarks hovedstad.)

4   Translate *think* into **synes, tror** or **tænker** in the following sentences. (See Unit 05, page 61).

a   Jeg ——, vi skal rejse med toget til Jylland.
b   Jeg —— , mange mennesker vil rejse til Jylland i morgen.
c   Vi —— på at købe et hus i Århus.
d   Jeg ——, Århus er en dejlig by.
e   Hvornår kommer Marie? Jeg ——, hun kommer med toget, der ankommer 15.03.
f   Jeg —— ikke, vi skal besøge Louisiana i dag.
g   Jeg ——, det klarer op i løbet af formiddagen.
h   Jeg ——, vi skal køre ud til en skov og gå en tur i eftermiddag.

5 Translate the following into Danish:

What is the time? It is half past six.
The performance begins at eight o'clock.
I must be in Gilleleje at twenty-five past seven.
I'll leave (**jeg kører**) at a quarter to seven.
My daughter has to be at the airport at twenty-five to seven
 tomorrow.

6 Now you are going to give directions. First answer A's
 question, and then B's. You meet them at different places, as
 indicated on the plan.

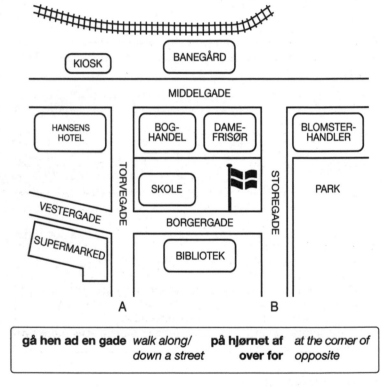

| **gå hen ad en gade** | *walk along/ down a street* | **på hjørnet af** *over for* | *at the corner of opposite* |

a Undskyld, kan du sige mig, hvor der ligger en blomster-
 handler?
b Undskyld, kan du sige mig, hvor Hansens Hotel ligger?

7 Translate the following into Danish:

a Twelve red roses.
b Twenty yellow tulips.
c Thirty-five English tourists.
d Eighty small houses.
e Fifty-two old trains.
f Seventy-nine hungry passengers.
g Sixty-seven cheap restaurants.
h Ninety-nine sensible men.

Andre tekster

Looking for the hotel

George and Alison are at the railway station in Århus. They have booked a room in one of the hotels in the centre of Århus.

Alison   Ved du, hvor hotellet ligger?
George   Ja, det er ikke ret langt herfra.

(They walk to where George thinks the hotel is, but he is wrong and they have to ask a passer-by for directions.)

George   Undskyld, kan du sige mig, hvor hotel Kattegat ligger?
Passer-by Ja, I skal ned til banegården for enden af denne gade. Der skal I gå til højre. Når I kommer til tredje gade på venstre hånd, skal I gå rundt om hjørnet, og hotellet ligger lige ved siden af hjørneejendommen.

hotel (-let, -ler)	*hotel*	gade (-n, -r)	*street*
ikke ret langt	*not very far*	rundt om	*round*
for enden af	*at the end*	hjørne (-t, -r)	*corner*
ende (-n, -r)	*end*	lige ved siden af	*right next to*
denne/dette	*this*	hjørneejendom	
tredje	*third*	(-men, -me)	*corner property*

Rigtigt eller forkert

a The passer-by says to George and Alison that they have to walk back to the railway station and then turn left.
b The hotel is situated at the corner of two streets.

In the evening in the hotel room

Alison Du har aldrig fortalt mig ret meget om det år, du tilbragte i Danmark, da du var 19.

George Det er fordi det skete, før jeg mødte dig.

Alison Var du på højskole hele tiden?

George Nej, kun de sidste 4 måneder, fra marts til slutningen af juni. Jeg arbejdede først i onkel Viggos forretning i Vejle i 8 måneder. Jeg kunne ikke tale dansk ret godt, da jeg kom over til Danmark, men jeg fik lært sproget i løbet af de 8 måneder.

aldrig	*never*
(aldrig/ikke ... ret (meget)	*(never/not) ... very (much)*
om	*about*
det år (du tilbragte)	*the year (you spent)*. A noun that is defined by a relative clause is often preceded by a demonstrative pronoun in Danish (Lit. that year) instead of being in the definite form (the year).
tilbringe (tilbragte, tilbragt)	*spend* (of time, not money)
da	*when*
fordi	*because*
ske (-te, -t)	*happen*
kun	*only*
marts	*March*
slutning (-en, -er)	*end*
juni	*June*
arbejde (-ede, -et)	*work*
onkel (-en, onkler)	*uncle*
forretning (-en, -er)	*business, shop*
lære (-te, -t)	*learn*
fik lært	*managed to learn*. **Få** plus the past participle of a verb means 'get' (done) or 'manage to' (do).
sprog (-et, -)	*language*

Rigtigt eller forkert

a George did not speak Danish very well when he arrived in Denmark at the age of 19.

b He knew Alison when he left England to spend a year in Denmark.

c He worked in his uncle's shop in Vejle before he went to the folk high school.

07

til
forretningsmøde
at a business meeting

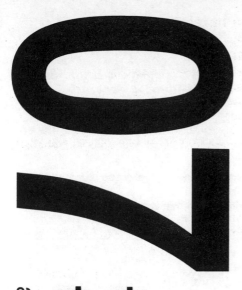

In this unit you will learn
- how to persuade someone by using 'salesmanship' language

Samtaler

▶ 1 Tuesday morning

The alarm clock goes off at seven o'clock and wakes up Alison and George. Alison hurries to the bathroom. She washes and dresses. George has fallen asleep again.

Vækkeuret ringer klokken 7 og vækker Alison og George. Alison skynder sig ud på badeværelset. Hun vasker sig og klæder sig på. George er faldet i søvn igen.

Alison	Skynd dig, George! Klokken er allerede 20 minutter over 7.
George	Jeg skal nok være færdig, når morgenmaden kommer om 10 minutter.

vækkeur (-et, -e)	*alarm clock*
ringe (-ede, -et)	*ring*
vække (-ede, -et)	*wake up*
skynde sig (-te, -t)	*hurry*
badeværelse (-t, -r)	*bathroom*
vaske sig (-ede, -et)	*get washed*
klæde sig på (-te, -t)	*dress (oneself)*
falde i søvn (faldt, faldet)	*fall asleep*
allerede	*already*
jeg skal nok	*I shall (certainly), I will*

▶ 2 Breakfast has arrived

Alison	Skal jeg skænke din kaffe?
George	Du må hellere vente et par minutter. Jeg er ikke helt færdig med at barbere mig.
Alison	Det ser lækkert ud. Jeg håber, du er sulten.
George	Der kommer ikke til at gå noget til spilde. Jeg vil gerne begynde med cornflakes, derefter et blødkogt æg, så et par stykker ristet franskbrød med appelsinmarmelade og til sidst et stykke wienerbrød.

skænke (-ede, -et)	*pour*
må hellere	*had better*
hellere	*rather*
helt	*completely*
barbere sig	*shave (oneself)*

se (så, set) ... ud	*look...*
lækker	*delicious*
komme til	*(here in the future sense) will*
gå til spilde	*go to waste, be wasted*
Der kommer ikke til at gå noget til spilde.	*Nothing will be wasted.*
blødkogt	*soft-boiled*
derefter	*after that*
æg (-get, -)	*egg*
riste (-ede, -et)	*toast*
franskbrød (-et, -)	*loaf of white bread*
et stykke ristet franskbrød	*a piece of toast*
marmelade (-n, -r)	*jam*
appelsinmarmelade	*marmalade*
appelsin (-en, -er)	*orange*
til sidst	*finally*

▶ 3 At the reception

George and Alison have invited a number of buyers from large supermarkets and also leading confectioners to a reception at a luxury hotel. The invitation mentions a surprise gift to all participants, who will be considered priority customers if they decide to buy the exquisite chocolates that George and Alison are trying to introduce into the Danish market. George addresses the large crowd of people who have turned up.

George Jeg vil gerne byde jer velkommen. Jeg håber, at I alle har fået et glas vin og har smagt på chokoladen. Og det er om den, jeg nu vil sige et par ord.

Det er jo ikke nogen helt almindelig chokolade. Den er lavet efter en helt ny opskrift af de fineste ingredienser uden nogen kunstige tilsætningsstoffer. Det betyder selvfølgelig, at den er dyrere end de fleste andre slags chokolade, men vores erfaring er, at folk er begyndt at interessere sig mere for kvalitet end for billige priser. Der er nu større efterspørgsel efter luksusvarer end nogensinde før.

Vores æsker er lavet af genbrugspapir, dvs. at vores produkt på ingen måde skader naturen, og det er jo meget vigtigt nu, hvor de fleste mennesker er blevet så miljøbevidste.

Vores prioritetskunder vil naturligvis få et gratis display, og vi kan tilbyde særlig favorable priser, hvis I sælger over 100 æsker chokolade om måneden. Og i dag vil vi gerne give alle en lille gave: en lille skål af det fineste engelske porcelæn fyldt med chokolade.

byde velkommen (bød, budt)	bid welcome
glas (-set, -)	glass
vin (-en, -e)	wine
smage på (-te, -t)	taste, sample, try
chokolade (-n, -r)	chocolate
ord (-et, -)	word
jo	This implies that the listeners are well aware of the truth of what is being said.
almindelig	ordinary, common, usual
ny	new
opskrift (-en, -er)	recipe
Det er ikke nogen helt almindelig opskrift.	It is no ordinary recipe.
finest	finest
ingrediens (-en, -er)	ingredient
uden	without
kunstig	artificial
tilsætningsstof (-fet, -fer)	additive
betyde (betød, betydet)	mean
selvfølgelig	of course
dyrere	more expensive
end	than
de fleste	most
andre	other
slags (-en, -)	kind, sort
erfaring (-en, -er)	experience
folk (-et)	people
interessere (-ede, -et) sig (for)	be interested (in)
kvalitet (-en, -er)	quality
billige priser	low prices
pris (-en, -er)	price
større	bigger
efterspørgsel (-en) (efter)	demand (for)
luksusvarer	luxury goods
luksus (-en)	luxury
vare (-n, -r)	article, product
nogensinde	ever
æske (-n, -r)	box

genbrugspapir (-et)	*recycled paper*
dvs. (det vil sige)	*that is to say*
produkt (-et, -er)	*product*
på ingen måde	*in no way*
måde (-n, -r)	*way, manner*
på en måde	*in a way*
skade (-ede, -et)	*harm*
natur (-en)	*nature, countryside*
vigtig	*important*
miljøbevidst	*environmentally aware*
prioritetskunde (-n, -r)	*priority customer*
kunde (-n, -r)	*customer*
naturligvis	*of course*
gratis	*free*
display (-et, -/-s)	*display unit*
tilbyde (tilbød, tilbudt)	*offer*
særlig	*particularly*
favorabel	*favourable*
om måneden	*a month* (each month)
gave (-n, -r)	*present*
skål (-en, -e)	*bowl*
porcelæn (-et)	*porcelain*
fylde (-te, -t)	*fill*

Rigtigt eller forkert

a George is not very hungry.
b George and Alison are selling a low-price product.
c The surprise present is a big box of chocolates.

i How to translate *know*

Jeg **ved**, hvor forretningen ligger.	*I **know** where the shop is.*
Du minder mig om en, jeg engang **kendte**.	*You remind me of someone I once **knew**.*

The verb **(at) vide, ved** (pres. tense), **vidste, vidst** is used when what is known or not known is expressed by a clause:

Jeg **ved**, at hun kommer på fredag.	*I know that she is coming on Friday.*
Hun **ved** ikke, om de kan tale engelsk.	*She does not know if they can speak English.*

It is also used if the grammatical object is **det**. If you are told something you know already, you say:

Det **ved** jeg.   *I know*. (Lit. I know it.)

The verb **(at) kende, kendte, kendt** is used when the grammatical object is a person, a subject or a place:

Jeg **kender** ham ikke.   *I don't know him.*
Kender du nogen gode hoteller *Do you know of any good*
  i Kolding?   *hotels in Kolding?*

få at vide:

Jeg **fik at vide**, at ...   *I was told that ...*

lære at kende:

Jeg vil meget gerne **lære** dig   *I would very much like to get*
  at kende.   *to know you.*

🛈 How to translate *when*

Vi rejser som regel med toget, *We usually go by train **when***
  når vi skal til København.   *we go to Copenhagen.*

... det år, du tilbragte i   *... the year you spent in*
  Danmark, **da** du var 19.   *Denmark **when** you were 19.*

Hvornår afgår der tog fra   ***When** are there trains departing*
  København til Århus?   *from Copenhagen to Århus?*

The word **når** corresponds to *whenever.* It can be used with a verb in the present or the past tense:

Når de besøgte os, gik vi altid *When they visited us we*
  i biografen.   *always went to the pictures.*

Når is also used when you talk about future events:

Når hun kommer på mandag,   *When she comes on Monday I*
  kan jeg give hende pengene.   *can give her the money.*

Da is used when you talk about a single event in the past:

Da han ankom til København,   *When he arrived in Copen-*
  var han meget træt.   *hagen he was very tired.*

Hvornår introduces a question:

Hvornår mødte du Jette?   *When did you meet Jette?*

ℹ The Danish word *der*

Der can be used in a relative clause as the word that establishes the relationship with the antecedent in the main clause. (See Unit 06, page 76.)

De skal med toget, **der** afgår klokken 3.   *They are leaving on the train that departs at 3 o'clock.*

In the sentence below, **der** is an adverb of place ('there').

Vi kan køre op til Dyrehaven og gå en tur **der**.   *We can drive up to the Deer Park and go for a walk **there**.*

Der often introduces a sentence in which the subject is in the indefinite form (**en mand, et tog/mænd, tog**). For example:

Der afgår intercity tog fra København hver time.   *Inter City trains depart from Copenhagen every hour.*

Der står en mand derhenne på hjørnet.   *There is a man standing over there at the corner.*

Der afgår et tog 15.34.   *There is a train departing at 15.34.*

Sådan siger man det

How to:

- welcome guests

  Jeg vil gerne byde jer velkommen.

- make what you say seem obvious

  Det betyder selvfølgelig, at ...

  Vores prioritetskunder vil naturligvis få et gratis display.

- imply that the listener is well aware of the truth of what you are saying

  Det er jo ikke nogen helt almindelig chokolade.

  Det er jo meget vigtigt nu, hvor ...

Grammatik

1 The position of adverbs (e.g. *ikke*, *altid*, *aldrig*) in a subordinate clause

As explained in Unit 03 (page 38) a main clause is a sentence which is a complete statement, while a subordinate clause only makes sense when it is joined to the main clause. There are some main clauses that seem incomplete; for example, **han siger**, at ... (*he says that ...*), **vi ved ikke**, om ... (*we don't know if ...*), **jeg synes ikke**, at ... (*I don't think that ...*).

If the subordinate clause is replaced by *it* or *so*, the main clause becomes complete in itself: *he says so, we don't know it, I think so*.

In Unit 05 (pages 63–4) you learned about the position, in a main clause, of adverbs indicating time (**altid** *always*, **nu** *now*, **ofte** *often*, **sjælden** *seldom*, **snart** *soon*), and of adverbs that negate (**ikke**, **aldrig** *never*) or in some other way qualify the meaning of the whole clause (**måske** *perhaps*, **kun**, **bare** *only*). These are placed after the verb or between the auxiliary verb and the main verb in a main clause.

In a subordinate clause such adverbs are placed before the verb(s) immediately after the subject:

Hvis hun **ikke** har set filmen,   *If she has not seen the film*
kan vi gå i biografen.   *we can go to the cinema.*

Main clause:

Jeg kunne **ikke** tale dansk   *I could not speak Danish*
ret godt.   *very well.*

Subordinate clause:

Fordi jeg **ikke** kunne tale dansk   *Because I could not speak*
ret godt, arbejdede jeg ...   *Danish very well I worked ...*

2 Demonstrative pronouns

Words such as *this, that, these* and *those* are called demonstrative pronouns.

for enden af **denne** gade   *at the end of **this** street*

The neuter form singular is **dette**: **dette** hus (*this house*). The plural form (*these*) is **disse**: **disse** blomster (*these flowers*).

In the spoken language these tend to be replaced by the following informal forms:

den gade **her, det** hus **her, de** blomster **her**

That is **den/det** and *those* is **de.**

These forms tend similarly to be replaced by the informal forms:

den gade **der, det** hus **der, de** blomster **der.**

The noun that a relative clause defines is often preceded by **den, det** or **de** instead of being in the definite form: **det** år, du tilbragte i Danmark (Lit. that year you spent in Denmark).

3 Modal verbs

Modal verbs are auxiliary verbs that define the motivation or circumstances surrounding the action of a verb in the infinitive, which carries the main meaning. Verbs such as 'can', 'must', 'shall' are examples of modal verbs.

a Inf. **kunne,** pres. tense **kan,** past tense **kunne,** past participle **kunnet.**

The verb **kan** implies either that it is possible to do something or that someone is capable of doing something:

> Jeg **kan** flyve fra København *I can fly from Copenhagen to*
> til Manchester. *Manchester.*
> Jeg **kan** godt spise lidt mere. *I can eat a little more.*

b Inf. **måtte,** pres. tense **må,** past tense **måtte,** past participle **måttet.**

The verb **må** implies that it is necessary to do something:

> Det **må** I undskylde *I am sorry* (Lit. you have to
>   excuse that.)

Note that **må ikke** means *must not*.

c Inf. **skulle,** pres. tense **skal,** past tense **skulle,** past participle **skullet.**

You use **skal** when you are talking about plans or arrangements:

> Hun **skal** bo hos os i en uge. *She is going to stay with us for*
>   *a week.*
> Vi **skal** ud og bo i vores *We are going to stay at our*
>   sommerhus i en måned. *cottage for a month.*

Skal is also used to imply that an action is necessary because of an order, a law or a regulation:

Man **skal** have pladsbillet til
toget.
*A seat reservation is required
for the train.*

Skal is used in suggestions, and sometimes it simply implies future:

Jeg synes, vi **skal** sige 'du'
til hinanden.
*I think we should address each
other by our Christian names.*
Jeg **skal** lige have et brusebad *First I'll just have a shower.*
først.

d Inf. **ville**, pres. tense **vil**, past tense **ville**, past participle **villet**.

The verb **vil** implies that someone wants to/intends to do something:

Han **vil** gøre det.   *He intends to do it.*
Han **vil gerne** gøre det.   *He would like to do it.*
Han **vil ikke** gøre det.   *He will not (won't) do it.*

Unit 13 contains more information about modal verbs.

Øvelser

1 Add **ikke** to the main clauses of the following sentences.

  a Det betyder, at chokoladen er dyrere end andre slags chokolade.
  b Jeg kunne tale dansk, da jeg kom til Danmark.
  c Jeg kan lide at tale med mennesker, jeg møder i toget.
  d Vi rejser med toget, når vi skal til København.
  e Kaffen var færdig, da jeg kom tilbage.
  f Jeg synes, vi skal besøge Louisiana i dag.

2 Add the adverb in brackets to the subordinate clause of the following sentences.

  a (aldrig) Han kender ikke Tivoli, fordi han har været i København.
  b (snart) Jeg håber, det klarer op.
  c (måske) Han siger, at de kommer på mandag.
  d (altid) Fordi det regner, kører vi aldrig op til Gilleleje.
  e (ikke) Hvis solen skinner i eftermiddag, kan vi gå i biografen.

3 Change the verbs in the following sentences from the past tense to the present tense.

   a Toget **afgik** 12.44.
   b Flyet **ankom** klokken 6.
   c Vi **besøgte** dem hvert år i juni måned.
   d Lars **gav** Hans adressen.
   e Det **gjorde** han.
   f Hans **kunne** ikke huske det.
   g De **fandt** Lars og Malenes hus.
   h Huset **lå** lidt uden for Gilleleje.
   i Det **var** meget koldt.
   j Jeg **trængte** til at gå en tur.
   k Han **havde** ikke lyst til at gå en tur.
   l Bageren **solgte** også mælk.
   m Jens **lavede** kaffe.

4 Translate the following sentences into Danish. All the verbs are reflexive verbs in Danish.

   a She washes and dresses.
   b Hurry, George!
   c We have to hurry.
   d I washed and dressed.
   e They have sat down.
   f George shaved.
   g Did you hurry? ('you' plural)

5 Translate the following into Danish.

   I would like to welcome you to this business meeting. I hope that you have all had a cup of coffee. I want to say a few words about the coffee, which is a particularly fine coffee. It is, of course, more expensive than most other kinds of coffee, but there is a great demand for our coffee in England, and I know that the Danes too like strong coffee. I can offer you special (favourable) prices.

6 Answer these questions, using whole sentences.

   a Hvornår ringer vækkeuret?
   b Går George ud på badeværelset først?
   c Er George sulten?
   d Hvorfor (*why*) er George og Alisons chokolade dyrere end de fleste andre slags chokolade?
   e Hvorfor er der nu stor efterspørgsel efter luksusvarer?

Andre tekster

▶ George chats to Poul Jensen

After the serious part of the business meeting George talks informally to his guests, among others to Poul Jensen.

Poul Er du dansker eller englænder?

George Både og. Min far er englænder og min mor er dansker. Jeg har altid boet i England, men da jeg var 19, tilbragte jeg et år i Danmark og jeg har tit været på ferie herovre.

Poul Hvor mange sprog kan du?

George Jeg lærte engang fransk i skolen i 4 år, men jeg kan ikke huske ret meget af det, vi lærte. Så det kan jeg nok ikke tælle med. Jeg kan kun 2: engelsk og dansk.

Rigtigt eller forkert

a George has spent many holidays in Denmark.
b George's father is a Dane.
c George knows several languages.

Alison talks to Gitte Sørensen

Gitte I taler begge mægtig godt dansk.

Alison George taler godt dansk, men jeg er ikke så god til det nu. Jeg har desværre glemt en masse ord. Begge mine forældre er englændere, men jeg gik i en dansk skole, da jeg var 8 år gammel. Min fars firma eksporterede dengang en masse varer til Danmark, og mine forældre, min bror og jeg boede i Ålborg i næsten et år. George er tosproget, og når vi er i Danmark, insisterer han på, at vi taler dansk hele tiden.

dansker (-en, -e)	*Dane*
både ... og	*both ... and*
far (faderen/faren, fædre)	*father*
mor (moderen/moren, mødre)	*mother*
tit	*often*
ferie (-n, -r)	*holiday*
herovre	*over here*
hvor mange	*how many*
Hvor mange sprog kan du?	*How many languages do you know?*
fransk	*French*
skole (-n, -r)	*school*
tælle med (talte, talt)	*include, count*

god til det	*good at it*
desværre	*unfortunately*
en masse (ord)	*a lot of (words)*
forældre (pl.)	*parents*
firma (-et, -er)	*firm*
eksportere (-ede, -et)	*export*
dengang bror (broderen/	*then, at that time*
broren, brødre	*brother*
tosproget	*bilingual*
insistere på (-ede, -et)	*insist*

Rigtigt eller forkert

a Alison is bilingual in English and Danish.
b Alison went to a Danish school when she was eight years old.
c Alison's parents are both English.

08

på hotellet
at the hotel

In this unit you will learn
- how to book a hotel room
- how to inquire about cinema
  and theatre performances
- how to hire a car

Samtaler

▶ 1 Later in the day

George	Jeg bliver nødt til at rejse herover igen i august, men jeg tror ikke, jeg vil bo på det samme hotel. Det er egentlig temmelig dyrt. Jeg kan lige så godt bestille et værelse nu.
Alison	Hvor vil du så bo?
George	Der ligger et mindre hotel ikke langt fra det hotel, vi bor på. Lad os gå ind og spørge, hvad et enkeltværelse koster.

jeg bliver nødt til	*I shall have to*	**jeg kan lige**	*I might (just)*
være nødt til	*have to, need to*	**så godt**	*as well*
august	*August*	**bestille (-te, -t)**	*book*
samme	*same*	**værelse (-t, -r)**	*room*
egentlig	*actually*	**mindre**	*smaller*
temmelig	*rather*	**langt**	*far*
lige så godt	*just as well*	**enkeltværelse (-t, -r)**	*single room*

▶ 2 In the foyer of the small hotel

Receptionisten	Goddag, kan jeg hjælpe Dem med noget?
George	Ja, har De et ledigt enkeltværelse i august, fra den 6. (sjette) til den 11. (elvte)?
Receptionisten	Ja, det kan vi godt klare.
George	Hvad koster et enkeltværelse?
Receptionisten	Det koster 175 kroner pr. nat.
George	Er det med morgenmad?
Receptionisten	Ja, den bliver bragt op på værelset, når De ønsker det, mellem klokken 7 og 9.
George	Det lyder udmærket. Jeg vil gerne bestille et værelse.

receptionist (-en, -er)	*receptionist*	**pr. (per) nat**	*per night, a night*
		nat (-ten, nætter)	*night*
ledig	*vacant*	**bringe (bragte, bragt)**	*bring*
sjette (6.)	*sixth*	**ønske (-ede, -et)**	*wish*
elvte (11.)	*eleventh*	**mellem**	*between*
klare (-ede, -et)	*manage*	**udmærket**	*splendid*

▶ 3 Inquiring about car hire

George and Alison arrive back at the hotel where they are staying and approach the receptionist.

Receptionisten	Goddag hr. og fru Wilson! Værsgo, her har De nøglen til værelse 307! Jeg håber, værelset er tilfredsstillende.
George	Mange tak. Ja, værelset er udmærket.
Receptionisten	Hvis der er noget, De har brug for, må De endelig sige til.
George	Der er faktisk noget, De eventuelt kunne hjælpe os med. Vi vil gerne leje en bil i et par dage.
Receptionisten	Ja, det kan jeg godt arrangere for Dem. Hvor mange dage drejer det sig om?
George	4 dage. Hvad koster det egentlig at leje en bil?
Receptionisten	Det afhænger af bilens størrelse. Det koster et bestemt beløb pr. dag plus forsikringen, og De skal selv betale benzinen.

nøgle (-n, -r)	*key*
tilfredsstillende	*satisfactory*
have brug for	*want, need*
sige til (sagde, sagt)	*say so*
eventuelt	*possibly*
arrangere (-ede, -et)	*arrange*
dreje sig om (-ede, -et)	*be a matter of, be about, amount to*
afhænge (af) (afhang, afhængt)	*depend (on)*
størrelse (-n, -r)	*size*
bestemt	*certain, fixed*
beløb (-et, -)	*amount*
plus	*plus*
forsikring (-en, -er)	*insurance*
selv	*yourselves (hImself, etc.)*
betale (-te, -t)	*pay for*
benzin (-en)	*petrol*

▶ 4 Booking cinema tickets

George and Alison have bought a newspaper and are looking at the pages with information about entertainment.

George	Hvad har du lyst til at lave i aften?
Alison	Jeg synes, vi skal gå i biografen. Hans og Lone snakkede forleden aften om en dansk film. Kan du huske, hvad den hedder?
George	Ja, 'Det forsømte forår'. Den går i en af biograferne. Jeg ringer lige og bestiller billetter.

Hallo! Jeg vil gerne bestille 2 billetter til forestillingen, der begynder klokken 21.

Er der udsolgt? Jamen, hvad så med forestillingen klokken 19?

Det er fint. Så kommer vi til 19-forestillingen i stedet. Mit navn er George Wilson.

Det skal vi nok. Vi kommer et kvarter før forestillingen begynder.

forleden	*the other* (*day*)	**hallo**	*hello*
ny	*new*	**udsolgt**	*sold out*
film (-en, -)	*film*	**jamen**	*well, but*
forår (-et, -)	*spring* (season)	**hvad så med**	*what about*
gå (gik, gået)	*be on, be shown*	**i stedet (for)**	*instead (of)*
navn (-et, -e)	*name*		
forsømme (-te, -t)	*neglect, miss* (e.g. an opportunity)		

Rigtigt eller forkert

a George does not want to stay at the same hotel when he goes to Denmark in August.
b Breakfast is included in the quoted price.
c The receptionist tells George that the insurance is included in the fixed price he has to pay per day for hiring a car.
d The performance at 7 o'clock is sold out.

🛈 Both

If *both* is followed by *and* the corresponding Danish word is **både**. When George is asked if he is a Dane or an Englishman he says, **Både og**. (George er **både** dansker **og** englænder.) Otherwise the Danish word is **begge**:

I taler **begge** mægtig godt dansk.	*You both speak Danish very* (Lit. immensely) *well*.

ℹ️ The Danish word *nok*

Colloquial Danish uses a number of unstressed adverbs which add to the literal meaning of the sentence an implied other meaning. The inclusion of **nok**, **da**, **dog**, **jo** or **nu** (etc.) in a factual statement conveys a subjective reaction to the previous line in a dialogue. The word **da** inserted in an otherwise neutral piece of information could signal that you disagree with what has just been said.

Unit 16 contains more information about such adverbs.

You have seen the adverb nok used in various contexts:

Lone   Hvor bliver passagererne af?
George   De står **nok** og venter på bagagen.

George is aware that Lone is impatient and wants to calm her: *They are probably waiting for their baggage.*

Alison   Skynd dig, George!
George   Jeg skal **nok** være færdig, når morgenmaden kommer.

George feels that it was wrong of him to go back to sleep and apologizes: *I shall definitely (I promise to) be ready when breakfast arrives.*

ℹ️ The Danish word *så*

When **så** is used in front of an adjective or an adverb it means *so*:

Det smager **så** godt.   *It tastes so good.*

Så can mean *then* or *in that case*. If it is placed at the beginning of a main clause, this has inversion:

Så dækker jeg bord i   *Then I'll lay the table in the*
   mellemtiden.   *meantime.*

Så can also mean *so*, *therefore* or *so that* introducing a subordinate clause:

Jeg vil leje en bil i Århus,   *I am going to* (I intend to)
   så vi kan køre til Mols.   *hire a car in Århus, so* (or *so that*) *we can drive to* Mols.

The Danish sentence can mean both *I intend to hire a car in Århus, and for that reason we can drive to Mols* and *I shall hire a car in Århus so that we can drive to Mols.*

ℹ️ How to translate *need*

The phrase **trænge til** means *need*, *want*, *be in need of*:

Du **trænger til** en gin og tonic, George!	*You need a gin and tonic, George!*
Jeg **trænger til** at gå en tur.	*I need to go for a walk.*

Have brug for also means *need*, *want*, but the two phrases are not synonymous:

Hvis der er noget de **har brug for**, må De endelig sige til.	*If you need anything, do let me know* (Lit. say so).

You use **trænge til** when you need to put something right, such as when you need a walk because you have been sitting reading for hours, or you need a new coat because the old one is worn and beyond repair. You also use **trænge til** when something is out of order and needs to be put right – for instance when your watch needs to be repaired because it is broken.

Have brug for is used when the need is created by circumstances – you need a new coat because you have been invited to a wedding, or you need a car because you cannot get to work by public transport.

The phrase **være nødt til** also means *need*. This is followed by an infinitive preceded by **at**, or simply **det**. It means literally 'I am forced to':

Jeg **er nødt til** at rejse herover igen i august.	*I need to come back in August.*

ℹ️ Danmark, en dansker, dansk

Notice that only countries are spelt with a capital letter in Danish. Inhabitants of countries and languages, and their adjectives, begin with a small letter: **England, en englænder, engelsk**.

Sådan siger man det

How to:

- inquire at a hotel whether it has any vacancies at a certain time

  Har De et ledigt enkeltværelse fra den 6. til den 11. august?
- inquire whether breakfast is included in the price

  Er det med morgenmad?

- book a room
  Jeg vil gerne bestille et værelse fra den 6. til den 11. august.
- ask the price of hiring a car
  Hvad koster det at leje en bil?
- reserve cinema tickets
  Jeg vil gerne bestille 2 billetter til forestillingen, der begynder klokken 21.

Grammatik

1 Comparison of adjectives

Most adjectives add -**ere** in the comparative; -**est** in the superlative:

fin (*fine*)	finere (*finer*)	finest (*finest*)
sød (*sweet*)	sødere (*sweeter*)	sødest (*sweetest*)
nem (*easy*)	nemmere (*easier*)	nemmest (*easiest*)

Adjectives ending in -**ig** only add -**st** in the superlative:

billig (*cheap*)	billigere (*cheaper*)	billigst (*cheapest*)
venlig (*kind*)	venligere (*kinder*)	venligst (*kindest*)

In some adjectives the vowel undergoes a change:

stor (*big*)	større (*bigger*)	størst (*biggest*)
lang (*long*)	længere (*longer*)	længst (*longest*)

A few adjectives have an irregular comparison:

gammel (*old*)	ældre (*older*)	ældst (*oldest*)
god (*good*)	bedre (*better*)	bedst (*best*)
lille (*small*)	mindre (*smaller*)	mindst (*smallest*)
meget (*much*)	mere (*more*)	mest (*most*)
mange (*many*)	flere (*more*)	flest (*most*)

A number of adjectives form the comparative and superlative by means of **mere** and **mest** instead of an ending. This happens with adjectives of three syllables or more (except adjectives ending in -**lig**):

favorabel (*favourable*)	**mere** favorabel	**mest** favorabel
hyggelig (*cosy*)	**hyggeligere**	**hyggeligst**

This is also the case with adjectives of more than one syllable that end in -sk, -et, and unstressed -e. Adjectives ending in -el, -en, -er drop -e- before -l, -n or -r in the comparative and the superlative, but often **mere** and **mest** are used instead of the endings because of the awkward pronunciation, especially in the comparative:

lækker (*delicious*)	lækrere/**mere** lækker	lækrest
sulten (*hungry*)	**mere** sulten	**mest** sulten

The comparative ending in -**ere** does not agree with the noun – it remains unchanged:

> Glasset er billigere end skålen. *The glass is cheaper than the bowl.*

If a superlative qualifies a noun in the definite form it ends in -e:

> det dejligste sommerhus *the most charming cottage*

2 Adjectives ending in -*et* and -*sk*

When -e is added to adjectives that end in -et (e.g. **forsinket, udmærket**) -t- becomes -d-: **det forsinkede tog**. Adjectives ending in -sk (e.g. **politisk, engelsk, dansk**) do not add -t when qualifying a neuter noun in the indefinite form singular: **et engelsk tog**.

3 Nogen, noget, nogle/nogen

The Danish forms serve both as the adjective and the pronoun.

Nogen is common gender singular and means *somebody/anybody, some/any*:

> **Nogen** må have set ham. *Somebody must have seen him.*
> Så du **nogen**? *Did you see anybody?*
> Der er ikke **nogen** efterspørgsel *There isn't any demand for*
>   efter denne vare. *this article.*

Nogen is also used in the plural meaning *any*:

> Har De **nogen** roser? *Do you have any roses?*
> Der kom ikke **nogen** danskere. *No Danes turned up.*

Noget is neuter singular and means *something/anything, some/any*:

> Han gav mig **noget**.   *He gave me something.*
> Han sagde ikke **noget**.   *He didn't say anything.*
> Jeg har ikke **noget** papir. *I haven't any paper.*

Noget is used quantitatively to indicate a certain amount (*some, a little*) before both common gender and neuter nouns:

> Vil du have **noget** mælk?   *Do you want some milk?*

Nogle is plural and it means *some*. It is pronounced like **nogen**. So it is only when you write the words that you distinguish between the two plural forms **nogle** (*some*) and **nogen** (*any*):

> Der ligger **nogle** smukke slotte *There are some beautiful*
> i Nordsjælland.   *castles in North Zealand.*
> De havde ikke **nogen**   *They didn't have any rolls left,*
> rundstykker tilbage, der var   *they were sold out.*
> udsolgt.

4 The missing indefinite article

Notice that there is no indefinite article in this Danish expression:

> Hun er dansker.   *She is a Dane.*

It is also left out when you indicate someone's occupation:

> Han er bager.   *He is a baker.*

Øvelser

1 Fill in the gaps in the sentences by putting the adjectives in the comparative, as in the following example:

Hun er venlig.   Hun er **venligere** end sin mand.

a Roserne er dyre. De er —— end tulipanerne.
b Kroen er hyggelig. Den er —— end hotellet.
c Jeg er sulten. Jeg er altid —— om morgenen end midt på dagen.
d Jens er stærk. Han er —— end Peter.

e   Efterspørgselen er stor. Den er —— nu end sidste år.
f   Min far er gammel. Han er —— end min mor.
g   Jeg drikker meget kaffe. Jeg drikker —— kaffe end min bror.
h   De har mange penge. De har —— penge end os.

▶2 Translate the English sentences into Danish in the following telephone conversation.

- Jernbanehotellet.
a   *Hello. My name is Peter Smith. I would like to book a room.*
- Hvornår?
b   *From tomorrow until the 11th.*
- Det kan vi desværre ikke klare. Vi har ikke nogen ledige enkeltværelser før på fredag.
c   *I'll come on Friday instead and stay until the 11th. How much is a single room?*
- 200 kr. pr. nat.
d   *Is breakfast included in the price?*
- Nej, det er det ikke. Men De kan spise morgenmad i vores restaurant.

3   Fill in the gaps by changing the adjectives in the following phrases from the indefinite form singular to the definite form singular. Here is an example:
et gult hus (*a yellow house*)   det gule hus (*the yellow house*)

a   et vigtigt forretningsmøde   det —— forretningsmøde
b   en nem opskrift   den —— opskrift
c   et forsinket fly   det —— fly
d   en sulten mand   den —— mand
e   et blåt glas   det —— glas

4   Change the following adjectives and nouns from the plural to the singular as in this example:
billige priser   en billig pris

a   hyggelige kroer   d   små badeværelser
b   danske hoteller   e   lækre desserter
c   forsinkede tog

5 Look at the advertisements on the next page and answer the questions.
Today is Tuesday, the 10th of November.

a Is it possible to get two tickets for the performance of *Ronja Røverdatter* on Thursday, the 12th of November?

EFTERÅRETS OPERABEGIVENHED

Gæstespil af
KRAKOW STATSOPERA

med Gioacchino Rossini's kendte opera

BARBEREN I SEVILLA

der synges på italiensk

SAS
Falconer Center

TORSDAG, DEN 12. NOVEMBER KL. 20.00

Billetpriser:
kr. 285 - 265 - 235 - 90
ekskl. gebyr
Billetsalg i SAS Falconer Center,
Falconer Allé 9 · Tlf. 31 86 85 01
åbent mandag-fredag
kl. 12.00-18.00

Det Danske Teater

Grøndal Center, Hvidkildevej 64
38 34 97 84 tir-fre 14-18 lør-søn 13-15

Ronja Røverdatter

11. okt - 20. dec
Spilletider:Tir - fre kl. 19 lør-søn kl. 15

tir	10/11 kl. 19	Få billetter
ons	11/11 kl. 19	Få billetter
tor	12/11 kl. 19	Få billetter
fre	13/11 kl. 19	Udsolgt
lør	14/11 kl. 15	Udsolgt
søn	15/11 kl. 15	Udsolgt
tir	17/11 kl. 19	Udsolgt

7 dages forsalg.

BETTY NANSEN
T E A T E R
31 21 14 90 (man.-fre. 14-18, lør. 14-17)
Man.-fre. kl. 19.30, lør. kl. 17.00
Frederiksberg Allé 57
Forsalg ugedag til ugedag

HAMLET

UDSOLGT T.O.M. 16. NOVEMBER

Gladsaxe T E A T E R

TLF. 31 67 60 10, man. - fre. 12-18, lør. 12-16.
Man. - fre. kl. 19.30, lør. kl. 17.00

OTHELLO

★★★★ *Eks. bl.*
"Gladsaxe Teater demonstrerer
sin berømte, storslåede
opfindsomhed...det er meget
smukt og meget uhyggeligt"
B. Grue, B.T.

14 DAGES FORSALG
OBS! MAN.-FRE. SPILLETID 19.30

GHITA NØRBY har til OTHELLO
kreeret en HELT SPECIEL MENU
som serveres inden forestillingen.
Bordreservation: 31 67 16 40

b How much do the cheapest tickets for *Barberen i Sevilla* cost?

c Is it possible to get two tickets for the performance of *Hamlet* on Saturday, the 14th of November?

d At what time does the performance of *Hamlet* begin on Saturdays?

e Is it possible to buy tickets for *Othello* for Friday, the 27th of November?

6 Answer these questions, using whole sentences.

a Hvorfor vil George ikke bo på det samme hotel, når han kommer til Danmark i august?

b Hvad koster det at leje en bil?

c Hvad har Alison lyst til at lave om aftenen?

d Hvad hedder filmen?

e Kan de få billetter til forestillingen, der begynder klokken 21?

Andre tekster

A telephone conversation

A Landsbyscenen.

B Goddag. Kunne De oplyse mig om, hvad der går på teatret i efterårsferien?

A Ja, i ugens første halvdel, d.v.s. mandag, tirsdag og onsdag, spiller vi Holbergs 'Erasmus Montanus', og torsdag, fredag og lørdag har vi en ballet: Tjajkovskis 'Svanesøen'.

B Jeg vil gerne have tre billetter til tirsdag aften.

A 3 voksenbilletter?

B 2 voksenbilletter og en børnebillet.

A Hvad er navnet?

B Lene Brun. Hvornår begynder forestillingen?

A Den begynder klokken halv 8 og varer to og en halv time. Billetterne skal afhentes inden klokken 7.

B Tak skal De have. Farvel.

Landsbyscenen	*the Village Stage*
landsby (-en, -er)	*village*
scene (-n, -r)	*stage, scene*
oplyse (-te, -t) (om)	*inform (about)*
teater (teatret, teatre)	*theatre*
efterårsferie (-n, -r)	*autumn half-term holiday*
efterår (-et, -)	*autumn*
halvdel (-en, -e)	*half*
onsdag (-en, -e)	*Wednesday*
spille (-ede, -et)	*perform*
Erasmus Montanus	*a comedy by Ludvig Holberg (1684–1754)*
torsdag (-en, -e)	*Thursday*
lørdag (-en, -e)	*Saturday*
ballet (-ten, -ter)	*ballet*
Svanesøen	*Swan Lake*
svane (-n, -r)	*swan*
sø (-en, -er)	*lake*
voksenbillet (-ten, -ter)	*adult/full ticket*
voksen	*adult, grown up* (adjective)
børnebillet/barnebillet	*half ticket*
barn (-et, børn)	*child*
afhente (-ede, -et)	*collect, fetch*
afhentes (passive)	*be collected*

Rigtigt eller forkert

a   Lene Brun wants three tickets for Thursday evening.
b   The performance begins at half past seven.

▶ Late Tuesday evening

George   Er du sur?

Alison   Nej, hvorfor tror du det?

George   Du er så stille. Du siger ikke noget.

Alison   Det er ikke, fordi jeg er sur.

George   Er der noget du er ked af?

Alison   Nej.

George   Hvad er der så i vejen?

Alison   Jeg tror helst ikke, jeg vil snakke om det.

George   Det bliver du nødt til nu. Du kan ikke sige, der er noget i vejen og så nægte at fortælle mig, hvad det er.

Alison   O.K. Men det er slet ikke så nemt at tale om. Det er bare, at du er så anderledes, når vi er i Danmark. Det har nok noget at gøre med, at vi snakker dansk her, og du er så meget bedre til det end mig.

George Jeg ved godt, hvad det er, du prøver at sige: At jeg er en lidt anden person i England, når jeg taler engelsk, end når jeg er her og taler dansk. Det føler jeg selv. Det er som om jeg er 2 lidt forskellige personer, og det er ikke kun på grund af sproget. Sproget udtrykker egentlig bare forskellighederne. Et menneskes personlighed er ikke noget færdigt, som vi fødes med. Vi kan alle blive så meget forskelligt, det afhænger af den kultur, vi vokser op i, andre menneskers forventninger og fordomme. Når jeg taler dansk, føler jeg mig som dansker, og når jeg taler engelsk, ja så er jeg englænder.

sur	*in a bad mood, cross*
stille	*quiet*
være ked af	*be sad about*
være i vejen	*be wrong*
helst	*preferably*
Jeg tror helst ikke,	*I think I'd rather not talk*
jeg vil snakke om det.	*about it.*
nægte (-ede, -et)	*refuse*
anderledes	*different*
prøve (-ede, -et)	*try*
person (-en, -er)	*person*
føle (-te, -t)	*feel*
som om	*as if*
forskellig	*different*
på grund af	*because of, on account of*
udtrykke (-te, -t)	*express*
forskellighed (-en, -er)	*difference, dissimilarity*
personlighed (-en, -er)	*personality*
færdigt	*fully developed*
fødes	*are born* (passive)
føde (-te, -t)	*bear, give birth to*
kultur (-en, -er)	*culture*
vokse (-ede, -et)	*grow*
forventning (-en, -er)	*expectation*
fordom (-men, -me)	*prejudice*
som	*as*
Jeg føler mig som dansker.	*I feel a Dane.*
ja	*well*

Rigtigt eller forkert

a It worries Alison that George seems a different person when he is in Denmark.

b George says that it is not true that he behaves differently in Denmark from the way he behaves in England.

09 i sommerhus på Mols

at a cottage in Mols

In this unit you will learn
- how to talk about houses, flats, buildings and gardens

Tekst

Mols

A few days later George and Alison leave Århus and drive out to Mols.

Mols er et område på Djursland – halvøen på Jyllands østkyst mellem Århus og Randers. Den fulde betegnelse er Mols Bjerge, der giver et godt indtryk af landskabet. Det er et kuperet terræn i den sydlige del af Djursland mellem Kalø Vig og Ebeltoft Vig, hvor tæt skov veksler med åbne hedebakker. De mange levn fra fortiden, f.eks. gravhøje, vidner om, at mennesker har boet her i årtusinder. Den højeste bakke er Agri Bavnehøj (137m.).

område (-t, -r)	area, region
halvø (-en, -er)	peninsula
østkyst (-en, -er)	east coast
fuld	full, complete
betegnelse (-n, -r)	name
bjerg (-et, -e)	mountain
indtryk (-ket, -)	impression
landskab (-et, -er)	landscape
kuperet	hilly, undulating
terræn (-et, -er)	terrain
sydlig	southern
del (-en, -e)	part
vig (-en, -e)	inlet, bay
tæt	dense
veksle (-ede, -et)	alternate
åben	open
hedebakker	moorland
hede (-n, -r)	moor
bakke (-n, -r)	hill
levn (-et, -)	relic
fortid (-en)	past
f.eks, for eksempel	for instance
gravhøj (-en, -e)	burial mound
vidne om (-ede, -et)	be a sign of, be evidence of, show
årtusinde (-t, -r)	millennium
høj	tall, high
m., meter (-en, -)	metre

Samtaler

▶ 1 Velkommen!

George and Alison arrive at Peter and Jette's cottage at 2 o'clock.

Peter	Goddag og velkommen!
George	Tak skal I have. Vi har glædet os meget til, vi skulle herud.
Jette	Ja, velkommen! Vi er også så glade for, at det kunne lade sig gøre. Vi har lige været i vandet. Vil I i vandet inden frokost?
Alison	Goddag! Nej tak, det er vist for koldt. Måske senere på dagen.
George	Jeg kan også godt vente. Ih, hvor er her dejligt!
Jette	Ja, vi nyder meget at bo herude. Nå, men hvis I ikke vil i vandet, så skal vi spise frokost nu. Peter, kan du lige vise George og Alison deres værelse, og hvor badeværelset er. I mellemtiden stiller jeg maden på bordet.

være glad for, at ...	*be pleased that ...*
det lader sig (gøre)	*it can be (done)*
det kunne lade sig gøre	*it was possible*
lade (lod, ladet/ladt)	*let, allow*
gå i vandet	*go for a swim*
vand (-et)	*water*
senere	*later*
ih!	*oh!*
nyde (nød, nydt)	*enjoy*
vise (-te, -t)	*show*
stille (-ede, -et)	*put, place*

▶ 2 During lunch

Peter	Vi købte sommerhuset for 5 år siden, og siden da har vi malet det både indvendig og udvendig. Der var ikke noget badeværelse dengang. Det fik vi bygget til for 2 år siden. Vi lejer af og til huset ud til en tysk familie, og bagefter bruger vi pengene til at istandsætte huset. Køkkenet er også nyt.
Alison	Har I også et hus inde i Århus?
Jette	Nej, vi har en lejlighed inde midt i byen. Den er ikke særlig stor. Vi har kun en stue, et soveværelse, Jørgens værelse, et køkken og et badeværelse. Det kniber lidt med pladsen, når Marianne er hjemme. Så sover hun i stuen.

for (5 år) siden	(*five years*) *ago*
siden da	*since then*
male (-ede, -et)	*paint*
indvendig	*inside, internally*
udvendig	*outside, externally*
dengang	*then, at that time*
bygge (-ede, -et)	*build*
bygge (noget) til (-ede, -et)	*add* (*on*) (*something*)
leje ud (-ede, -et)	*let*
af og til	*now and then*
tysk	*German*
bagefter	*afterwards*
bruge (-te, -t)	*use; spend* (*money*) (**til** *on*)
istandsætte (-satte, -sat)	*repair, restore, recondition*
(i-stand-sætte)	(*put into a proper condition*)
køkken (-et, -er)	*kitchen*
stue (-n, -r)	*living room*
soveværelse (-t, -r)	*bedroom*
det kniber med pladsen	*there is not really enough room*
det kniber med (kneb, knebet)	*there is a scarcity of*
hjemme	*at home*

▶ 3 George and Alison talk about their house

Jette   Bor I i en by eller ude på landet?

Alison   Vi boede i et rækkehus inde i byen indtil for 2 år siden, da vi købte en gammel gård. Kun bygningerne, ikke jorden. Men den ligger ikke ret langt fra byen.

George   For 2 år siden havde jeg nogle problemer på skolen, hvor jeg underviste, og derfor bestemte jeg at holde op. Vi solgte huset i byen og købte en noget forsømt gård. Jeg skulle jo lave noget andet, og vi besluttede at starte en chokoladefabrik. Vi fremstiller chokoladen i den bygning, der før i tiden var svinesti. Der er en stor have, hvor Alison dyrker en masse grønsager, bær og frugt. Vi er endnu ikke færdige med at istandsætte stuehuset. Der er mange værelser, og vi har overvejet, om vi skulle bruge nogle af dem til udlejning til turister, eventuelt med morgenmad.

på landet	*in the country*
rækkehus (-et, -e)	*terrace house*
indtil	*until*
gård (-en, -e)	*farm*
bygning (-en, -er)	*building*
jord (-en)	*earth* (here: *land*)
undervise (-te, -t)	*teach*
derfor	*so*
bestemme (-te, -t)	*decide*
holde op (holdt op, er holdt op)	*stop*
noget (forsømt)	*somewhat* (*neglected, dilapidated*)
beslutte (-ede, -et)	*decide*
starte (-ede, -et)	*start, set up*
fabrik (-ken, ker)	*factory*
fremstille (-ede, -et)	*produce*
før i tiden	*formerly, previously*
svinesti (-en, -er)	*pig-sty*
have (-n, -r)	*garden*
dyrke (-ede, -et)	*grow, cultivate*
grøn(t)sager (pl.)	*vegetables*
bær (-ret, -)	*berry*
frugt (-en, -er)	*fruit*
endnu	*still*
stuehus (-et, -e)	*farmhouse*
overveje (-ede, -et)	*consider*
udlejning (-en)	*letting*

▶ **4 Talking about gardens**

Jette   Hvad dyrker du i jeres have?
Alison   Jordbær, hindbær og solbær. Vi har også en masse
            æbletræer og pæretræer. Og så dyrker jeg selvfølgelig
            grønsager: kartofler, ærter, gulerødder, spinat og salat.
Jette   Jorden er ikke særlig god herude. VI har bare en
            græsplæne. Men vi har et drivhus, hvor der vokser tomater
            og agurker.

Rigtigt eller forkert

a George has a swim before lunch.
b Peter and Jette have a house in Århus.
c Peter and Jette have built an extension on to their cottage.
d Alison grows a lot of vegetables.

jordbær (-ret, -)	*strawberry*	**ært (-en, -er)**	*pea*
hindbær (-ret, -)	*raspberry*	**gulerod (-en,**	
solbær (-ret, -)	*blackcurrant*	**gulerødder)**	*carrot*
æbletræ (-et, -er)	*apple tree*	**spinat (-en)**	*spinach*
æble (-t, -r)	*apple*	**salat (-en, -er)**	*lettuce, salad*
træ (-et, -er)	*tree*	**græsplæne (-n, -r)**	*lawn*
pæretræ (-et, -er)	*pear tree*	**drivhus (-et, -e)**	*greenhouse*
pære (-n, -r)	*pear*	**tomat (-en, -er)**	*tomato*
kartoffel		**agurk (-en, -er)**	*cucumber*
(-en, kartofler)	*potato*		

ℹ️ Molbohistorier

Mols used to be an isolated part of Denmark. Two hundred years ago the only connection with Århus was by boat, and when the peasants occasionally turned up in Århus, speaking their strange dialect, they became an object of ridicule. The townspeople invented stories about their supposed stupidity. These stories about the 'Molbos' (**molbohistorier**) were later recorded.

ℹ️ How to translate *grow*

In Danish you distinguish between the two meanings of *grow*. *Grow* means either *cultivate or become bigger*. *Grow/cultivate* is **dyrke** in Danish, while *grow/become bigger* is **vokse** in Danish.

Alison **dyrker** en masse frugt.	*Alison grows a lot of fruit.*
Grønsagerne vokser hurtigt i det gode vejr.	*The vegetables grow fast in the fine weather.*

The perfect tense of **vokse** is **er vokset**.

ℹ️ How to translate *very* before an adjective

Han er **meget** sulten.	*He is **very** hungry.*

You cannot use **meget** in a negative statement. Instead **ikke** is followed by særlig or ret:

Han er **ikke særlig** sulten.	*He is not **very** hungry.*
Han er **ikke ret** sulten.	

ℹ️ How to translate *if*

When *if* introduces a conditional clause, this *if* is **hvis** in Danish:

Hvis solen skinner i eftermiddag, kan vi gå en tur.

If the sun shines this afternoon we can go for a walk.

If is also used to introduce an indirect question. In this type of sentence *if* could be replaced by whether. When that is the case, you use **om** in Danish:

Jeg ved ikke, **om** de kan tale engelsk.

I don't know if they can speak English.

Hvis is also an interrogative pronoun, meaning whose:

Hvis datter rejste til London?

Whose daughter travelled to London?

(See Unit 04 page 50.)

ℹ️ North, south, east, west

nord	*north*
nordfra (= **fra nord**)	*from the north*
nordpå (= **mod nord**)	*northwards*
nord for	*(to the) north of*
syd	*south*
sydfra (= **fra syd**)	*from the south*
sydpå (= **mod syd**)	*southwards*
syd for	*(to the) south of*
øst	*east*
østfra (= **fra øst**)	*from the east*
østpå (= **mod øst**)	*eastwards*
øst for	*(to the) east of*
vest	*west*
vestfra (= **fra vest**)	*from the west*
vestpå (= **mod vest**)	*westwards*
vest for	*(to the) west of*

i Frugt og grønsager

en agurk (-er)

en tomat (-er)

en kartoffel (kartofler)

en porre (-r)

en radise (-r)

et løg (-)

et æble (-r)

et jordbær (-)

en gulerod (-rødder)

et hindbær (-)

en pære (-r)

Sådan siger man det

How to:

• ask if someone lives in the town or in the country	**Bor du inde i byen eller ude på landet?**
• say that a bathroom was added to the house	**Vi fik et badeværelse bygget til.**
• say that you spend the money on restoring the house	**Vi bruger pengene til at istandsætte huset.**
• say that you go for a swim every day before breakfast.	**Vi går i vandet hver dag, før vi spiser morgenmad.**

Grammatik

1 Adverbs

Adverbs are words that qualify or modify verbs (she sings *beautifully*), adjectives (it is *immensely* kind of you) or other adverbs (she drives *annoyingly* slowly). In the three examples the adverbs are formed from adjectives by the addition of *-ly*. In Danish, too, an adjective can be turned into an adverb by means of an ending. Here **-t** is added.

Hun er smuk.	*She is beautiful.* (adjective)
Hun synger smukt.	*She sings beautifully.* (adverb)

2 Adverbs of place

There are many adverbs that are not formed from adjectives, such as **aldrig** (*never*), **desværre** (*unfortunately*), **jo** (*as you know*), **derovre** (*over there*).

Many of the adverbs of place have two forms in Danish. Compare the two sentences:

Mange turister flyver **derover**.	*Many tourists fly over there.*
Lad os køre over til det gule hus **derovre** ved den lille skov.	*Let us drive over to the yellow house over by the small wood.*

The adverb **derover** implies movement in a specific direction, while the form that ends in **-e, derovre,** is used to describe a locality. Several of the adverbs of place that have two forms have appeared in the dialogues and texts:

ind – inde   over – ovre
ud – ude   hen – henne
op – oppe   hjem – hjemme
ned – nede

The prefix **der-** and **her-** can be added to all of them to indicate where the speaker is in relation to the place.

3 Simplification of double consonant in verbs

If a double consonant precedes the infinitive ending -e of a regular verb that adds -**te** in the past tense, the consonant is simplified before this ending.

glemme	*past tense*: glemte
bestemme	bestemte

4 The passive voice

Some verbs describe actions that do not involve an object, such as the river *flows*, they *arrive*, the trees *grow* fast. These verbs are called intransitive verbs. Transitive verbs have a grammatical object: she *washes* the dishes, he *collects* the tickets, we *buy* a paper every day.

Transitive verbs can be used in the active voice or the passive voice. In the above examples the verbs are in the active voice. When you change a sentence with a verb in the active voice into a passive construction you make the grammatical object of the original clause the subject of the new one:

He (subject) *collects the tickets* (object).
The tickets (subject) *are collected by him.*

are collected is a passive form of the verb 'to collect'.

In Unit 08 two passive forms were used:

Billetterne skal **afhentes** senest *The tickets must be collected*
klokken 7.   *at 7 o'clock at the latest.*
Et menneskes personlighed er *A human being's personality*
ikke noget færdigt, som vi   *is not something fully*
fødes med.   *developed* (Lit. finished) *that*
                                   we are born with.

In the first sentence the passive verb is in the infinitive, in the second in the present tense. Both forms end in -s. In English, the passive forms consist of an auxiliary verb followed by the past participle. The auxiliary verb is *to be*. In Danish the passive forms can be constructed in a similar way. Here the auxiliary verb is not **være** but **blive**. Unit 15 contains more information about the passive voice.

Øvelser

1 Fill in the gaps in the following sentences by inserting the adverb in the correct form.

   a   (ind/inde) De bor ____ i byen.
   b   (ned/nede) Jeg går ____ til stranden.
   c   (hen/henne) Jeg kan gå ____ til bageren.
   d   (derover/derovre) Lad os køre over til den gamle gård ____.
   e   (hjem/hjemme) Er der nogen ____?
   f   (ud/ude) Vi skal ____ og bo i vores sommerhus.
   g   (ud/ude) De gik en lang tur ____ i skoven.

2 Place the subordinate clause before the main clause as in the following example:
Han kommer ikke, hvis det regner: Hvis det regner, **kommer han** ikke.

   a   Han føler sig som dansker, når han taler dansk.
   b   Hun købte tulipanerne, fordi roserne var så dyre.
   c   Vi rejser som regel med toget, når vi skal til København.
   d   De var meget trætte, da toget ankom til Århus.
   d   Vi kan køre ud til stranden i eftermiddag, hvis det holder op med at regne.

3 Now you are going shopping to buy the following items. (The quantity is indicated in brackets.) What would you say to the shop assistant?

a

(1 pund)

b

(3)

c 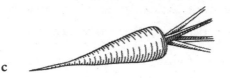 (6)

d (3 pund)

e (3 kilo)

f  (5)

g  (2)

4 Fill in the gaps in the following sentences by adding the correct form of the verb *grow*. Remember you must choose either **dyrke** or **vokse**.

   a I køkkenhaven —— der mange slags grønsager.
   b Vi —— roser.
   c Der —— ikke nogen blomster her, fordi jorden ikke er særlig god.
   d Børnene er —— meget.

5 Change the following sentences by adding a modal verb. If the instruction requires 'ability' use **kan**, if it is 'necessity' use **må**, if 'prohibition' use **må ikke**, for 'plan' use **skal**, for 'order' use **skal**, for 'intention' use **vil** and for 'wish' use **vil gerne**. The first one has been done for you to start you off.

Han rejser til London på fredag.
intention: **Han vil rejse til London på fredag.**
   a order:
   b wish:
   c ability:

De køber et hus i Århus.
   d prohibition:
   e wish:
   f ability:
   g intention:

Vi besøger dem i deres sommerhus i Gilleleje.
   h plan:
   i necessity:
   j intention:
   k prohibition:

6 Fill in the gaps in the following sentences by inserting **nogen**, **noget** or **nogle**.

   a Du kan godt spise ____ mere, ikke George?
   b Vi har ikke ____ frugttræer i haven.
   c Jeg så ____ lækre jordbær i butikken henne på hjørnet.
   d Der var ikke ____ badeværelse dengang.
   e Vi skal holde ____ forretningsmøder i Jylland.
   f Der var ikke ____ hjemme i søndags.

7 Translate the English sentences into Danish in the following dialogue.

   – Bor I ude på landet?
   a *No, we live in a town. We have a large flat in the middle*

of the town.
- Har I altid boet inde i byen?
b No, *we lived in the country for many years. We had a farm. But two years ago we sold the farm and bought a shop in the town.*
- Kan du lide at bo inde i byen? Det kan jeg ikke.
c *Yes, I like living there. Our farm was old and somewhat neglected. We have spent a lot of money restoring the flat.*

Andre tekster

En molbohistorie

En af molbohistorierne fortæller om nogle molboer, der i krigstid var bange for, at fjenden skulle stjæle deres kirkeklokke. De besluttede derfor at tage den ned fra tårnet og gemme den. De sejlede ud på havet med den for at skjule den på havets bund. En af dem sagde da: 'Hvordan finder vi den igen, når krigen er forbi?' 'Det er da ikke noget problem', svarede en af de andre, 'vi skærer bare et mærke i siden af båden der, hvor vi kaster den ud'.

i krigstid	*in time of war*	**gemme (-te, -t)**	*hide*
krig (-en, -e)	*war*	**sejle (-ede, -et)**	*sail*
tid (-en, -er)	*time*	**skjule (-te, -t)**	*hide*
være bange for	*be afraid of*	**bund (-en, -e)**	*bottom*
fjende (-n, -r)	*enemy*	**forbi**	*past* (here: *over*)
stjæle (stjal, stjålet)	*steal*	**svare (-ede, -et)**	*answer*
kirkeklokke (-n, -r)	*church bell*	**skære (skar, skåret)**	*cut*
kirke (-n, -r)	*church*	**mærke (-t, -r)**	*mark*
klokke (-n, -r)	*bell*	**side (-n, -r)**	*side*
tårn (-et, -e)	*tower*	**kaste (-ede, -et)**	*throw*

Rigtigt eller forkert

a The 'Molbos' decide to hide their church bell at the bottom of the sea.
b It will not be difficult for them to find the bell after the end of the war.

Samtale

Alison   Hvorfor så I ikke noget til hinanden efter højskoleopholdet?

George   Jeg rejste jo hjem til England og begyndte at læse ved universitetet.

Jette   Ja, hele holdet spredtes for alle vinde. Mange rejste til udlandet bagefter.

George   Så vidt jeg husker, skulle du til Amerika i et år, til Californien, hvor du havde noget familie.

Jette   Det har jeg stadigvæk. Jeg har en onkel og tante i San Francisco. De må efterhånden være temmelig gamle. Men turen derover blev nu ikke til noget.

Hvorfor så I ikke noget til hinanden?	*Why did you not see anything of each other? Why did you not meet?*
se noget til (så, set)	*meet*
(højskole)ophold (-et, -)	*stay (at a folk high school)*
hold (-et, -)	*class, team, group*
spredtes for alle vinde	*was scattered to the four winds*
sprede (-te, -t)	*spread, scatter*
vind (-en, -e)	*wind*
(rejse) til udlandet	*(travel) abroad*
(bo) i udlandet	*(live) abroad*
så vidt jeg husker	*as far as I remember*
stadigvæk	*still*
tante (-n, -r)	*aunt*
efterhånden	*gradually; by now*
temmelig	*rather*
blive til noget (blev, blevet)	*come off, materialize*

Rigtigt eller forkert

a   Many of the students went abroad at the end of the course.
b   Jette went to America.

10

om bord på færgen
on board the ferry

In this unit you will learn
- how to describe people
- how to name parts of the body
- how to name items of clothing
- how to talk about the family

Tekst

Denmark

Danmark består af en halvø, Jylland, der er landfast med Tyskland, og ca. 500 øer, hvoraf 100 er beboede. Danmarks hovedstad, København, ligger på den største ø, Sjælland, ved Øresund, der danner grænse mellem Danmark og Sverige. Landets næststørste by er Århus, der ligger på Jyllands østkyst.

Danmark er et lille land med 5 millioner indbyggere, hvoraf ca. en fjerdedel bor i eller omkring København. Hvor man end befinder sig i Danmark, er der aldrig langt til havet. Mange færger sejler mellem forskellige havne på øerne og i Jylland. George og Alison rejste til Jylland med toget, men de har besluttet at sejle tilbage til Sjælland med færgen fra Grenå til Hundested.

bestå af (bestod, bestået)	consist of
landfast	connected (by land)
Tyskland	Germany
ø (-en, -er)	island
hvoraf	of which, of whom
beboet	inhabited
danne (-ede, -et)	form, constitute
grænse (-n, -r)	border, frontier
Sverige	Sweden
næststørst	second largest
million (-en, -er)	million
indbygger (-en, -e)	inhabitant
fjerdedel (-en, -e)	quarter
hvor (man) end (er)	wherever (you are)
befinde sig (-fandt, -fundet)	be, find oneself
færge (-n, -r)	ferry
havn (-en, -e)	harbour, port

Samtaler

▶ 1 Jette lends Alison some clothes

After a hot spell the weather breaks. On the day of their departure it is raining heavily and it has become quite cold.

Jette (addressing Alison) Du sidder og fryser.

Alison Ja, der var så varmt i København for en uge siden, at jeg besluttede bare at tage nogle bluser og nederdele med herover. Jeg tog ikke engang min regnfrakke med.

Jette Du kan låne noget tøj af mig. Jeg tror, vi bruger samme størrelse. Jeg henter lige et par lange bukser, en cardigan og en regnfrakke. Når vi kommer til København om 14 dage, kan jeg få det igen.

Alison Jamen, kan du undvære det?

Jette Ja, det kan jeg sagtens. Vi skal ind til Århus i dag, så jeg kan tage noget mere tøj med herud i aften.

fryse (frøs, frosset)	*feel cold, freeze*
varm	*warm*
bluse (-n, -r)	*blouse*
nederdel (-en, -e)	*skirt*
ikke engang	*not even*
regnfrakke (-n, -r)	*raincoat*
låne (-te, -t)	*borrow*
tøj (-et) (only sg.)	*clothes*
hente (-ede, -et)	*fetch*
bukser (pl.)	*trousers*
cardigan (-en, -er)	*cardigan*
få igen (fik, fået)	*get back*
undvære (-ede, -et)	*do without, spare*
sagtens	*easily*

▶ 2 On the ferry

Færgen er stuvende fuld, og fordi det regner, er der ingen, der har lyst til at være ude på dækket. Det er svært at finde en siddeplads, men det lykkes dem at finde en ledig stol i cafeteriet.

George Jeg synes, du skal tage den. Jeg har ikke noget imod at gå rundt på færgen. Jeg finder måske en siddeplads et andet sted. Skal jeg købe en øl til dig?

Alison Nej tak, jeg vil hellere have en kop kaffe.

stuvende fuld	*packed, crammed*
stuve (-ede, -et)	*stow, pack, cram*
ingen	*nobody*
dæk (-ket, -)	*deck*
svær	*difficult*
siddeplads (-en, -er)	*seat*
lykkes (lykkedes, er lykkedes)	*succeed, be successful*

det lykkes dem at finde	*they succeed in finding*
stol (-en, -e)	*chair*
cafeteria (cafeteriet, -er)	*cafeteria*
jeg har ikke noget imod	*I don't mind*
gå rundt	*walk about*
et andet sted	*somewhere else*
sted (-et, -er)	*place*
øl (-len, -ler)	*(a bottle of) beer*
øl (-let)	*beer, ale*

▶ 3 A young woman addresses Alison

Over for Alison sidder der en ung kvinde med et lille barn. Efter et stykke tid henvender hun sig til Alison.

Kvinden   Kunne du lige holde Mikael et par minutter, mens jeg går ud på toilettet?

Alison   Ja, det vil jeg gerne.

Kvinden   Her er hans bamse. Jeg kommer tilbage med det samme.

over for	*opposite*
ung	*young*
kvinde (-n, -r)	*woman*
et stykke tid	*some time*
henvende sig til (-te, -t)	*address*
holde (holdt, holdt)	*hold*
mens	*while*
toilet (-tet, -ter)	*toilet*
bamse (-n, -r)	*teddybear*
med det samme	*straight away*

▶ 4 No sign of the young woman

Kort før færgens ankomst kommer George ind i cafeteriet.

George   Nå, du er blevet barnepige.

Alison   Jeg ved ikke rigtig, hvad jeg er blevet. For over en time siden bad Mikaels mor mig om at holde ham, mens hun gik på toilettet. Men hun er ikke kommet tilbage.

George   Jamen, nu skal vi jo i land. Vi må finde hende.

Alison   Det er vist lettere sagt end gjort med alle de mennesker om bord.

kort	*short* (here adverb: *shortly*)
ankomst (-en, -er)	*arrival*
barnepige (-n, -r)	*nanny*
Jeg ved ikke rigtig.	*I am not quite sure.*
bede (bad, bedt)	*ask*
i land	*ashore*
Det er lettere sagt end gjort.	*That is more easily said than done.*
om bord	*on board*

▶ 5 What does she look like?

George   Hvordan ser hun ud?

Alison   Hun er ikke ret gammel, 17 måske 18 år. Hun har langt, mørkt hår og brune øjne. Hendes ansigt er egentlig ganske kønt. Hun er lidt under middelhøjde og tynd.

George   Hvad har hun på?

Alison   En grøn kjole. Og da hun gik, tog hun en gul jakke med sig.

George   Hun må da komme tilbage. Er her ikke en kuffert eller en taske?

Alison   Nej, hun havde kun en håndtaske, og den tog hun med sig.

George   Så det eneste hun efterlod var en baby og en barnevogn.

Alison   Ja, barnevognen! Åh, der er heldigvis nogle bleer i barnevognen. Jeg tror lige, jeg skifter Mikaels ble, før vi kommer i havn.

Hvordan ser hun ud?	*What does she look like?*
hår (-et, -)	*hair*
brun	*brown*
øje (-t, øjne)	*eye*
ansigt (-et, -er)	*face*
ganske	*quite*
køn	*pretty*
under	*under, below*
middelhøjde (-n)	*average* (or: *medium*) *height*
tynd	*thin*
have på (har, havde, haft)	*wear*
grøn	*green*
jakke (-n, -r)	*jacket*
kjole (-n, -r)	*dress*
kuffert (-en, -er)	*suitcase*
taske (-n, -r)	*bag*

håndtaske (-n, -r)	*handbag*
hånd (-en, hænder)	*hand*
det eneste	*the only thing*
efterlade (-lod, -ladt)	*leave (behind)*
baby (-en, -er)	*baby*
barnevogn (-en, -e)	*pram*
heldigvis	*fortunately*
ble (-en, -er)	*nappy*
skifte (ble) (-ede, -et)	*change*

Rigtigt eller forkert

a About a quarter of Denmark's five million inhabitants live in and around Copenhagen.

b Alison borrows a pair of trousers and a cardigan.

c George and Alison manage to find two empty chairs in the cafeteria.

d The young woman has long, dark hair.

e The young woman is wearing a blue dress and a green jacket.

i Familien (*the family*)

mother	mor*	moren/moderen	mødre	mødrene
father	far*	faren/faderen	fædre	fædrene
child	barn	barnet	børn	børnene
daughter	datter	datteren	døtre	døtrene
son	søn	sønnen	sønner	sønnerne
sister	søster	søsteren	søstre	søstrene
brother	bror*	broren/broderen	brødre	brødrene
parents			forældre	forældrene

*Old forms: moder, fader, broder

grandparents			bedsteforældre	bedsteforældrene
grandmother	bedstemor/ bedste			
(*mother's mother*)	mormor			
(*father's mother*)	farmor			
grandfather	bedstefar			
(*mother's father*)	morfar			
(*father's father*)	farfar			
grandchild	barnebarn	barnebarnet	børnebørn	børnebørnene

aunt	tante	tanten	tanter	tanterne
(*mother's sister*)	moster	mosteren	mostre	mostrene
(*father's sister*)	faster	fasteren	fastre	fastrene
uncle	onkel	onkelen	onkler	onklerne
(*mother's brother*)	morbror			
(*father's brother*)	farbror			
cousin (*female*)	kusine	kusinen	kusiner	kusinerne
cousin (*male*)	fætter	fætteren	fætre	fætrene
nephew	nevø	nevøen	nevøer	nevøerne
niece	niece	niecen	niecer	niecerne

mother-in-law	svigermor			
father-in-law	svigerfar			
daughter-in-law	svigerdatter			
son-in-law	svigersøn			
sister-in-law	svigerinde	svigerinden	svigerinder	svigerinderne
brother-in-law	svoger	svogeren	svogre	svogrene
parents-in-law			svigerforældre	svigerforældrene

The alternatives are all used. A child might call his/her mother's mother **mormor** or **bedste**, and call his/her father's sister Lise **tante Lise** or **faster Lise**.

ℹ️ Farver (*colours*)

	common gender	neuter gender	plural
white	en **hvid** kirke	et **hvidt** hus	**hvide** kirker
yellow	en **gul** blomst	et **gult** hus	**gule** blomster
red	en **rød** kjole	et **rødt** hus	**røde** kjoler
blue	en **blå** blomst	et **blåt** køkken	**blå** blomster
green	en **grøn** cardigan	et **grønt** bær	**grønne** bukser
brown	en **brun** taske	et **brunt** tog	**brune** tasker
grey	en **grå** himmel	et **gråt** hus	**grå** tasker
black	en **sort** kjole	et **sort** tog	**sorte** jakker

Pale or *light* (blue/green/brown, etc.) is **lyse-**, as in **lyseblå, lysegrøn, lysebrun. Lyserød** means pink.

Dark (blue/green/brown, etc.) is **mørke-**, as in **mørkeblå, mørkegrøn, mørkebrun.**

 Tøj (*clothes*)

The Danish word is in the singular. The definite form (*the clothes*) is **tøjet**. When you talk about clothes and say, for instance, *they are dirty*, the pronoun used in Danish is the singular form **det**.

Lykkes (*succeed, be successful*)

Lykkes is a passive form. There is no active form of this verb. The person who is successful is not the subject of the Danish verb. The subject is **det: det lykkes (for) mig/dig/ham**.

> Det lykkedes os **at finde** to stole.   *We succeeded in finding two chairs.*

The perfect tense *we have succeeded* is **det er lykkedes os**.

Sådan siger man det

How to:
- say that you don't mind
  … ing
- say that you prefer something other than what has been offered
- ask what somebody looks like
- say that somebody looks (happy)
- ask what somebody is wearing
- say that you are cold

Jeg har ikke noget imod at …
Jeg vil hellere have en kop kaffe.
Jeg vil hellere flyve.
Hvordan ser hun ud?
Han ser (glad) ud.

Hvad har hun på?
Jeg fryser.

Grammatik

1 Man, en, ens

The word **man**, which means *one*, is used much more frequently in Danish than *one* in English, where it tends to be replaced by *you* or occasionally *they*:

> **man** siger, at …   *they say that* …

An active construction with **man** as the subject is often used in Danish where a passive construction is preferred in English:

> **man** ved, at han er …   *he is known to be* …

The object form is **en**:

> **Man** kan ikke vente, at de
> tilbyder at hjælpe **en**.
>
> *You/One cannot expect them*
> *to offer to help you/one.*

The possessive form is **ens**:

> ... når **ens** børn kommer
> sent hjem.
>
> *... when one's children come*
> *home late.*

If *one* is the subject of the sentence, *one's* is **sin**, **sit** or **sine** in Danish:

> Man vil selvfølgelig hjælpe
> **sine** børn.
>
> *One naturally wants to help*
> *one's children.*

2 *The* with clothing and parts of the body

In sentences involving items of clothing or parts of the body Danish uses the definite form (*the*) where in English a possessive pronoun (*his, her*, etc.) precedes the noun:

> Han lagde jakken.
> Han rystede på hovedet.
>
> *He took off **his** jacket.*
> *He shook **his** head.*

3 Anden, andet, andre

These words mean *other*, as in **en anden bil** (*another car*), **et andet værelse** (*another room*), **andre mennesker** (*other people*), **de andre kommer senere** (*the others will arrive later*). In the first three examples *other* is an adjective; in the last one it is a pronoun. The definite form singular does not end in -e; for example, **den anden bil, det andet værelse. Anden/andet** is also the numeral *second*. **Den anden by** means either *the second town* or *the other town*, and **det andet barn** *the second child* or *the other child*.

4 Compound nouns

You have come across several compound nouns in the dialogues and texts and unlike in English they are written as one word in Danish: **kirkeklokke** (*church bell*), **chokoladefabrik** (*chocolate factory*). The last component determines the gender and the plural ending of the word:

> en kirkeklokke   kirkeklokker
> en chokoladefabrik   chokoladefabrikker

The first component is unchanged. The word **barnebarn** is an exception: **et barnebarn** (*grandchild*), **børnebørn** (*grandchildren*).

5 The perfect tense with *er*

In Unit 06 pages 74–5 you learned that the auxiliary verb is not always **har** in the perfect tense. The verb **er** is used with verbs of movement and verbs that imply 'change'. Below is a list of verbs that form the perfect tense with **er**.

afgå (*depart*)	er afgået (*have departed*)
ankomme (*arrive*)	er ankommet (*have arrived*)
begynde (*begin*)	er begyndt (*have begun*)
blive (*become, stay*)	er blevet (*have become, stayed*)
dreje (*turn*) (intrans.)	er drejet (*have turned*)
falde i søvn(*fall asleep*)	er faldet i søvn (*have fallen asleep*)
gå (*go*)	er gået (*have gone*)
holde op (*stop*)	er holdt op (*have stopped*)
komme (*come*)	er kommet (*have come*)
køre (*go, drive*)	er kørt (*have gone, driven*)
lande (*land*)	er landet (*have landed*)
lykkes (*succeed*)	er lykkedes (*have succeeded*)
rejse (*go, travel*)	er rejst (*have gone, travelled*)
tage (*go*)	er taget (*have gone*)
vokse (*grow*)	er vokset (*have grown*)

If a verb of movement implies prolonged action the auxiliary is **har**. Compare:

Han har rejst meget i de senere år.	*He has travelled a lot in recent years.*
Han er rejst til Sverige.	*He has gone to Sweden.*

Øvelser

1 Change the verbs in the following sentences from the past tense to the perfect tense.

   a   Hun **glemte** nøglen.
   b   De **kørte** til Århus.
   c   Vi **bestilte** billetterne.
   d   George **lejede** en bil.
   e   De **besluttede** at rejse med toget.
   f   Flyet **landede** i Heathrow.
   g   Det **lykkedes** dem at få 2 billetter til forestillingen.
   h   Han **fortalte** mig om turen.
   i   Alison **dyrkede** mange grønsager.
   j   Vi **begyndte** at lære tysk.

▶ **2** Translate the English sentences into Danish in this dialogue.

- Hvordan ser han ud?
a *He is very tall, about 1.90m. He has short, dark hair and blue eyes.*
- Hvad havde han på?
b *Black trousers and a green jacket.*
- Så han glad ud?
c *No, he did not look happy at all. And he looked very tired.*
- Hvor er han nu?
d *I don't know.*

3 Combine the two sentences by introducing the first with **hvis**, as in the following example: De kommer kun til England om sommeren. De kender ikke den engelske vinter: **Hvis** de kun kommer til England om sommeren, kender de ikke den engelske vinter.

a Han kan ikke komme i morgen. Vi vil køre op til Helsingør.
b Du tager ikke en cardigan med. Du kommer til at fryse.
c I har aldrig været i København. I må rejse derover i år.
d Du har kun købt en liter mælk. Vi må købe noget mere.
e Du kan ikke kan leje en bil. Vi skal nok hente dig.

4 Translate the following sentences into Danish.

a He lives north of Copenhagen.
b We travelled south.
c They came from the east.
d John is an Englishman.
e Viggo is a Dane.
f Erik Møller is a baker.
g I haven't any money so I cannot go to the cinema.
h I don't know if his mother has seen her grandchild.
i If the plane is delayed we can visit my aunt on the way to the airport.

5 Look at the family tree on the next page and then answer the following questions in Danish. You have two examples to start you off.

How is Mette related to Malene?: **Mette er Malenes kusine.**
How is Morten related to Mette?: **Morten er Mettes farfar.**

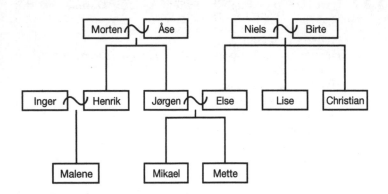

a How is Lise related to Mette?
b How is Malene related to Åse?
c How is Mette related to Else?
d How is Birte related to Jørgen?
e How is Christian related to Mikael?
f How is Malene related to Jørgen?

6 Answer the following questions, using whole sentences.

a Hvor ligger København?
b Hvad låner Alison af Jette?
c Hvad har Alison lyst til at drikke?
d Hvordan ser Mikaels mor ud?
e Hvorfor kan de ikke finde Mikaels mor?
f Hvorfor kommer Mikaels mor ikke tilbage?

Andre tekster

1 Samtale

Lise   Hvordan ser hun ud?
Jens   Hun er en flot pige med lange, slanke arme og ben. Hun har langt, lyst hår, blå øjne, røde kinder og en rød mund.
Lise   Er hun sød?
Jens   Ja, det synes jeg. Og hun er et ordensmenneske. Hun har fået ryddet op i Sørens lejlighed.
Lise   Det trængte den til. Hvornår gifter de sig?
Jens   Snart. Jeg tror, de vil holde bryllup til pinse.

flot	*smart*
pige (-n, -r)	*girl*
slank	*slender*
arm (-en, -)	*leg*
ben (-et, -)	*leg*
lys	*fair*
kind (-en, -er)	*cheek*
mund (-en, -e)	*mouth*
ordensmenneske (-t, -r)	*tidy person*
rydde op (-ede, -et)	*tidy up*
gifte sig (-ede, et)	*marry, get married*
bryllup (pet, -per)	*wedding*
(til) pinse	*(at) Whitsun*

Rigtigt eller forkert
a The young woman has long, fair hair and blue eyes.
b She is an untidy person.

2 Samtale

Poul Hvordan ser han ud?
Egon Han er blevet meget tyk. Som barn var han en tynd lille fyr. Men han spiser for meget og bevæger sig for lidt. Han har en tyk mave og dobbelthage.
Poul Hvor gammel er han?
Egon 59.
Poul Du må beskrive ham lidt nærmere, hvis jeg skal hente ham i lufthavnen.
Egon O.K. Han er gråhåret og går med briller. Han har en stor næse og som sagt dobbelthage.

tyk	*fat, thick*
som barn	*as a child*
fyr (-en, -e)	*fellow*
bevæge sig (-ede, -et)	*move*
mave (-n, -r)	*stomach*
dobbelthage (-n, -r)	*double chin*
hage (-n, -r)	*chin*
beskrive (beskrev, beskrevet)	*describe*
nærmere	*more closely, more precisely, in detail* (Lit. *nearer*)

gråhåret	*grey-haired*
gå med briller	*wear glasses*
gå med (gik, gået)	*wear* (e.g. clothes)
briller (pl.)	*glasses*
næse (-n, -r)	*nose*
som sagt	*as mentioned* (before)

Rigtigt eller forkert

a The man has always been overweight.
b The man has a big nose and wears glasses.

11

hjemme hos Hans og Lone igen

back at Hans and Lone's house

In this unit you will learn
- how to say the days of the week, the months and the seasons

Samtaler

▶ 1 The ferry arrives

Hans and Lone have driven up to Hundested and are waiting on the quay when the ferry arrives. Shortly after its arrival they see George and Alison leaving the ferry, pushing a pram.

Hans	Det må jeg nok sige! Det var sandelig en overraskelse!
George	Ja, her kommer de stolte forældre. Nå, spøg til side, det er en noget mærkelig historie, og vi ved egentlig ikke rigtig, hvad vi skal gøre. Den lille fyr, der ligger og sover i barnevognen, hedder Mikael og er omkring 5 måneder gammel. Alison lovede hans mor at passe ham, mens hun gik på toilettet. Hun sagde, at hun ville komme tilbage med det samme, men hun er endnu ikke dukket op.
Lone	Stakkels barn! Hvor er han dog sød! Vi kunne tage ham med hjem og passe ham, indtil hans mor bliver fundet.
Hans	Lad os nu først tage hen på politistationen og melde sagen til politiet.

Det må jeg nok sige!	*Well, I never!*
sandelig	*Indeed*
overraskelse (-n, -r)	*surprise*
stolt	*proud*
spøg til side	*joking apart*
spøg (-en) (only sing.)	*joke*
mærkelig	*strange*
historie (-n, -r)	*history, story, affair*
love (-ede, -et)	*promise*
passe (-ede, -et)	*look after, mind*
dukke op (-ede, -et)	*turn up*
stakkels	*poor, pitiable*
politistation (-en, -er)	*police station*
melde (-te, -t)	*report*
sag (-en, -er)	*matter, case*
politi (-et)	*police*

▶ 2 At the police station

Politibetjenten	Så den lille fyr hedder Mikael og er 5 måneder gammel. Hvad er hans efternavn?
George	Det ved vi ikke. (*The telephone rings*)

Politibetjenten	Undskyld, jeg bliver lige nødt til at tage den.
	Politistationen.
	Ja, vi har Mikael her. Kunne du komme herhen med det samme?
	Nej, han er blevet godt passet.
	Om fem minutter. Det er fint. Farvel så længe. (*Addressing George, Alison, Lone and Hans*) Det var Mikaels mor. Hun kommer herhen nu.

politibetjent (-en, -e)	*policeman*
efternavn (-et, -e)	*surname*
tage telefonen (tog, taget)	*answer the telephone*
telefon (-en, -er)	*telephone*
farvel så længe	*see you soon* (Lit. goodbye so long)

▶ 3 Mikael's mother explains everything

Mikaels mor	Da jeg var på vej tilbage til cafeteriet, følte jeg mig pludselig rigtig dårligt tilpas. Jeg var svimmel og havde kvalme og var nødt til at sætte mig ned. Der var en ledig stol i et hjørne, og jeg satte mig der. Jeg tror, jeg må være besvimet, for da jeg vågnede, lå færgen ved kajen, og der var ikke mange passagerer tilbage på skibet. Jeg skyndte mig ind i cafeteriet, men Mikael var forsvundet.
Alison	Du må meget undskylde, at jeg ikke blev siddende, indtil du kom tilbage. Jeg kunne jo ikke forstå, hvor du blev af. Men jeg har passet godt på Mikael.
Hans	Hvordan har du det nu? Vi må vist hellere se og få dig undersøgt af en læge.

på vej	*on the way*
vej (-en, -e)	*road, way*
føle sig dårlig tilpas (-te, -t)	*feel ill*
pludselig	*suddenly*
dårlig	*ill, unwell; bad, poor*
svimmel	*dizzy, giddy*
have kvalme	*feel sick* .
kvalme (-n)	*nausea*
besvime (-ede, -et)	*faint*
vågne (-ede, -et) (intrans.)	*wake up*

kaj (-en, -er)	*quay*
skib (-et, -e)	*ship, boat*
forsvinde (forsvandt, forsvundet)	*disappear*
blive siddende	*stay* (Lit. remain sitting)
forstå (forstod, forstået)	*understand*
Hvordan har du det?	*How do you feel?*
Vi må hellere se at få dig undersøgt.	*We had better do something about getting you examined.*
undersøge (-te, -t)	*examine*
læge (-n, -r)	*doctor*

▶ 4 Hans hears about the trip

The examination establishes that there is nothing seriously wrong with Mikael's mother. She was suffering from a combination of seasickness and fatigue. She lives in Copenhagen and Hans gives her and Mikael a lift home, somehow managing to make room for the pram in the boot of the car. Afterwards they drive up to Holte.

Hans   Har I haft en god tur?

George   Ja, forretningsmødet gik over al forventning. Der var stor interesse for vores chokolade, og vi fik en masse ordrer.

Hans   Hvor mange dage var I i Århus?

George   Vi holdt mødet dagen efter vi ankom og blev boende i Århus indtil den 29. juni. Det var i fredags. De sidste tre dage har vi boet i sommerhus på Mols.

Alison   Ja, på turen over til Jylland mødte vi en dame, som George kender, eller rettere kendte. De var på højskole sammen for 25 år siden. Hun og hendes mand inviterede os ud i deres sommerhus. De var utrolig gæstfri.

over al forventning (-en, -er)	*beyond all expectation*
interesse (-n, -r) (for)	*interest* (*in*)
dag (-en, -e)	*day*
ordre (-n, -r)	*order*
blive boende	*stay* (Lit. remain staying)
(den) 29. (juni)	(*the*) *29th* (*of June*) (pron. niogtyvende)
i fredags	*last Friday*
dame (-n, -r)	*lady*
eller rettere	*or rather*
utrolig	*incredibly*
gæstfri	*hospitable*

▶ 5 Later in the day

Lone Det er den 2. juli i dag. Tiden flyver af sted. Vi må hellere lægge nogle planer for resten af jeres besøg.

Alison Jeg har bestemt at gå på sprogkursus i en uge, hvis I andre ikke har noget imod det. Jeg har nu været her i Danmark i 10 dage, og det falder mig endnu ikke naturligt at snakke dansk. Tror du, der findes en sprogskole inde i København, hvor jeg kunne få et par timers undervisning hver dag i en uge?

Lone Det gør der uden tvivl. Du kunne begynde på næste mandag. Men inden da skal vi fejre din fødselsdag på fredag.

Alison Hvem har fortalt dig, at jeg har fødselsdag på fredag?

Lone George sagde engang, at det var din fødselsdag nøjagtig 6 måneder efter hans, og jeg ved jo, at det er hans fødselsdag den 6. februar.

juli	*July*
lægge planer	*make plans*
lægge (lagde, lagt)	*put, place, lay*
plan (-en, -er)	*plan*
rest (-en, -er)	*rest, remainder*
besøg (-et, -)	*visit*
sprogkursus (-et, -kurser)	*language course*
Det falder mig ikke naturligt.	*It does not come naturally to me.*
falde (faldt, faldet)	*fall*
findes	*be found* (here: *is*)
sprogskole (-n, -r)	*language school*
undervisning (-en)	*tuition, lessons*
uden tvivl	*without doubt, undoubtedly*
inden da	*before then*
fejre (-ede, -et)	*celebrate*
fødselsdag (-en, -e)	*birthday*
engang	*once*
nøjagtig	*exactly*
(den) 6. (sjette)	*6th*
februar	*February*

Rigtigt eller forkert

a Mikael's mother did not return to the café because she felt ill.
b Mikael's mother needed to sit down, but she could not find a vacant chair.
c After ten days in Denmark Alison finds it easy to speak Danish.
d Lone is planning a birthday party for George.

🛈 Sit/sit down, lie/lie down

Sidde, sad, har siddet (*sit*):

> Over for Alison **sidder** der en   *Opposite Alison a young woman*
> ung kvinde med et lille barn.   *with a small child is sitting.*

Sætte sig, satte sig, har sat sig (*sit down*). **Sætte** means *place, put* and **sætte sig** means *place oneself*:

> Der var en ledig stol i hjørnet,   *There was a vacant chair in the*
> og jeg **satte mig** der.   *corner, and I sat down there.*

Ligge, lå, har ligget (*lie*):

> Den lille fyr, der **ligger** og   *The little fellow who is lying*
> sover i barnevognen hedder   *asleep in his pram is called*
> Mikael.   *Mikael.*

Lægge sig, lagde sig, har lagt sig (*lie down*). **Lægge**, like **sætte**, means *place, put*. The difference is that **sætte** means *place upright*, while **lægge** means *place horizontally*. **Lægge sig** means *place oneself horizontally/lie down*:

> Han **lagde sig** på   *He lay down on the lawn.*
> græsplænen.

🛈 How to translate *wake up*

The verb *wake up* is both transitive and intransitive in English. The verb can have an object, as in *he woke me up* (transitive). Its meaning is different in the clause, *I woke up at 7 o'clock*, where there isn't an object (intransitive).

In Danish there are two different verbs. The verb **vække** is transitive:

> Vækkeuret ringer klokken 7 og   *The alarm clock goes off at*
> **vækker** Alison og George.   *7 o'clock and wakes up*
>   *Alison and George.*

Et vækkeur is a clock that wakes you up.

The intransitive verb is **vågne**:

> Da jeg **vågnede**, lå færgen   *When I woke up the ferry*
> ved kajen.   *was alongside the quay.*

🛈 Ugedagene (*the days of the week*)

mandag	fredag
tirsdag	lørdag
onsdag	søndag
torsdag	

on Mondays, on Fridays: om mandagen, om fredagen

every Monday, every Sunday: hver mandag, hver søndag

on Monday, on Saturday (future): på mandag, på lørdag

on Monday (last Monday), *on Tuesday* (last Tuesday): i mandags, i tirsdags

i Månederne (*the months*)

januar	juli
februar	august
marts	september
april	oktober
maj	november
juni	december

The days of the week and the months do not begin with a capital letter in Danish.

In the grammar section below you will find a list of the ordinal numbers that you need when you give a date.

Han kom den 29. juni.	*He came on the 29th of June.*

In Danish you don't have a preposition before the date.

While in English you add letters to a figure to indicate that it is an ordinal number, as in *2nd*, in Danish you put a full stop after the figure. The article, **den**, is often abbreviated: **d. 2. juli.**

i Årstiderne (*the seasons*)

spring	forår (-et, -)	*autumn*	efterår (-et, -)
summer	sommer (-en, somre)	*winter*	vinter (-en, vintre)

in the spring, in the summer (generally): om foråret, om sommeren.

this coming spring, this coming summer, this coming autumn, this coming winter (*we are going to...*): til foråret, til sommer, til efteråret, til vinter (skal vi...).

i år	*this year*
sidste år, i fjor	*last year*
næste år	*next year*

Sådan siger man det

How to:

- say that you have to answer the telephone **Jeg bliver nødt til at tage telefonen.**
- say that you feel unwell **Jeg føler mig dårligt tilpas.**
- ask someone how he feels **Hvordan har du det?**
- say that it does not come naturally to you to … **Det falder mig ikke naturligt at …**

Grammatik

1 Ordinal numbers (from 1st to 39th)

første	elvte
anden	tolvte
tredje	trettende
fjerde	fjortende
femte	femtende
sjette	sekstende
syvende	syttende
ottende	attende
niende	nittende
tiende	tyvende

21st = enogtyvende
29th = niogtyvende
30th = tredivte (*or* tredvte)
39th = niogtredivte (*or* niogtredvte)

The ordinal numbers do not change except **anden:**

| den **anden** sag | *the second matter* |
| det **andet** tog | *the second train* |

-**ek**- in 'sekstende' is pronounced like English *I*.

2 The cardinal numbers above 99

The nouns **hundrede** and **tusind(e)** are neuter. The plural ending is -**r** and is used in expressions such as **hundreder af børn** (*hundreds of children*) and **tusinder af ordrer** (*thousands of orders*). After a numeral they do not have a plural ending.
300 = **tre hundrede,** 6000 = **seks tusind.**

The nouns **million** and **milliard** are common gender. The plural ending is -er which is used after numerals. 2.000.000 = **to millioner.**

589   = fem hundrede (og) niogfirs
6.845   = seks tusind otte hundrede (og) femogfyrre
3.774.591 = tre millioner syv hundrede (og)
           fireoghalvfjerds tusind fem hundrede (og)
           enoghalvfems

The year *1975* is **nitten hundred (og) femoghalvfjerds.**
3 March, 1980 is **den tredje marts, nitten hundrede (og) firs.**
2 October, 1399 is **den anden oktober, tretten hundrede (og) nioghalvfems.**

Where a comma is used in English a full stop is used in Danish and vice versa:

37.5 (English)	37,5 (Danish)
3,998 (English)	3.998 (Danish)

i halvtreds**erne**	in the fifties
Han er sidst i tress**erne.**	He is in his late sixties.
i begyndelsen af halvfjerds**erne**	in the early seventies

3 More about adjectives

Adjectives that end in -s do not change, e.g. **stakkels, anderledes, de stakkels forældre.**

Gæstfri adds -t in the indefinite form neuter. In the plural it may end in -e, e.g. **de var utrolig gæstfri(e).** (See Unit 05 page 63.)

Øvelser

1 Write in full the Danish for the following dates:

a   the 7th of October, 1641   d   the 5th of June, 1913
b   the 31st of December, 1853   e   the 26th of May, 1716
c   the 1st of February, 1969   f   the 11th of March, 1578

2 Change the verbs in the following sentences from the present tense to the past tense:

a   Susanne **føler** sig dårlig tilpas og **besvimer.**
b   Færgen **ankommer** til havnen.
c   Alison og George **går** i land.
d   Mikael **ligger** og **sover** i sin barnevogn.
e   Susanne **vågner** og **skynder** sig ind i cafeteriet.
f   Telefonen **ringer.**

g Mikaels mor **ved** ikke, hvor hendes søn **er**.
h Politibetjenten **siger**, at Mikael **har** det godt.

3 Give the opposite of the following words:

a	gammel	**f**	sur
b	tynd	**g**	lang
c	dyr	**h**	sidst
d	mindre	**i**	stor
e	indvendig		

4 Change the adjectives and the nouns from the singular to the plural in **a** to **j** below, as in this example:

en køn pige   kønne piger

a et forsinket tog
b en nem rejse
c en beboet ø
d en grøn skov
e en fornuftig fætter
f en gæstfri dame
g et stakkels barn
h en gammel mand
i en sulten datter
j en udmærket forestilling

▶5 Translate the English sentences into Danish in the following dialogue.

– Hvornår er det din fødselsdag?
a *It is my birthday on the 15th of April.*
– Jamen, det er jo i dag!
b *Yes, it is my birthday today.*
– Det vidste jeg slet ikke. Hvorfor har du ikke fortalt os det?
c *If you tell people that it is your birthday, it sounds as if you are asking for a present.*
– Du skal selvfølgelig have en gave. Og vi skal fejre dagen. Hvem har du lyst til at invitere?
d *I don't want to celebrate my birthday. I don't like birthdays. They remind me (of the fact) that time flies past. I am afraid of becoming old.*

Andre tekster

▶ Hans and George chat about the past

At 10 o'clock in the evening George, Alison, Lone and Hans are sitting round the dining table, finishing the evening meal.

Hans   (addressing George) Jeg vidste ikke, at du har været på højskole. Det var jeg også engang. Efter studentereksamen begyndte jeg at læse medicin, men jeg kørte fast i studiet. Jeg kunne ikke koncentrere mig om bøgerne. Så afbrød jeg studiet og tog på højskole i et halvt år. Det var lige, hvad jeg trængte til. Det fik mig også til at indse, at lægegerningen ikke var det rigtige for mig.

George   Ja, det var en dejlig oplevelse. Vores hold var ikke særlig stort, og vi kom allesammen godt ud af det med hinanden. Jeg kan huske, at det var det skønneste forår. Skoven sprang ud, og der var hvide blomster allevegne. Skolen lå ikke ret langt fra havet, og da det blev pinse, cyklede vi ned til stranden lørdag aften. Vi blev der hele natten og så solen danse pinsemorgen.

studentereksamen (-en, -er) (plural also: **-eksaminer**)	school leaving exam corresponding to A levels
medicin	*medicine*
køre fast (-te, -t)	*get bogged down*
studium (studiet, -er)	*study*
koncentrere sig (om) (-ede, -et)	*concentrate (on)*
bog (-en, bøger)	*book*
afbryde (afbrød, afbrudt)	*break off*
lige hvad	*just what*
indse (indså, indset)	*understand, realize*
lægegerning (-en)	*medical profession*
det rigtige	*the right thing*
oplevelse (-n, -r)	*experience*
allesammen	*all of us* (or: *you, them*)
Vi kom godt ud af det med hinanden.	*We got on well.*
komme ud af det med	*get on with (people)*
skøn	*beautiful*
springe ud (sprang, sprunget)	*burst/come into leaf*
allevegne	*everywhere*
cykle (-ede, -et)	*cycle*
danse (-ede, -et)	*dance*
pinsemorgen	*Whitsunday morning*

Rigtigt eller forkert

a   Hans studied medicine at university.
b   George did not get on with everybody at the folk high school.

2

på sprokursus

on a language course

In this unit you will learn
- how to ask questions about people's work
- how to talk about language learning in general

Tekster og samtale

1 Alison attends a language school

På sprogskolen er der mange forskellige hold. Der er et begynderhold for de elever, der ikke kan dansk. De lærer udtalen og grammatikken, og de lærer at stave ordene. I timerne skal de også tale dansk. Nogle af dem er så bange for at sige noget forkert, at munden går i baglås for dem, når de skal svare på et spørgsmål. Alison skal selvfølgelig ikke på et begynderhold. Hun ved, hvordan ordene skal udtales, og grammatikken volder hende ikke nogen problemer. På hendes hold har eleverne et godt kendskab til dansk. I timerne skal de diskutere danske noveller. De skal læse novellerne hjemme, og skiftes til at give et resumé af en fortælling.

begynderhold (-et, -)	*class/group for beginners*
elev (-en, -er)	*pupil, student*
der ikke kan dansk	*who don't know Danish*
kunne (kan, kunne, kunnet)	here: *know (a language)*
udtale (-n, -r)	*pronunciation*
grammatik (-ken, -ker)	*grammar*
stave (-ede, -et)	*spell*
time (-n, -r)	here: *lesson, class*
munden går i baglås for dem	*they get tongue-tied* (Lit. their mouths get jammed)
svare på et spørgsmål	*answer a question*
spørgsmål (-et, -)	*question*
udtale (-te, -t)	*pronounce*
volde (-te, -t)	*cause*
kendskab (-et)	*knowledge*
diskutere (-ede, -et)	*discuss*
novelle (-n, -r)	*short story*
skiftes til (skiftedes til, har skiftedes til)	*take it in turns*
resumé (-et, -er)	*summary*
fortælling (-en, -er)	*story*

▶ 2 The first day

Den første dag leger de en leg. Legen går ud på, at de alle er utilfredse med deres tilværelse. Utilfredsheden skyldes især deres beskæftigelse. For alles vedkommende findes der en ideel stilling, som en af de andre har. De skal stille spørgsmål til hinanden om deres respektive arbejde, og legen slutter, når alle har fundet frem til, hvem de skal bytte stilling med.

lege (-ede, -et)	play
leg (-en, -e)	game
legen går ud på	the idea of the game is
utilfreds	discontented, dissatisfied
tilværelse (-n, -r)	existence, life
utilfredshed (-en)	dissatisfaction
skyldes (skyldtes, har skyldtes)	be due to, be caused by
især	especially
beskæftigelse (-n, -r)	occupation, work, employment
for alles vedkommende	as far as everybody is concerned
for mit vedkommende	as far as I am concerned
ideel	ideal, perfect
stilling (-en, -er)	occupation
stille spørgsmål (-ede, -et)	ask questions
respektive	respective
arbejde (-t, -r)	work, employment
slutte (-ede, -et)	end
finde frem til (fandt, fundet)	work out
bytte (-ede, -et)	exchange, swap

▶ 3 Asking questions

Alison Jules, arbejder du indendørs eller udendørs?
Jules Jeg er desværre nødt til at sidde inden døre hele dagen.
Dieter Maria, har dit job noget at gøre med radio og TV?
Maria Nej, overhovedet ikke.
Alison Maria, rejser du meget?
Maria Ja, hele tiden. Det er en frygtelig tilværelse. Jeg vil også gerne spørge dig om noget, Alison. Ekspederer du i en butik?
Alison Ja, det gør jeg.
Maria Jeg tror gerne, jeg vil bytte job med dig. Jeg er træt af at rejse hele tiden.
Alison Og jeg er træt af at ekspedere i en bagerbutik i en kedelig lille provinsby. Hvis dit arbejde består i at rejse frem og tilbage mellem Danmark og øerne i Middelhavet med ferierejsende, ja, så synes jeg, det er en ønskestilling.

indendørs	*indoors*
udendørs	*out of doors*
inden døre	*indoors*
dør (-en, -e)	*door*
job (-bet, -)	*job*
radio (-en, -er)	*radio*
overhovedet ikke	*not at all*
frygtelig	*terrible*
ekspedere (-ede, -et)	*serve* (customers)
butik (-ken, -ker)	*shop*
kedelig	*boring*
provinsby (-en, -er)	*provincial town*
bestå i (bestod, bestået)	*consist in, be*
frem og tilbage	*backwards and forwards*
Middelhavet	*the Mediterranean*
ferierejsende	*holiday-maker* (**de ferierejsende**: *the holiday makers*)
ønskestilling (-en, -er)	*ideal occupation*

4 Alison writes a story

Alison har travlt hele tiden. Hun har 4 timer på skolen hver formiddag, og om eftermiddagen skriver hun stile og læser noveller. En eftermiddag skal hun skrive en historie. Læreren har givet dem 3 forskellige indledninger at vælge imellem. De 3 muligheder er:

a 'Han havde omsider fået sparet penge nok sammen.'
b 'Da hun åbnede døren, stod der en mand udenfor med en pistol.'
c 'Pludselig løb den lille dreng over gaden.'

Alison vælger den første sætning, og skriver en historie om en mand, der bor i en storby. Larmen og den stærke trafik går ham på nerverne, og han kan ikke tåle den frygtelige forurening. Han beslutter derfor at lægge penge til side, så han kan købe et hus ude på landet og leve af at sælge grønsager. Omsider får han sparet penge nok sammen og flytter langt ud på landet, hvor der er stille og hvor luften er ren. Hans fredelige tilværelse varer imidlertid ikke længe, for man bygger en motorvej for enden af hans have.

have travlt	*be busy*
skrive (skrev, skrevet)	*write*
stil (-en, -e)	*essay*
lærer (-en, -e)	*teacher*
indledning (-en, -er)	*beginning, introduction*
vælge (valgte, valgt)	*choose*
imellem	*among, between*
mulighed (-en, -er)	*possibility*
omsider	*at long last, eventually*
spare sammen (-ede, -et)	*save (up)*
(penge) nok	*enough (money)*
åbne (-ede, -et)	*open*
udenfor	*outside*
pistol (-en, -er)	*pistol*
pludselig	*suddenly*
løbe (løb, løbet)	*run*
dreng (-en, -e)	*boy*
sætning (-en, -er)	*sentence*
storby (-en, -er)	*city*
larm (-en)	*noise*
stærk	here: *heavy*
trafik (-ken)	*traffic*
går ham på nerverne	*get(s) on his nerves*
nerve (-n, -r)	*nerve*
tåle (-te, -t)	*tolerate, endure, stand*
forurening (-en)	*pollution*
lægge til side	*put aside*
leve af (-ede, -et)	*live by, make a living by*
flytte (-ede, -et)	*move*
luft (-en)	*air*
ren	*clean, pure*
fredelig	*peaceful*
imidlertid	*however*
for	*for, because*
motorvej (-en, -e)	*motorway*
for enden af	*at the end of*

Rigtigt eller forkert

a Alison has problems with the pronunciation of Danish.
b In the role-playing game Alison works for a travel firm.
c Alison writes a pessimistic story about a man who tries to make a better life for himself.

How to translate *spend*

In Danish you use **bruge** if what you spend is money and **tilbringe** when you talk about time:

Vi **bruger** pengene til at istandsætte huset.	*We spend the money on restoring the house.*
George **tilbragte** et år i Danmark.	*George spent a year in Denmark.*

bruge, brugte, har brugt
tilbringe, tilbragte, har tilbragt

ℹ The Danish word *bruge*

This can mean *use, make use of*, as in *use force, use one's influence, use a spoon*. As mentioned above, in Danish you say **bruge penge** (*spend money*). You also use **bruge** when talking about sizes, as in **bruge størrelse 40** (*take size 40*). In Unit 10, Jette says to Alison: Jeg tror, vi **bruger** samme størrelse (*I think we take the same size*).

How to translate *live*

If *live* means *reside, be located, stay* the corresponding Danish word is **bo**. If it means *be alive* the Danish verb is **leve**.

Hun skal **bo** hos os i en uge.	*She is going to stay with us for a week.*
Bor I i en by eller ude på landet?	*Do you live in a town or in the country?*
Hendes forældre **lever** endnu.	*Her parents are still alive.*

The expression **leve af** has two meanings – *live by* and *live on*:

Han **lever af** at sælge grøntsager.	*He lives by selling vegetables.*
Han **lever af** kartofler og brød.	*He lives on potatoes and bread.*

ℹ Countries, inhabitants and languages

Danmark	dansker (-en, -e)	dansk
England	englænder (-en, -e)	engelsk
Norge	nordmand (-en, -mænd)	norsk
Sverige	svensker (-en, -e)	svensk
Tyskland	tysker (-en, -e)	tysk

Frankrig	franskmand (-en, -mænd)	fransk
Italien	italiener (-en, -e)	italiensk
Holland	hollænder (-en, -e)	hollandsk
Belgien	belgier (-en, -e)	belgisk
Spanien	spanier (-en, -e)	spansk
Grækenland	græker (-en, -e)	græsk

Sådan siger man det

How to:

• say that they take it in turns to ...	De skiftes til at ...
• say that you are busy	Jeg har travlt.
• say that he answers the question	Han svarer på spørgsmålet.
• say that they ask each other questions	De stiller spørgsmål til hinanden.

Grammatik

1 More about relative clauses

Unit 06, page 76, explains the use of **der** and **som** in relative clauses. It mentions that if the relative clause relates to the whole of the main clause **der** or **som** cannot be used.

'He received many orders, *which* made him happy.' In this sentence the relative clause does not define the word 'orders', but relates to the entire main clause. It was the fact that he received many orders that made him happy. The word *which* in this case is **hvad** in Danish. If *which* is the subject of the relative clause, **hvad** is followed by **der**; if it is the object, only **hvad** is used. In the above sentence *which* is the subject: 'Han fik mange ordrer, **hvad der** gjorde ham glad.'

You can also translate *which* by **hvilket**, but this sounds very formal and is only used in the written language. In fact, many speakers avoid this relative construction, preferring instead two main clauses linked by **og**. (Han fik mange ordrer, **og** det gjorde ham glad... . *and that made him happy*.)

The relative pronoun *whose* is **hvis**.

Min nabo, **hvis** datter bor i	*My neighbour,* ***whose*** *daughter*	
Amerika, skal rejse derover	*lives in America, is going over*	
og besøge hende til sommer.	*there to visit her this summer.*	

If an antecedent is defined by two relative clauses linked by *and*, as in 'I know the man who has helped my uncle several times in the past *and* who will help again in the future', *who* in the second relative clause is always **som** in Danish regardless of whether it is the subject or the object of the clause: '... **og som** vil hjælpe ham igen i fremtiden'.

2 More about the past and perfect tenses

The verbs have been presented as belonging to one of three groups:

a Verbs that add either **-ede** or **-te** in the past tense.
b Verbs that do not add an ending, but which in most cases show tense by a change of vowel.
c Irregular verbs that have an ending in the past tense (either **-de** or **-te**) and in most cases a different vowel in the past tense and the past participle from the infinitive.
  Below are listed a number of verbs belonging to groups **b** and **c**.

Group b

blive (*become, stay*)	blev	(er) blevet
skrive (*write*)	skrev	(har) skrevet
drikke (*drink*)	drak	(har) drukket
hjælpe (*help*)	hjalp	(har) hjulpet
synge (*sing*)	sang	(har) sunget
finde (*find*)	fandt	(har) fundet
forsvinde (*disappear*)	forsvandt	(er) forsvundet
byde (*bid*)	bød	(har) budt
lyde (*sound*)	lød	(har) lydt
nyde (*enjoy*)	nød	(har) nydt
hedde (*be called*)	hed	(har) heddet
komme (*come*)	kom	(er) kommet
sove (*sleep*)	sov	(har) sovet

Group c

fortælle (*tell*)		fortalte	(har) fortalt
gøre (*do, make*)		gjorde	(har) gjort
lægge (*put*)		lagde	(har) lagt
sige (*say*)		sagde	(har) sagt
spørge (*ask*)		spurgte	(har) spurgt
sælge (*sell*)		solgte	(har) solgt
sætte (*put*)		satte	(har) sat
tælle (*count*)		talte	(har) talt
vide (*know*)	(ved)	*vidste	(har) *vidst
vælge (*choose*)		valgte	(har) valgt

*vidste, *vidst are exceptional in having the letter -s-, cf. **vide**. The reason for this is that they are not original forms of the verb. The present tense (**ved**) is the old past tense and when that became the present tense, a new past tense was created which eventually became **vids-te**.

3 The present participle

This is the form of the verb that ends in -*ing* in English (e.g. travell*ing*, work*ing*). In Danish the ending is -**ende**, which is added to the stem:

Infinitive	Stem	Present participle
rejse	rejs	rejsende
komme	kom	kommende
gå	gå	gående

While the present participle is used frequently in English, its use in Danish is much more limited. It is not used to form the continuous present tense, as in *They are enjoying their holiday*, *I was watching television*, or in constructions such as *Entering the room he saw* ...

Often the meaning of the English continuous present tense is expressed by the present tense:

> De **nyder** deres ferie.   *They are enjoying their holiday.*

(See Unit 01 page 16.)

Sometimes it is rendered by means of two verbs joined by **og**:

> Jeg **sad** og så fjernsyn.   *I was watching television.*
> Jeg **lå** og læste.   *I was reading.*

De **stod** og **snakkede**.   *They were talking.*

In these examples the verb of action (*watch, read, talk*) is preceded by a verb indicating the position of the subject during the action.

'Entering the room he saw ...'. You cannot use the present participle in this construction in Danish. Here a subordinate clause introduces the sentence instead of the participle.

> Da han gik ind i værelset, så   *When he entered the room he*
> han ...   *saw ...*

The present participle is used mainly as an adjective in Danish:

> en irriter**ende** larm   *an annoying noise*
> en lov**ende** elev   *a promising pupil*

All adjectives that end in unstressed -e do not change:

> ikke et **eneste** ord   *not a single word*
> et **lille** barn   *a small child*

Similarly, when used as an adjective, the present participle never adds an ending:

> et forsvind**ende** håb   a vanishing hope

It is used after the verb **blive**:

> Bliv endelig **siddende**! *Do stay!* (Lit. do remain sitting!)
> Vi blev **boende** i Århus   *We stayed in Århus until the*
>   indtil den 29. juni.   *29th of June.* (Lit. we
>   remained staying ...)

The word **ferierejsende** is a compound consisting of **ferie** (*holiday*) and the present participle of the verb **at rejse**. It means *holiday- maker*, but although it functions as a noun, its form is that of an adjective in Danish. The definite forms cannot be formed by the addition of endings, but by articles, as in **de ferierejsende** (*the holiday-makers*).

4 More about the comparison of adjectives

In Unit 08, page 100, you saw that in some adjectives the vowel undergoes a change, such as stor, større, størst; lang, længere, længst. This change also takes place in:

ung (*young*)	**yngre** (*younger*)	**yngst** (*youngest*)
få (*few*)	**færre** (*fewer*)	**færrest** (*fewest*)

Øvelser

1 Insert **der, som, hvad der, hvad** or **hvis** in the following sentences.

a Den unge kvinde, _____ sidder over for Alison, spørger hende, om hun kan passe den lille dreng.

b Den lille dreng, _____ mor er gået på toilettet, falder i søvn.

c Drengens mor kommer ikke tilbage, _____ får Alison til at tro, at hun ikke er interesseret i sit barn.

d George kommer ind i cafeteriet og ser barnet, _____ Alison passer.

e Den unge mor efterlod kun en baby og en barnevogn, _____ de synes er meget mærkeligt.

▶ 2 Read the following text, or listen to it if you have the cassette, and then answer questions **a** to **f** below.

Jørgen og Gitte Juhl har fem børn, to drenge og tre piger. Det næstældste og det yngste barn er drenge. Den ældste pige hedder Lotte. Hun er enogtyve år og læser medicin ved universitetet i København. Den ældste dreng hedder Poul. Han er sytten år og går i gymnasiet. Han vil være lærer. Hans andre søstre hedder Lise og Mette, og de er ti og elleve år. Den yngste dreng er kun fem år gammel. Han hedder Viggo, og han vil være politibetjent, når han bliver stor.

a Hvor mange børn har Jørgen og Gitte Juhl?

b Hvor mange døtre har de?

c Hvad hedder den yngste pige?

d Hvad laver den ældste pige?

e Hvor gammel er Poul?

f Hvad vil Viggo være, når han bliver stor?

3 Complete the following sentences by adding the adjectives in the comparative.

a Jordbærrene er billige. De er _____ end hindbærrene.

b Hun er køn. Hun er _____ end sin mor.

c De har en lille have. Den er _____ end vores.

d Henrik er gammel. Han er _____ end Hans Peter.

e Lise er meget ung. Hun er _____ end sin mand.

f Deres spisebord er langt. Det er _____ end vores.

g De har mange frugttræer. De har _____ frugttræer end mine forældre har.

h Der var meget få mennesker i biografen i onsdags. Der var _____ mennesker i biografen i onsdags end i søndags.

i Alison tog ikke ret meget tøj med til Jylland. Hun skulle have taget noget _____ med.

4 Insert the correct form of **vide, kende** or **kunne** in the following sentences.

a George ——— ikke, hvornår Alison kommer hjem.

b Han ——— ikke Alisons venner fra sprogskolen.

c Lone ——— mange sprog.

d De fik at ———, at flyet ville ankomme klokken 6.

e Jeg ——— ikke, at de var flyttet ud på landet.

f Jette vil gerne lære Alison nærmere at ———.

g George har ——— Hans og Lone i mange år.

5 Now answer the following questions as fully as you can.

a Hvad lærer eleverne på begynderholdet?

b Hvad laver eleverne på Alisons hold i timerne?

a Den første dag leger de en leg. Hvad går legen ud på?

d Hvad handler Alisons historie om?

Andre tekster

Alison phones George

Fredag eftermiddag ringer telefonen. George tager den.

George Hallo!

Alison Hej! Det er mig. Jeg ringer bare for at sige, at vi skal i Tivoli i aften. Det er noget, der lige er blevet arrangeret. Du må gerne komme med, hvis du har lyst. Vi skal spise derinde.

George Det lyder dejligt, men jeg tror nu ikke, jeg vil med. Jeg kender jo ikke nogen fra dit hold. I kan hygge jer meget bedre, hvis I ikke behøver at være høflige over for en fremmed.

Alison Har du noget imod, at jeg tager med? Eller synes du, jeg skal komme hjem?

George Nej da, du skal da med. Du skal slet ikke tænke på os.

have lyst til	*feel like*
lyst (-en, -er)	*inclination, wish, desire*
hygge sig	*have a good time, enjoy oneself*
behøve (-ede, -et)	*need* (=**være nødt til**)
høflig	*polite*
over for	*towards, to*
fremmed	*foreign, strange.* Here the adjective has the sense of a noun. (*the stranger:* **den fremmede**)
nej da	*of course not*
da	*of course, certainly, indeed*

Rigtigt eller forkert

a Alison is ringing to say that she will be going to the Tivoli Gardens with some friends from the language school.

b George decides to join them.

▶ George phones Marianne

Samme eftermiddag ringer George til Marianne.

Marianne Marianne Svendsen.

George Hallo! Mit navn er George Wilson. Jeg besøgte dine forældre på Mols for nylig, og de foreslog, at jeg skulle ringe til dig, når jeg kom tilbage til København. Jeg har en chokoladefabrik i England og er for tiden i Danmark for at finde kunder, der vil forhandle vores chokolade. Din far sagde, at du har en ven, der ejer en stor chokoladeforretning. Jeg ringer for at spørge, om jeg kunne få hans navn og adresse.

Marianne Mor ringede for et par dage siden og sagde, at du nok ville ringe mig op. Jeg tror, det er bedst, hvis jeg præsenterer jer for hinanden. Frederik kommer og spiser hos mig i aften. Hvis du og din kone ikke skal lave noget i aften, kunne I så ikke tænke jer at komme og spise sammen med os?

George Det kan vi desværre ikke. Alison har lige ringet for at sige, at hun skal i Tivoli i aften sammen med nogle venner.

Marianne Jamen, hvis du ikke skal noget, så synes jeg, du skulle komme herind og prøve at sælge nogle æsker chokolade.

George Det vil jeg meget gerne. Mange tak for invitationen.

for nylig	*recently*
foreslå (foreslog, foreslået)	*suggest*
for tiden	*at present*
forhandle (-ede, -et)	*market, sell*
eje (-ede, -et)	*own*
forretning (-en, -er)	*shop*
ringe (mig) op (-ede, -et)	*call (me)*
præsentere (-ede, -et)	*introduce*
invitation (-en, -er)	*invitation*

Rigtigt eller forkert

a George rings Marianne to get the name and address of a friend of hers who might be interested in buying his chocolates.

b Marianne has never heard of George before.

13

turister i København

tourists in Copenhagen

In this unit you will learn
- how to express permission, duty and courage

Tekster og samtale

▶ 1 During breakfast the following Monday

George   Nu er der ikke så lang tid tilbage. Vi har næsten fået flere ordrer, end vi kan klare, og når vi kommer hjem, får vi meget travlt. Derfor vil vi holde en uges ferie, inden vi rejser herfra. Jeg ved godt, at I skal på arbejde i denne uge, men Alison og jeg har besluttet, at vi vil være turister i København i nogle dage. Vi kender faktisk ikke København ret godt. Marianne, Peter og Jettes datter, har lovet at vise os de mest berømte seværdigheder i dag.

Lone   Det er vældig sødt af hende. Det er også på høje tid, I lærer København at kende. Vi vil meget gerne møde jeres venner fra Århus, når de kommer til København.

George   Jeg ringede dem op i går. De kommer herover på torsdag. Og så håber vi, I vil med ud og spise. Vi vil nemlig gerne invitere jer ud og spise på en restaurant sammen med Jette og Peter og Marianne.

berømt	*well-known, famous*
seværdighed (-en, -er)	*sight*
det er på høje tid	*it is high time*

2 The history of Copenhagen

København har en lang historie. I 1160 gav den danske konge, Valdemar den Store, den lille vikingehavn ved Øresund til biskop Absalon, der byggede en borg netop der, hvor Christiansborg Slot ligger i dag. I løbet af de følgende århundreder voksede byen i størrelse og betydning på grund af beliggenheden ved Øresund. København betyder 'købmændenes havn'. Byen blev Danmarks hovedstad i 1443, og i 1479 blev landets første universitet grundlagt her.

Danmark har været et kongerige i mere end 1000 år, og mange af kongerne har bygget slotte og andre fine bygninger i landets hovedstad. Christian IV, der regerede fra 1588 til 1648, var meget interesseret i byplanlægning. Rosenborg Slot, Børsen og Rundetårn blev bygget i hans regeringstid.

København var omgivet af volde indtil 1870erne. Da disse blev revet ned, blev Vesterbro, Nørrebro og Østerbro bygget uden for den gamle bys grænser. Siden da er byen vokset med rivende fart, og i dag bor der over en million mennesker i og omkring København.

historie (-n)	*history*
elleve hundrede tres	*1160*
konge (-n, -r)	*king*
vikingehavn (-en, -e)	*viking harbour*
viking (-en, -er)	*viking*
biskop (-pen, -per)	*bishop*
borg (-en, -e)	*castle*
netop	*exactly, precisely*
følgende	*following*
århundrede (-t, -r)	*century*
betydning (-en)	*importance*
beliggenhed (-en)	*situation, position*
købmand (-en, købmænd)	*merchant*
fjorten hundrede treogfyrre	*1443*
fjorten hundrede nioghalvfjerds	*1479*
grundlægge (-lagde, -lagt)	*found*
kongerige (-t, -r)	*kingdom*
fin	*fine, grand*
(Christian) den fjerde	*(Christian) IV*
regere (-ede, -et)	*rule*
byplanlægning (-en)	*town planning*
børs (-en, -er)	*stock exchange*
rund	*round*
regeringstid (-en)	*reign*
omgive (omgav, omgivet)	*surround*
vold (-en, -e)	*rampart*
atten hundrede halvfjerdserne	
1870erne	*the 1870s*
rive ned (rev, revet)	*demolish, pull down*
Vesterbro, Nørrebro, Østerbro	*districts in Copenhagen*
bro (-en, -er)	*bridge*
med rivende fart	*at a tremendous speed*
rivende	*tearing*
fart (-en)	*speed*

▶ 3 Sightseeing in Copenhagen

George and Alison take the train to *Østerport station* where they have arranged to meet Marianne. From there they walk down to *Langelinie*, a promenade along the harbour side. On the way Marianne explains to them what she intends to show them.

Marianne Jeg håber, I har en masse energi, for vi skal ud på en lang spadseretur. Jeg synes, at man bør kende en by, inden man begynder på museumsbesøgene. Og den bedste måde at lære en by at kende på er at gå rundt i gaderne. På vejen kan jeg så udpege, hvilke bygninger jeg synes er et besøg værd. Vores tur begynder på Langelinie, hvor vi skal se Den Lille Havfrue. Derfra går vi ind til Amalienborg Slot, hvor den kongelige familie bor. Så skal vi videre til Nyhavn, et livligt kvarter med barer og fortovscaféer, og Kongens Nytorv, hvor Det Kongelige Teater ligger. Strøget, som I uden tvivl har hørt om, går fra Kongens Nytorv til Rådhuspladsen. Her ligger der en masse fine forretninger. Vi vil gøre små afstikkere fra Strøget ned til Christiansborg Slot, hvor folketinget har til huse, og ind til Rundetårn.

Når vi kommer ind til Rådhuspladsen kan vi selvfølgelig fortsætte ned til Nationalmuseet, men jeg har på fornemmelsen, I har fået nok, når vi når dertil.

energi (-en)	*energy*
spadseretur (-en, -e)	*walk*
spadsere (-ede, -et)	*walk*
bør (pres. tense of **burde**)	*ought*
udpege (-ede, -et)	*point out*
værd	*worth* (a visit)
havfrue (-n, -r)	*mermaid*
kongelig	*royal*
videre	*on, further*
livlig	*lively*
kvarter (-et, -er)	*quarter, district, part of town*
bar (-en, -er)	*bar*
fortovscafé (-en, -er)	*pavement café*
fortov (-et, -e)	*pavement*
Strøget	the main shopping street in the centre of Copenhagen
høre (-te, -t)	*hear*
gå (gik, gået)	here: *run*
Rådhuspladsen	*the City Hall Square*
rådhus (-et, -e)	*town/city hall*
plads (-en, -er)	here: *square*
afstikker (-en, -e)	*detour*
folketinget	the Danish Parliament
have til huse	*be housed*
fortsætte (-satte, -sat)	*continue*
have på fornemmelsen	*have a feeling, have a hunch*
fornemmelse (-n, -r)	*feeling*

4 The end of the tour

When they get to *Christiansborg Slot* they decide to walk on to *Børsen*, the old Stock Exchange building, and across *Knippelsbro* to *Christianshavn* on the island of Amager. *Christianshavn* was originally a separate town, created by Christian IV as a residential and trading centre for merchants and shipbuilders. Having made this detour, Marianne abandons her original plan and shows them round the old bastions. From there they walk to *Vor Frelsers Kirke*, a late seventeenth-century baroque church with a 75m high spiral tower. An outside spiral staircase leads up to the top where a figure of Christ stands holding a banner.

Marianne	Jeg synes, vi skal afslutte vores tur med et udsyn ud over København oppe fra toppen af kirketårnet.
George	Er der også en trappe inde i tårnet?
Marianne	Nej, man går op ad den udvendige trappe.
Alison	Nej, der får I mig ikke med op. Det tør jeg ikke.
George	Du kan sætte dig ind i kirken og vente, mens vi går derop.

afslutte (-ede, -et)	*finish, conclude*
udsyn (-et, -)	*view*
top (-pen, -pe)	*top*
trappe (-n, -r)	*staircase, stairs, steps*
tør (pres. tense of **turde**)	*dare*

Rigtigt eller forkert

a Christian IV was very interested in town planning.
b Copenhagen was surrounded by ramparts until this century.
c Alison suffers from a fear of heights.

ℹ The Danish word *købmand*

This means *grocer* as well as *merchant*. The grocers' shops have gradually disappeared as supermarkets have taken over the trade.

ℹ The Danish word *betydning*

In the text about Copenhagen **betydning** was used in the sense of *importance*: **byen voksede i størrelse og betydning**. It also means *meaning* or *sense*:

et ords **betydning**	*the meaning of the word*
i en anden **betydning**	*in another sense*
ordet kan ikke bruges med	*the word cannot be used in*
den **betydning**	*that sense* (or: *to mean that*)
uden **betydning**	*of no importance*

ℹ The Danish preposition *ad*

In the dialogue Marianne said: **Man går op ad den udvendige trappe.** In Danish **op/ned** is followed by the preposition **ad** (*by*) in *to go up the stairs, to go down the stairs*:

| gå **op ad** trappen | *go up the stairs* |
| gå **ned ad** trappen | *go down the stairs* |

gå **ned ad** gaden	*walk down the street*
gå **ind ad** døren	*walk in through the door*
(enter by the door)	

The word **ad** also means *at* (directed towards):

| Hun ler altid **ad** mig. | *She always laughs at me.* |

ℹ How to translate *to play*

| Børnene **leger** i haven. | *The children are playing in the garden.* |

The verb **at lege** means *to play* (children's games).
Otherwise the verb **spille (-ede, -et)** is used:

spille kort	*play cards*
spille klaver	*play the piano*
spille fodbold	*play football*

Sådan siger man det

How to:

- say that you think you ought to (know a town before ...) — **Jeg synes, man bør (kende en by, inden ...)**
- say that you do not dare (walk up the staircase) — **Jeg tør ikke (gå op ad trappen).**
- say that you have an idea/ a feeling/a hunch that ... — **Jeg har på fornemmelsen, at ...**

Grammatik

1 More about modal verbs

Unit 07, pages 89–90, contains four of the modal verbs and explains some of their functions. There are six modal verbs in Danish: **kunne, skulle, ville, burde, turde, måtte.** They are given in the infinitive, which is identical to the past tense. You form the past participle by adding -t to the past tense: **kunnet, skullet, villet, burdet, turdet, måttet.** The present tense forms are: **kan, skal, vil, bør, tør, må.** They correspond to the English present tense forms: *can, shall, will, ought to, dare, must/may.* Apart from *dare,* the English verbs do not, of course, exist in all the forms of the Danish verbs.

a kan means *can* or *may.* It conveys ability or possibility:

Han **kan** køre os ned   *He can drive us down to*
  til færgen.   *the ferry.*
Han **kan** komme når som helst.*He may come at any time.*

b må means both *must* and *may.* In the sense of *may* it tends to be followed by **gerne** or **godt:**

I **må gerne** komme i morgen. *You may come tomorrow.*
Du **må godt** gå i biografen   *You may go to the cinema*
  i aften.   *tonight.*

In questions **gerne** or **godt** is left out:

Må jeg komme ind?   *May I come in?*

The necessity implied when **må** is used often arises in circumstances such as when an accident has happened or someone has fallen ill.

Du **må** komme med det samme.*You have to come immediately.*

You use **må ikke** when you are telling someone *not* to do something (a prohibition):

Du **må ikke** sige noget til   *You must not tell your sister.*
  din søster.

c skal can imply a different kind of necessity. Here the necessity may be due to an order issued by someone, office routine, timetables:

Jeg **skal** være på arbejde   *I have to be at work at 7 o'clock.*
  klokken 7.

Hun **skal** blive hjemme. *She has to stay at home.*

Skal is also used when you issue an order:

Du **skal** skrive stilen. *You must write the essay.*

Skal can also imply promise:

Jeg **skal** nok gøre det. *I'll (certainly) do that.*

You will find in Unit 07, pages 89– 90, other situations when **skal** is used: when you talk about plans or arrangements, in suggestions and sometimes simply to imply the future.

d vil implies wish or future:

De **vil** rejse med toget. *They want to travel by train.*
Vi **vil** gerne hjælpe dig. *We would like to help you.*
De **vil** komme på søndag. *They will come on Sunday.*

e bør implies duty, propriety:

Du **bør** gøre, hvad dine   *You ought to do what your*
   forældre siger.   *parents tell you.*
Han **burde** gøre det.   *He ought to do it.* (he is likely
                               not to)

f tør implies courage:

Jeg **tør** godt gøre det.   *I am not afraid to do it.*
Gør det, hvis du **tør**.   *I dare you to do it.* (Lit. Do it
                               if you dare.)

2 More about the present participle

In Unit 12, pages 156–7, you saw that the present participle is used in Danish after the verb **blive** in constructions such as: **vi blev boende indtil den 29. juni.** The present participle can also follow the verbs **finde, have, komme:**

Jeg fandt hende **siddende**   *I found her sitting behind*
   bag et træ.   *a tree.*
Vi kan ikke have dem **boende.** *We cannot have them staying.*
De kom **løbende** ind i stuen. *They came running into the room.*

In English, verbs of perception (such as *see, feel, hear, notice*) are often followed by a verb in the present participle (the *-ing* form): *I heard him unlocking the door, I saw them walking round the corner.* In Danish, the present participle is not used in such constructions, but instead the infinitive is used:

Jeg så dem gå rundt om hjørnet.   *I saw them walking round the corner.*

3 Nouns ending in -*um*

When an ending is added to such nouns, they drop -**um**:

et muse**um**	museet	museer	museerne
et studi**um**	studiet	studier	studierne

4 Adjectives

In Unit 11, page 145, you learned that adjectives ending in -**s** do not change. The adjective (**u**)**tilfreds** (*dis*)*satisfied* does not add -**t** in the indefinite form neuter singular (**et tilfreds menneske**), but it does end in -**e** in the definite form and in the plural: **de utilfredse naboer.**

Some of the adjectives that end in -**d** do not add -**t** in the indefinite form neuter singular: **et glad barn, et fremmed fly.** In the plural they end in -**e**: **glade børn, fremmede fly.**

Information about adjectives that do not comply with the norm has been given gradually as the words were used in the dialogues and texts. In Unit 14 all this information will be brought together.

Øvelser

1   Insert either **hvis** or **om** in the following sentences. If you need help, you can look at Unit 09, page 114 and Unit 12, page 154.

a   Jeg ved ikke, _____ mine forældre kan komme på søndag.

b   _____ de kommer, kan du fortælle dem om din tur til London.

c   Jeg spurgte hende, _____ hun ville låne en cardigan.

d   _____ han ikke kan hjælpe mig, vil jeg spørge min fætter, _____ han kan låne mig pengene.

e   _____ barn passer du?

f   _____ du har lyst, kan vi gå i biografen i aften.

g   En af mine venner, _____ forældre er på ferie, holder en fest på lørdag.

2 Insert **da, når** or **hvornår** in the following sentences. (See Unit 07, page 86).

a _____ de kom til Østerport Station, stod Marianne og ventede på dem.

b '_____ tog I hjemmefra?' spurgte hun.

c _____ Peter og Jette kommer til København på torsdag, skal de alle ud og spise på en restaurant.

d _____ vi besøgte dem, fik vi altid en kop kaffe klokken 11 om formiddagen.

e _____ George kom til Danmark, kunne han ikke tale dansk ret godt.

f _____ George taler dansk, føler han sig som dansker.

g _____ ankommer toget?

3 Insert a modal verb in the sentences below. The word in brackets indicates in which way the verb in the infinitive should be qualified. Here is an example:
Han **vil gerne** fejre din fødselsdag. (*wish*)

a I _____ gå en tur i skoven. (*permission*)

b Du _____ køre din søster til færgen. (*order*)

c Jeg _____ hjælpe dem med at flytte. (*duty*)

d Han _____ godt gå hen på politistationen med pengene. (*courage*)

e De _____ godt komme på torsdag. (*ability*)

f Vi _____ være i lufthavnen klokken 4. (*necessity*)

g Du _____ komme og hjælpe os. Ellers når vi ikke at blive færdige til tiden. (*necessity*)

4 Add the correct form of the reflexive verb to the sentences below.

a De (gifte sig) til sommer.

b Du (bevæge sig) ikke nok. (present tense)

c Han (føle sig) dårlig tilpas. (past tense)

d Vi (hygge sig) altid, når de kommer på besøg. (present tense)

e Jeg (sætte sig) ud i køkkenet. (past tense)

f I kan (lægge sig) på græsplænen og nyde det gode vejr.

5 Answer the following questions in Danish.

a Hvorfor vil George og Alison holde en uges ferie?

b Hvornår kommer Jette og Peter til København?

c Hvad er den første seværdighed, som Marianne vil vise George og Alison?

d Hvem bor på Amalienborg Slot?
e Hvor ligger Strøget?
f Går de alle tre op ad den udvendige trappe til toppen af kirketårnet?

Andre tekster

Marianne's childhood

Marianne and George are standing at the top of the church tower from where they have a magnificent view of Copenhagen.

George Er du glad for at bo i København?
Marianne Ja, det må jeg indrømme. Da jeg flyttede herover, troede jeg, at jeg ville komme til at savne Århus og mine venner der, men det gør jeg overhovedet ikke. Det eneste jeg engang imellem savner er noget, der ligger længere tilbage i tiden. Da jeg var lille, boede vi ude på landet, og naturen spillede dengang en stor rolle i min tilværelse. Vi boede hos mine bedsteforældre, der havde en gård. I nærheden af gården lå der en skov, og min bedstemor og jeg gik tit en tur ned i skoven. På disse ture snakkede vi om blomsterne, der voksede på grøftekanten, og om skovens træer og buske. Jeg lærte også meget om egnens dyreliv og om fuglene, der byggede rede i tagrenderne og trækronerne.

indrømme (-ede, -et)	*admit*
savne (-ede, -et)	*miss*
engang imellem	*now and then, occasionally*
spille en rolle (-ede, -et)	*play a part*
rolle (-n, -r)	*part, role*
i nærheden af	*near, close to*
nærhed (-en)	*proximity, vicinity*
på grøftekanten	*at the side of the road/path*
grøftekant (-en, -er)	*(Lit. edge of ditch)*
busk (-en, -e)	*bush*
egn (-en, -e)	*part of the country, area, district*
dyreliv (-et)	*fauna*
fugl (-en, -e)	*bird*
rede (-n, -r)	*nest*
tagrende (-n, -r)	*gutter*
tag (-et, -e)	*roof*
trækrone (-n, -r)	*crown/top of tree*

Rigtigt eller forkert
a When Marianne was a small child she lived in the country.
b Marianne does not enjoy living in Copenhagen.

A cold experience

George   Lever dine bedsteforældre endnu?
Marianne   Min bedstefar døde i februar i år. Det var frygtelig koldt
på det tidspunkt. Det frøs 10 grader, da jeg rejste over
til begravelsen, og den dag han blev begravet, havde
vi snestorm. Sneen føg over gravstenene, og min
stakkels bedstemor stod og frøs, da kisten blev
sænket ned i graven, selv om hun var klædt varmt på.
Bagefter blev hun syg og lå i sengen med influenza i
flere uger, men hun kom sig, og nu har hun det godt
igen.

dø (døde)	*die (**han er død**=he has died)*
i år	*this year*
på det tidspunkt	*then, at that time*
tidspunkt (-et, -er)	*time, moment*
grad (-en, -er)	*degree*
begravelse (-n, -r)	*funeral, burial*
begrave (-ede, -et)	*bury*
snestorm (-en, -e)	*blizzard*
sne (-en)	*snow*
storm (-en, -e)	*gale*
fyge (-ede, -et or føg, føget)	*drift*
gravsten (-en, -)	*tombstone*
grav (-en, -e)	*grave*
kiste (-n, -r)	*coffin*
sænke (-ede, -et)	*lower*
selv om	*even though*
syg	*ill*
seng (-en, -e)	*bed*
influenza (-en)	*flu*
flere	*several*
komme sig (kom, kommet)	*recover*

Rigtigt eller forkert
a In winter the weather can be very cold in Denmark.
b Marianne's grandmother was cold at the funeral because she
had not dressed sensibly.

14 på restaurant

at a restaurant

In this unit you will learn
- how to state likes and dislikes about food
- how to express preference
- how to order a meal at a restaurant

Samtaler

1 Getting ready

It is Thursday, and George and Alison are getting ready to go to the restaurant. They have invited Hans and Lone as well as Peter and Jette and their daughter, Marianne, out for a meal. The table is booked for 7 o'clock.

Alison Det har været en dejlig måned, men jeg glæder mig nu meget til at komme hjem igen. Jeg kan egentlig ikke lide at være væk hjemmefra så længe om sommeren. Jeg savner min have.

George Den trænger sikkert også til at luges. Jeg glæder mig til at komme tilbage til arbejdet på fabrikken og istandsættelsen af stuehuset, men jeg må nu indrømme, at jeg er helt trist ved tanken om, at vores ophold her er ved at være forbi.

Alison Vores danske venner er meget gæstfri. Jeg håber, de kommer og besøger os i England. Vi kunne give dem en god ferie, når vi bliver færdige med stuehuset.

George Det håber jeg sandelig også. Nå, men nu er jeg færdig.

Alison Nej, det er du da ikke. Du har glemt at skifte skjorte og tage slips på.

væk	*away*
kunne lide	*like*
sikkert	*very likely, no doubt*
luge (-ede, -et)	*weed*
istandsættelse (-n, -r)	*repair, restoration*
trist	*sad*
tanke (-n, -r)	*thought*
ved tanken om, at ...	*at the thought that ...*
være ved at	*be on the point of, be about to*
skjorte (-n, -r)	*shirt*
tage (tog, taget) på	*put on (clothes)*
slips (-et, -)	*tie*

▶ 2 Choosing from the menu

They meet in the bar at half past six and have a drink before going to eat at seven o'clock. For a few minutes they study the menu in silence.

George Hvad med en halv hummer til at begynde med?

Lone	Det vil jeg meget gerne have. Jeg elsker skaldyr.
George	Du kan også få østers.
Lone	Nej, jeg vil helst have en halv hummer.
George	Skal jeg bestille en halv hummer til alle?
Marianne	Jeg er vegetar og spiser hverken kød eller fisk.
George	Du kan få champignonsuppe eller en skive melon.
Marianne	Så vil jeg gerne have champignonsuppe.
Jette	Det vil jeg også hellere have.
Hans	Der er jo også gravad laks på spisekortet. Det er min livret.
Peter	Jeg holder meget af ål i gelé.
George	Alison, du vil godt have en halv hummer, ikke?
Alison	Jeg bryder mig faktisk ikke ret meget om hummer. Jeg vil hellere have gravad laks.

hvad med ...	*what about ...*
hummer (-en, -e)	*lobster*
skaldyr (-et, -)	*shellfish*
østers (-en, -)	*oyster*
vegetar (-en, -er)	*vegetarian*
hverken ... eller	*neither ... nor*
kød (-et)	*meat*
fisk (-en, -)	*fish*
champignonsuppe (-n)	*mushroom soup*
champignon (-en, -er)	*mushroom*
suppe (-n, -r)	*soup*
skive (-n, -r)	*slice*
melon (-en, -er)	*melon*
gravad	*marinated* (in salt, sugar and spices)
laks (-en, -)	*salmon*
spisekort (-et, -)	*menu*
livret (-ten, -ter)	*favourite dish*
ret (-ten, -ter)	*dish, course*
ål (-en, -)	*eel*
ål i gelé	*jellied eels*
..., ikke?	*..., won't you?*
bryde sig om (brød, brudt)	*care for, like*

3 George is ready to order

George Jeg vil gerne bestille 2 halve hummere, 2 gange gravad laks, 2 gange champignonsuppe og en gang ål i gelé. Derefter skal vi alle have en halv kylling med nye kartofler og agurkesalat undtagen den unge dame, der skal have en omelet med grønsager, og til dessert skal vi have hjemmelavet is med friskplukkede hindbær.

gang (-en, -e)	portion, helping
kylling (-en, -er)	chicken
agurkesalat (-en)	sliced cucumber in a dressing consisting of vinegar, sugar and a little salt
undtagen	except
omelet (-ten, -ter)	omelette
hjemmelavet	home-made
friskplukket	freshly picked

▶ 4 During the meal

They drink white wine with the first course and red wine with the main course. The wine loosens their tongues and the conversation is lively. George is sitting next to Jette, and to start with they talk about life in Denmark today and about the changes in the last 25 years. Then they talk about themselves.

De drikker hvidvin til forretten og rødvin til hovedretten. Vinen løser tungebåndene, og der snakkes livligt. George har Jette til bords, og de taler først om livet i Danmark i dag, om de forandringer, der har fundet sted i løbet af de sidste 25 år. Derefter snakker de om sig selv.

George	Er man den samme, som man var for 25 år siden?
Jette	Nej, det er man bestemt ikke.
George	Man kender selvfølgelig sig selv noget bedre end dengang og har fået den selvtillid, man manglede. Men inderst inde er man vel den samme. Jeg er lige så forvirret med hensyn til min nationale identitet, som jeg altid har været. Men det betragter jeg ikke som noget problem. Tværtimod kan jeg godt lide den rolle, som min tosprogethed har skabt. Jeg indtager lidt af en særstilling i begge lande.
Jette	Det er nok derfor, du ikke har forandret dig så meget. Jeg er i hvert fald ikke den samme, som jeg var for 25 år siden. Der er sket meget siden da, og man bliver klogere med årene.

Hans afbryder deres samtale. Han og hans borddame, Marianne, vil gerne skåle med George og Jette.

hvidvin (-en, -e)	*white wine*
forret (-ten, -ter)	*first course*
hovedret (-ten, -ter)	*main course*
løse (-te, -t)	*loosen, release, solve*
løse tungebåndene	*loosen the tongues*
der snakkes livligt	*the conversation is lively*
have til bords	*take in to dinner, sit next to*
liv (-et)	*life*
forandring (-en, -er)	*change*
finde sted (fandt, fundet)	*happen, take place*
selvtillid (-en)	*(self-)confidence*
mangle (-ede, -et)	*lack*
inderst inde	*deep down*
vel	*I suppose*
forvirret	*confused*
med hensyn til	*as regards*
hensyn (-et, -)	*consideration*
national	*national*
identitet (-en)	*identity*
betragte (-ede, -et)	*consider*
tosprogethed (-en)	*bilingualism*
skabe (-te, -t)	*create*
indtage (indtog, indtaget)	*take up, assume, fill, occupy*
særstilling (-en, -er)	*exceptional position*
forandre sig (-ede, -et)	*change* (intrans.)
i hvert fald	here: *definitely, absolutely*
klog	*wise*
borddame (-n, -r)	*partner at dinner*
skåle med (-ede, -et)	*toast*

Rigtigt eller forkert

a George is looking forward to returning to England.
b George forgets to put on a tic.
c They all have chicken as their main course.
d George orders raspberries with cream for dessert.

ℹ️ Skål!

Skål! means *cheers!*, and the verb **at skåle** means *to propose a toast*. The verb **at hilse på (-te, -t)** has the same meaning. There is a Danish custom of proposing toasts at the dinner table, drinking to those present.

ℹ️How to express likes

kunne lide

Jeg **kan** godt **lide** en øl til maden.	*I like a beer with my food.*
Jeg **kan** godt **lide** at stå tidligt op om morgenen.	*I like to get up early in the morning.*
Jeg **kan** bedre **lide** kaffe end te.	*I like coffee better than tea. (I prefer coffee to tea).*
Jeg **kan** mægtig (vældig/rigtig) godt **lide** ham.	*I am very fond of him.*

holde af

Han **holder** meget **af** sine børn.	*He is very fond of his children.*
De **holder af** at gå lange ture.	*They are fond of long walks.*
Peter **holder** meget **af** ål i gelé.	*Peter likes jellied eels very much.*
Jeg tror, han **holder** mere **af** sin hund end **af** sin kone.	*I think he likes his dog better than his wife.*

synes om

Synes du **om** dem?	*Do you like them?*
Jeg håber, du **synes om** værelset.	*I hope you like the room.*
Jeg er begyndt at **synes** bedre **om** hende.	*I have started to like her better.*

elske

De **elsker** hinanden.	*They love each other.*
Hun **elsker** ham højt.	*She loves him dearly.*
Jeg **elsker** jordbær med fløde.	*I love strawberries with cream.*
Hun **elsker** at spille kort.	*She loves playing cards.*

bryde sig om

Bryder du dig om ham?	*Do you care for him?*

ℹ️How to express dislikes

Jeg **kan** ikke **lide** fisk.	*I don't like fish.*
Jeg **kan** ikke **lide** at flyve.	*I don't like flying.*
Hun **kan** ikke **lide** ham.	*She dislikes him.*
Hun **holder** ikke **af** ham.	*She is not fond of him.*
Hun **elsker** ham ikke.	*She does not love him.*
Jeg **synes** ikke **om** filmen.	*I don't like the film.*
Han **bryder sig** ikke **om** børn.	*He does not like children.*
Alison **bryder sig** ikke **om** hummer.	*Alison does not care for lobster.*

ℹ️ How to translate the English verb *to have*

If *have* means *possess* you use **have** in Danish:

De **har** et sommerhus på Mols. *They have a cottage in Mols.*
Han **har** et vanskeligt sind. *He has a difficult temperament.*

However, when the verb means *get* you use **få** in Danish:

Kan jeg **få** et glas vin? *Can I have a glass of wine?*
Har I **fået** nogen kartofler? *Have you had any potatoes?*

ℹ️ *vel* and *ikke* at the end of questions

De kommer ikke, **vel**? *They aren't coming, are they?*
De kommer da, **ikke**? *They are coming, aren't they?*
Du vil da ikke låne ham *You won't lend him the money,*
   pengene, **vel**? *will you?*
Du giver hende pengene, **ikke**? *You will give her the money,*
   won't you?

A negative question is followed by **vel**, while **ikke** follows a positive question.

Sådan siger man det

How to:

- express which you prefer out **Jeg vil helst have en halv**
  of two or more possibilities **hummer.**
- express dislike **Jeg bryder mig ikke om østers.**
- order (mushroom soup) **Jeg vil gerne bestille 2 gange**
  for two **(champignonsuppe).**

Grammatik

1 No, nobody, nothing

The word **ingen** is the plural form as well as the common gender singular form of the adjective *no*. The neuter singular form is **intet**:

Jeg har **ingen** timer om *I have no classes on*
   onsdagen. *Wednesdays.*
Han havde **ingen** søster. *He had no sister.*
Han havde **intet** slips på. *He was wearing no tie.*

Ingen and intet tend to be replaced by ikke nogen and ikke noget:

Jeg har **ikke nogen** timer om onsdagen.	*I have no classes on Wednesdays.*
Han havde **ikke nogen** søster.	*He had no sister.*
Han havde **ikke noget** slips på.	*He was wearing no tie.*

Ingen is also the pronoun *nobody*:

Der var **ingen** hjemme.	*There was nobody at home.*

Ingenting has replaced **intet** as the pronoun *nothing*:

Han sagde **ingenting**.	*He said nothing.*

The pronouns **ingen** and **ingenting** tend also to be replaced by **ikke nogen** and **ikke noget**:

Der var **ikke nogen** hjemme.	*There was nobody at home.*
Han sagde **ikke noget**.	*He said nothing.*

2 Adjectives: special cases

a Most adjectives that end in a stressed vowel are not changed (inflected) in the definite form and in the plural – in other words they do not add -e:

den **blå** stol	*the blue chair*
det **blå** bord	*the blue table*
små børn	*small children*

The adjectives **ny** and **fri** may add -e:

de **ny(e)** bukser	*the new trousers*
de er meget **gæstfri(e)**	*they are very hospitable*

The forms with or without -e are interchangeable.

b Adjectives ending in an unstressed -e are not changed at all:

et **lille** hus	*a small house*
den **følgende** dag	*the following day*

c Adjectives ending in -sk do not add -t in the indefinite form neuter singular. This is, of course, also the case when the adjective ends in -t, as a final consonant is never a double consonant in Danish. This rule also applies to a few adjectives that end in -d (e.g. **glad, fremmed**):

et **politisk** spørgsmål	*a political question*
et **udmærket** svar	*an excellent answer*
et **glad** menneske	*a happy person*

d Most adjectives that end in -s do not change:

det **stakkels** barn	*the poor child*
forholdene var **anderledes** dengang	*conditions were different then*
et **tilfreds** menneske	*a satisfied/contented person*

But:

| de **tilfredse** kunder | *the satisfied customers* |

e When -**e** is added to adjectives ending in -**et**, -**t**- becomes -**d**-:

| det **forsinkede** tog | *the delayed train* |
| de **friskplukkede** hindbær | *the freshly picked raspberries* |

f The adjective **værd** (*worth, worthwhile*) remains unchanged:

| Slottene er et besøg **værd**. | *The castles are worth a visit.* |

3 The definite form of the adjective

This form is also used after the possessive pronouns, demonstrative pronouns and a noun in the possessive:

min **gamle** onkel	*my old uncle*
dette **svære** spørgsmål	*this difficult question*
børnenes **lange** ferie	*the children's long holiday*

4 The adjective *own*

Notice that the adjective **egen, eget, egne** (*own*) is an exception to the rule explained in note 3:

min **egen** datter	*my own daughter*
mit **eget** hus	*my own house*
mine **egne** bøger	*my own books*

Øvelser

▶1 Read the following text, or listen to it if you have the cassette, and then answer the questions.

Mette er gift med Ole, og de har tre børn, Malene, Jonna og Anders. Mette synes, det er svært at lave mad til hele familien. Ole kan godt spise kylling, men han bryder sig ellers ikke om kød. Anders kan ikke lide fisk. Pigerne er ikke vegetarer, men de holder mere af grønsager end kød. Hun kan selv lide næsten alting. Hun steger tit en kylling, som hun serverer med kartofler og andre grønsager. Men det kan hun selvfølgelig ikke gøre hver dag. Når de får kylling, laver hun kun en ret, men ellers må hun lave 2 forskellige retter, f.eks. tomatsuppe og en kødret eller gulerodssuppe med ærter og en fiskeret. I weekenden skal Ole lave maden. Han køber altid 2 pizzaer, som bare skal varmes i ovnen.

a   Hvor mange børn har Mette og Ole?
b   Kan Ole lide al slags mad?
c   Bryder Anders sig om kød?
d   Er Malene vegetar?
e   Laver Mette altid 2 retter mad?
f   Hvem laver mad om søndagen?

2   Now look at the objects on pages 183–5 for this exercise.

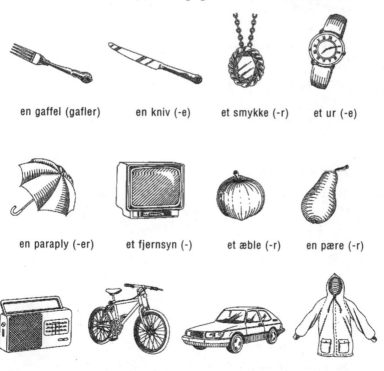

en gaffel (gafler)   en kniv (-e)   et smykke (-r)   et ur (-e)

en paraply (-er)   et fjernsyn (-)   et æble (-r)   en pære (-r)

en radio (-er)   en cykel (cykler)   en bil (-er)   en regnfrakke (-r)

Say that you prefer the item which is pictured rather than the item that is offered. (See Unit 10, **Sådan siger man det**, page 130.) Here is an example:

–Vil du have en æble?
–Nej tak, jeg vil hellere have en pære.

– Vil du have et ur?

a

–Vil du have en radio?
b

–Vil du låne min cykel?

c

Now look at this question and say which you prefer:

– Vil du have et æble eller en pære?

d Jeg vil helst have

Now ask the questions and give the replies!

e Vil du låne

f

g Vil du have

h

i Vil du låne

j

k Vil du have

l

3 Change the verbs from the present tense to the past tense in the following sentences.

a   Hun sidder og fryser.
a   Det lykkes hende at finde en ledig stol.
c   Vi bryder os ikke om dem.
d   De beder mig om at hente billetterne.
e   Vi glæder os til turen.
f   Hun holder meget af sin have.
g   Man river bygningen ned.
h   Han afbryder samtalen.
i   Børnene løber rundt nede på stranden.
j   Hvad betyder sætningen?
k   De skærer et mærke i siden af båden.

4 Insert the adjectives in the correct form in the following phrases.

a   de ——— stole (ledig)
b   det ——— terræn (bakket)
c   spørgsmålene er ——— (let)
d   et ——— hus (gul)
e   deres ——— forældre (stakkels)
f   den ——— mad (lækker)
g   et ——— hotel (fransk)
h   det ——— barn (tosproget)
i   hans ——— bukser (blå)
j   hendes ——— cardigan (egen)

5 Translate the English sentences in the following dialogue into Danish.

a *We would like to see a menu.*
– Værsgo!
b *What do you feel like eating?*
– Jeg er meget sulten. Skal vi begynde med suppe?
c *That is a good idea. We can have tomato soup or mushroom soup.*
– Jeg vil gerne have tomatsuppe.
d *I would rather have mushroom soup.*
– Og bagefter vil jeg gerne have fisk.
e *There are several different kinds on the menu. We can ask if they are fresh.*
– Ja, hvis de ikke er friske, vil jeg hellere have noget andet. Jeg kan ikke lide dybfrostmad.
f *I would like half a chicken with new potatoes and cucumber salad.*
– Det er vist lettere, hvis jeg bestiller det samme.
g *If we are still hungry when we have eaten these two courses, we can have raspberries with cream.*

6 Answer the questions.

a Hvorfor glæder Alison sig til at komme hjem igen?
b Hvorfor vil Marianne ikke have en halv hummer?
c Hvad bestiller George til dessert?
d Hvad drikker de til maden?
e Hvem har Hans til bords?
f Hvad snakker George og Jette om?

Andre tekster

▶ George makes a speech

The Danes are very fond of making speeches and during the dessert George strikes his glass.

Danskerne er meget glade for at holde tale, og under desserten slår George på sit glas.

George Ja, kære venner, så er vores besøg ved at være forbi, og jeg må indrømme, at jeg er helt trist ved tanken om at skulle forlade Danmark. Det har været en meget vellykket tur, og det skyldes først og fremmest den umådelige gæstfrihed, som vi har mødt både her i København og i

Jylland. Jeg håber, at vi får lejlighed til at gøre gengæld. Vi har jo masser af plads nu, og I kan komme og bo hos os, når som helst og så længe I har lyst. Jeg vil foreslå, at I kommer og holder ferie hos os næste år i sommerferien. George og Alison løfter deres glas.

George Og så vil Alison og jeg gerne hilse på jer allesammen.

være glad for	*be fond of, like*
holde tale (holdt, holdt)	*make a speech*
tale (-n, -r)	*speech*
kær	*dear*
slå (slog, slået)	*strike, beat, hit*
forlade (forlod, forladt)	*leave*
vellykket	*successful*
umådelig	*tremendous, immense*
gæstfrihed (-en)	*hospitality*
møde (-te, -t)	here: *encounter*
lejlighed (-en, -er)	*opportunity*
gøre gengæld (gjorde, gjort)	*repay, reciprocate*
gengæld (-en)	*return*
når som helst	*whenever*
løfte sit glas (-ede, -et)	*raise one's glass*

Rigtigt eller forkert

a George says that the success of their trip is due to the immense hospitality they have encountered.

b George and Alison are not in a position to repay this hospitality.

George and Jette start talking again

Jette Hvor længe har I kendt Hans og Lone?

George Vi lærte dem at kende for 10 år siden. Vi holdt ferie i Rom det år. Og det gjorde de også. Vi boede på det samme hotel, og vi blev gode venner allerede den første dag, vi var der. Siden da har vi besøgt dem i København flere gange, og de har besøgt os i England 2 gange.

Jette Jeg har aldrig været i England.

George Jeg håber, I kommer til næste sommer.

Jette Ja, tak for indbydelsen. Det vil vi meget gerne, men jeg ved ikke på nuværende tidspunkt, hvornår vi kan holde ferie næste år. Så det er ikke helt sikkert, at det kan lade sig gøre, men vi kommer helt bestemt før eller senere.

indbydelse (-n, -r)	*invitation*	**før eller senere**	*sooner or later*
nuværende	*present*		

Rigtigt eller forkert

a   George and Alison met Hans and Lone for the first time on holiday ten years ago.

b   Jette accepts George's invitation to come and visit them next summer.

15

da I besøgte os i England

when you visited us in England

In this unit you will learn
- how to talk about politics
- how to talk about television

Samtaler

▶ 1 Talk turns to politics

It is the next morning. Hans has been to the baker's to buy fresh rolls and Lone has laid the table for breakfast. Alison and George enter the kitchen.

Hans	Godmorgen og tak for i går!
Lone	Godmorgen! Ja, det var vel nok hyggeligt.
Hans	Har du det ikke ret godt, George?
George	Jeg har lidt hovedpine. Jeg fik vist for meget at drikke i aftes. Men jeg har lige taget et par piller, så den går nok snart over.
Hans	Du trænger til en kop kaffe.
George	Ja, tak! Nå, skal vi snakke om næste sommer?
Hans	Vi kommer meget gerne. På vejen hen til bageren gik jeg og tænkte på vores tur over til jer for 2 år siden.
Lone	Jeg kan huske, der var valg, mens vi var derovre. Hver gang vi lukkede op for fjernsynet, var der enten en partipolitisk udsendelse, en diskussion mellem politikere fra forskellige partier eller TV-avis med meningsmålinger.
Hans	Men det var faktisk meget interessant.
Lone	Ja, det syntes jeg også.
Alison	I ville da ikke i seng natten efter valget, da vi sad og så fjernsyn.
Hans	Nej, det var alt for spændende.

i går	*yesterday*
vel nok	*really*
hovedpine (-n)	*headache*
i aftes	*last night*
pille (-n, -r)	*pill*
gå over (gik, gået)	*pass, wear off*
gerne	*with pleasure*
valg (-et, -)	*election; choice*
lukke op for (-ede, -et)	*turn on*
fjernsyn (-et, -)	*television*
enten ... eller	*either ... or*
partipolitisk	*party political*
udsendelse (-n, -r)	*broadcast*
diskussion (-en, -er)	*discussion*
politiker (-en, -e)	*politician*
parti (-et, -er)	*party*
TV-avis (-en)	*television news*
meningsmåling (-en, -er)	*opinion poll*
spændende	*exciting*

2 The Danish political system

Alison Jeg har svært ved at forstå det politiske system i Danmark. Hvordan undgår man at skabe kaos med så mange partier?

Lone Det virker faktisk ganske godt. Og fordi der er så mange partier i folketinget, sker der ikke de store forandringer, når der kommer en ny regering.

Hans De fleste partier opnår mandater i folketinget efter et valg, og det betyder, at det er næsten umuligt for et enkelt parti at få flertal, så det kan danne regering alene. Derfor har vi som regel en koalitionsregering. De yderliggående partier kan aldrig få støtte af de moderate partier, så vores regering ligger enten en lille smule til højre eller en lille smule til venstre for centrum.

have svært ved	*find it difficult*
system (-et, -er)	*system*
undgå (undgik, undgået)	*avoid*
kaos (-et)	*chaos*
regering (-en, -er)	*government*
opnå (-ede, -et)	*get, obtain*
mandat (-et, -er)	*seat* (in a parliament)
umulig	*impossible*
enkelt	*single*
flertal (-let)	*majority*
koalitionsregering (-en, -er)	*coalition government*
yderliggående	*extreme, radical*
støtte (-n)	*support, backing*
moderat	*moderate*
en lille smule	*a little bit*

▶ 3 Still talking politics

Lone Hvad stemte I på? Det turde jeg ikke spørge om dengang. Og jeg kunne ikke rigtig finde ud af, om I var tilfredse med resultatet eller skuffede.

George Ja, det spørgsmål tror jeg ikke vi vil svare på. Jeg vil kun sige, at Alison og jeg stemmer på 2 forskellige partier. Når vi diskuterer politik, kan vi aldrig blive enige, så vi undgår det emne.

Lone Det må I meget undskylde. Jeg er virkelig ked af, at jeg spurgte jer derom.

Alison Det skal du ikke være. I finder det nok temmelig underligt, at vi har så forskellige politiske holdninger, at vi ikke kan diskutere dem.

George Nu overdriver du. Så galt er det bestemt ikke. Da jeg sagde, at vi undgår det emne, mente jeg det ikke alvorligt. Jeg sagde det for sjov. Hvis det virkelig var et stort problem, ville jeg ikke have sagt det på den måde.

stemme på (-te, -t)	vote (for)
resultat (-et, -er)	result
skuffe (-ede, -et)	disappoint
blive enige om (blev, blevet)	agree on
emne (-t, -r)	subject, topic
virkelig	really
underlig	strange
holdning (-en, -er)	attitude
overdrive (overdrev, overdrevet)	exaggerate
gal	bad
mene noget alvorligt	be serious
mene (-te, -t)	mean; think
alvorlig	serious
for sjov	in jest
sjov (-et)	fun

Rigtigt eller forkert

a An election took place in England during Hans and Lone's visit two years ago.

b Hans and Lone were not interested in the election.

c The political system in Denmark is rather chaotic because there are so many parties.

d George is in a bad mood because he has a hangover.

i Folketinget

The Danish parliament has 179 members. There has to be a general election every four years, but elections tend to take place more often. This is due to the fact that the government is usually a coalition government and often does not have the majority in **Folketinget**. There are many political parties in Denmark, and in order to gain seats a party must have at least two per cent of the votes cast in an election. The parties divide into two groups: the right-wing parties and the left-wing parties. Within each group there are moderate parties and extreme parties.

ℹ️ The Danish word *lejlighed*

This can mean *flat* (apartment):

> Peter og Jette har en **lejlighed**   *Peter and Jette have a flat*
> i Århus.   *in Århus.*

It also means *opportunity*:

> George håber, at han og Alison   *George hopes that he and*
> får **lejlighed** til at gøre gengæld.   *Alison will get the opportunity*
>   *to reciprocate.*

Finally it can mean *occasion*:

> ved den **lejlighed**   *on that occasion*

ℹ️ Være ved at

The phrase **være ved at** followed by an infinitive means either *be about to, be on the point of* or *be in the process of, be engaged in*:

> Ferien **er ved at** være forbi.   *The holiday is nearly over*
>   *(is about to finish).*
> Jeg **var (lige) ved at** sige   *I was on the point of saying*
> noget forkert.   *something wrong.*
> Jeg **var ved at** skrive et brev.   *I was writing a letter.*

ℹ️ Useful expressions

både ... og means *both ... and*
enten ... eller means *either ... or*
hverken ... eller means *neither ... nor*

ℹ️ Expressions with the Danish verb *have*

a   **have det:**
   Hvordan **har** du **det**?   *How do you feel?*
   De **har det** godt.   *They are well.*

b   **have noget imod:**
   Jeg **har** ikke **noget imod** at gå   *I don't mind walking about*
   rundt på færgen.   *on the ferry.*
   Jeg **har** ikke **noget imod** dem.   *I have nothing against them.*
   (I don't dislike them.)

   Jeg **har noget imod**, at han   *I do mind him using my car.*
   bruger min bil.

c **have med:**
Har du gaven **med**?

Have you brought the present?
(Lit. do you have the present
with you?)

d **have på:**
Hvad **har** hun **på**?

What is she wearing?

d **have brug for:**
Hvis der er noget, De **har brug** *If you need anything,*
for, må De endelig sige til. *do let us know.*

f **have lyst til:**
Har du **lyst til** at komme? *Do you feel like coming?*
Hvad **har** I **lyst til** at spise? *What do you feel like eating?*

g **have råd til:**
De **har råd til** at købe en ny *They can afford to buy a new*
bil hvert år. *car every year.*
(*have råd til* see Unit 16, pages 217 and 224)

h **have svært ved:**
Alison **har svært ved** at forstå *Alison finds it difficult to*
det politiske system i Danmark. *understand the political*
system in Denmark.

i **have travlt:**
Han har altid travlt. *He is always busy.*

ℹ The Danish word *gerne*

The word **gerne** means *gladly, with pleasure*:

Vi kommer **gerne**. *We'll come with pleasure.*
Jeg gør det **gerne**. *I am happy to do it.*

It has another meaning in the following sentence:

De kommer **gerne** om *They usually come on*
onsdagen. *Wednesdays.*

Here it means *usually, as a rule*.

Sådan siger man det

How to:

- say that you switch on the TV **Jeg lukker op for fjernsynet.**
- say that you find it difficult
  to…/have difficulties …ing **Jeg har svært ved at …**
- ask what somebody voted **Hvad stemte du på?**
- say that you can never agree **Vi kan aldrig blive enige.**
- say that you weren't serious **Jeg mente det ikke alvorligt.**
- say that you were joking **Jeg sagde det for sjov.**

Grammatik

1 The passive voice

Unit 09, pages 117–18, explains that an action involving a transitive verb can be expressed in two different ways. The verb can be in the active voice:

Alison *bought* the book.

or in the passive voice:

The book *was bought* by Alison.

The English verb *to buy* has the following passive forms:

the infinitive:	the book must *be bought*
the present tense:	the book *is bought*
the past tense:	the book *was bought*
the perfect tense:	the book *has been bought*
the pluperfect tense:	the book *had been bought*

Unit 09, pages 117–8, also mentions that in Danish the passive forms can be constructed in a similar way. The auxiliary verb is **blive**.

In the infinitive, the present tense and the past tense there are alternative forms ending in -s. The Danish passive forms of **at købe** are as follows:

the infinitive:	**blive købt, købes**
the present tense:	**bliver købt, købes**
the past tense:	**blev købt, købtes**
the perfect tense:	**er blevet købt**
the pluperfect tense:	**var blevet købt**

Verbs that end in a consonant in the past tense of the active voice, such as **hjalp** (*helped*), **drak** (*drank*) only have one form in the past tense passive:

blev hjulpet, blev drukket   *was helped, was drunk*

In the spoken language the forms consisting of an auxiliary verb followed by the past participle tend to be preferred. There are, however, situations when the two forms are not interchangeable: after modal verbs the infinitive ending in -s is used, except after **vil** when it implies future and after **skal** when it implies promise:

Han vil **hentes**.	*He wants to be collected.*
Han vil **blive** hentet.	*He will be collected.*
Tøjet skal **vaskes**.	*The clothes must be washed.*
Tøjet skal nok **blive vasket**.	*The clothes will certainly be washed.*

If the verb describes an action that is customary or of long duration, the forms ending in -s are normally used.

The preposition *by* in a passive construction is **af** in Danish:

Børnene blev hentet **af** deres far.	*The children were collected by their father.*

2 Expressions of time

The expressions of time that have appeared in the units are brought together here, and a few new ones have been added to the list.

today	i dag
tomorrow	i morgen
the day after tomorrow	i overmorgen
yesterday	i går
the day before yesterday	i forgårs
this evening	i aften
last night (*yesterday evening*)	i aftes (i går aftes)
this morning (when referred to later in the day)	i morges/i formiddags
yesterday morning	i går morges
tomorrow morning	i morgen tidlig/ i morgen formiddag
next week	i næste uge
for a week	i en uge

last Sunday	i søndags
this year	i år
last year	sidste år/i fjor
next year	næste år
(he will come) *in a quarter of an hour*	**om** et kvarter
(he did it) *in a quarter of an hour*	**på** et kvarter
on Wednesdays	**om** onsdagen
in (the) summer	**om** sommeren
on Wednesday (future)	**på** onsdag
in the middle of the day	midt **på** dagen
this coming spring	**til** foråret
next Christmas	**til** jul
next Easter	**til** påske
next Whitsun	**til** pinse
2 years ago	**for** 2 år **siden**
5 months ago	**for** 5 måneder **siden**
20 minutes past 7	20 minutter **over** 7
11 minutes to 9	11 minutter **i** 9
half past 2	halv 3
on the 6th of February	den (d.) 6. februar
during the dessert	**under** desserten
during the vacation	i ferien
during the summer	**i løbet af** sommeren

(*During* is **under** if the word that follows is not an expression of time, otherwise **i** or **i løbet af.**)

Øvelser

1 Change the sentences, **a** to **g** below, from the active voice to the passive voice. Here are three examples to help you:

Min bror **spiste** æblekagen: Æblekagen **blev spist** af min bror.

Købmanden skal **hente** flaskerne: Flaskerne skal **hentes** af købmanden.

Købmanden vil **hente** flaskerne: Flaskerne vil **blive hentet** af købmanden.

a En tysk familie lejer som regel sommerhuset.
b Lone inviterede Kirsten indenfor.
c Hans kørte Marie Sørensen op til Holte.
d Børn kan ikke købe vin.

e   Receptionisten skal nok ordne sagen.
f   Liselotte fandt pengene.
g   En ung lærer fra Herning underviste dem i engelsk.

2   Translate the following sentences into Danish. They are all in the passive voice.

a   The cottage has been sold.
b   The garden was neglected.
c   The farm was restored.
d   The church bell had been hidden.
e   The letter was written on the 9th of August.
f   The building has been pulled down.

3   Read the TV guide opposite and answer the questions.

a   Per wants to watch a programme about vintage cars. When is it on?
b   Helle needs to know what the weather will be like tomorrow. When can she find out?
c   The programme which starts at 19.30 is called **Den svundne tid er ej forbi**. What is it about?
d   You don't know whether to watch TV or listen to music before going to bed. Would you choose to watch **Sidste Omgang**?

4   Insert **der, som, hvad (der)** or **hvis** in the following sentences. (See Unit 06, page 76, and Unit 12, pages 154–5.)

a   George og Jette snakker om de forandringer, ——— har fundet sted i løbet af de sidste 25 år.
b   Hanne, ——— bedstemor har været meget syg, skal over og besøge hende om to uger.
c   Bagefter skal hun på ferie i Frankrig, ——— hun glæder sig meget til.
d   George, ——— både er englænder og dansker, kan godt lide den rolle, ——— hans tosprogethed har skabt.
e   Han føler sig hjemme i begge lande, ——— ikke er så underligt.
f   Men samtidig føler han, at han indtager en særstilling, ——— Jette mener er grunden til, at han ikke har forandret sig så meget.

DR

16.40 Op på mærkerne (G) (th)

10:11. To familier med hver tre generationer mødes over søndagskaffen på Himmelbjerget og har en munter dyst i gamle lege. Genuds. fra 1992.

17.20 Zig-Zag

Løgnens mester.
– i den canadiske serie Degrassi High er Tessa blevet gravid og vil have abort. Joey svigter hende på sin fødselsdag og går i stedet for ud med Caitlin, som har et godt tilbud til ham.

17.50 Nyheder på tegnsprog

18.00 TV-Avisen - med vejret (th)

18.20 Vi på Krageøen (G)

6:13. Fjernsyn for dig.
En svensk serie efter Astrid Lindgrens bog af samme navn. Sørøverne. Genuds. fra 1986.

18.48 TV i aften

18.50 Talk og Show - med Billy Joel

DR TV mødte den nu 44-årige sanger og sangskriver i Hamburg, hvor han fortæller om sin musik, og i et teater besvarer han spørgsmål fra et indbudt publikum.

19.30 Den svundne tid er ej forbi (ttv)

En portrætsamtale med den 90-årige forfatter Aage Dons – om et langt livs møde med mennesker, og om at være en rejsende i et uroligt århundrede. Genuds. 30. aug. (th).

20.00 Hammerslag (ttv)

Hammerslag sendes denne gang fra liebhaver- og veteranbilauktionen i Vejle. Fire specialister vurderer biler fra 1920'erne og opefter. Genuds. 28. aug. (th).

20.30 TV-Avisen

21.00 SportNyt

21.10 Vold mod kvinder

1:2. Kvinder mishandles i langt fiere ægteskaber, end man skulle tro. Det sker igen og igen, og langsomt brydes deres selvværd ned. Fem svenske kvinder fortæller, hvordan de er mishandlet af de mænd, de engang elskede og valgte at leve sammen med. På skadestuer, blandt læger, politi og hos advokater kender man ofte til kvindemishandling, men for sjældent gribes der ind.
Tilr.: Birgitta Bergmark.
Det andet program om kvindemishandling "Kvinderne flygter" sendes 26. aug. kl. 22.45.

21.50 Motzki, en pølsetysker

Tysk selvironisk komedieserie i 12 dele om en vestberliner der brokker sig – mest over de dødssyge østtyskere og indvandrerne. Medv. bl.a.: Jürgen Holtz, Jutta Hoffmann og Eva Mattes. Manus.: Wolfgang Menge. Instr.: Thomas Nennstiel.

22.15 Sidste Omgang (ttv)

Afsked med livet.
En stærek og humoristisk beretning om en ung mands sidste døgn i København. Hans afsked med vennerne, byen, familien.
Manus.: Bo. Hr. Hansen og Thomas Vinterberg.
Instr.: Thomas Vinterberg.
Medv.: Thomas Bo Larsen, Ann Eleonora Jørgensen, Martin Brygmann, Claus Flygare, Christian Hjelle og Linda Laursen.
Produceret af Den Danske Filmskole med støtte fra Danmarks Radio.

22.50 Stå af racet

Sidste program i serien om mennesker, der mener de har et kald eller en mission i livet, og som derfor går deres egne veje.
Humor er den bedste medicin.

23.20 TV-A nyhedsoversigt

23.23 På gensyn i morgen

– Fotografens sommer.

5 Translate the following text into Danish:

He switched on the television to watch the news. The news had not started. Instead there was a party political broadcast. In Denmark there are many political parties. Most of them have seats in the parliament. Denmark usually has a coalition government and often the government does not have the majority in parliament. The moderate parties do not want to work together with the extreme parties. Hans and Lone vote for the same party. They agree on most matters, but not on everything.

6 Now answer these questions.

a Hvorfor har George det ikke særlig godt?
b Hvorfor har Alison svært ved at forstå det politiske system i Danmark?
c Skaber de mange partier politisk kaos i Danmark?
d Hvilket parti stemte George og Alison på ved det sidste valg?

Andre tekster

Alison explains the situation

Hans, Lone and Alison dressed before breakfast, but George turned up in his dressing gown. He gets up from the table before the others to have a shower and get dressed. After he has left Alison explains to Hans and Lone why she and George rarely discuss politics.

Alison   Det er rigtigt, at vi stemmer på forskellige partier, men jeg er ikke særlig interesseret i politik. Jeg har selvfølgelig en vis overbevisning, og den er uden tvivl påvirket af min baggrund. Jeg stemmer på det samme parti, som mine forældre altid har stemt på. Det føler jeg er det rigtige, men det er ikke noget, jeg går så højt op i. George interesserer sig derimod meget for politik, og hans meninger med hensyn til, hvordan England skal styres, er forskellige fra mine. Men det er faktisk ikke noget problem. Jeg tror, det er meget sundt, hvis ægtefæller ikke er enige om alting.

Lone   Det giver jeg dig bestemt ret i.

vis	*certain*
overbevisning (-en, -er)	*conviction*
påvirke (-ede, -et)	*influence*
baggrund (-en, -e)	*background*
gå op i (gik, gået)	*be interested in, devote oneself to*
derimod	*on the other hand*
mening (-en, -er)	*opinion*
styre (-ede, -et)	*rule, govern*
sund	*healthy*
ægtefælle (-n, -r)	*spouse, partner*
alting	*everything*
give ret i (gav, givet)	*agree with*
Det giver jeg dig ret i.	*I agree with you on that.*

Rigtigt eller forkert

a   Alison is not particularly interested in politics.
b   Alison wishes that she and George held the same political
views.

▶ A surprise visitor

It is a working day for Hans and Lone and they leave
immediately after breakfast. In the afternoon Alison goes for a
walk. While she is out George falls asleep on the settee. An hour
later the door bell rings and wakes him up. Rather confused, he
walks out to the front door and opens it.

George   Jette!!

Marianne   Nej, det er ikke Jette, det er Marianne.

George   Ja, selvfølgelig. Det må du undskylde. Jeg har ligget
og sovet og er lidt forvirret i hovedet. Men du ligner nu
også din mor så meget.

Marianne   Det er der mange, der siger. Du må meget undskylde,
at jeg kommer og vækker dig. Men jeg kunne ikke
vide, at du lå og sov. Jeg er på vej op til Helsingør og
besluttede at køre forbi med en skriftlig ordre fra
Frederik og så også for at sige tak for i går. Det var en
dejlig aften.

George   Jeg er glad for, at Frederik har bestemt sig til at købe
vores chokolade. Men kom indenfor. Skal du skynde
dig, eller har du tid til en kop te?

Marianne   Jeg skal først være deroppe klokken 6, så jeg vil gerne
have en kop te.

hoved (-et, -er)	*head*	**skriftlig**	*written*
ligne (-ede, -et)	*look like, resemble*	**te (-en)**	*tea*

Rigtigt aller forkert

a Jette wakes George up when she rings the door bell.
b Marianne is in a hurry and does not have time for a cup of tea.

George and Marianne have a chat

George   Når man falder i søvn om dagen, sover man så tungt og drømmer så underligt. Jeg havde en meget ubehagelig drøm. Der var noget, jeg var frygtelig bange for, og jeg ville løbe, så det ikke kunne få fat i mig. Men det kunne jeg ikke. Jeg kunne næsten ikke bevæge mig af stedet. Mine ben ville slet ikke lystre mig. Og jeg følte, at det rykkede nærmere og nærmere. Men så ringede dørklokken heldigvis.

Marianne   Det var jo et mareridt.

George   Lad os snakke om noget andet. Du har ikke fortalt mig, hvor du arbejder.

Marianne   Jeg arbejder på et rejsebureau. Jeg sælger ferierejser, flybilletter, færgebilletter og togbilletter. Det er faktisk et godt job. Jeg er meget glad for det.

George   Hvor længe har du arbejdet der?

Marianne   I 3 år. Efter studentereksamen gik jeg på handelshøjskolen i Århus i et år og tog højere handelseksamen. Nå, jeg må vist se at komme videre, ellers kommer jeg for sent til Helsingør.

tung	*heavy*
drømme (-te, -t)	*dream*
ubehagelig	*unpleasant*
drøm (-men, -me)	*dream*
bange for	*afraid of*
få fat i (fik, fået)	*get hold of*
af stedet	not to be translated (Lit. from the place)
lystre (-ede, -et)	*obey*
rykke (-ede, -et)	*move*
dørklokke (-n, -r)	*door bell*
mareridt (-et)	*nightmare*
rejsebureau (-et, -er)	*travel agency*

handelshøjskole (-n, -r)	commercial college, school of economics and business administration
eksamen (-en, -er or eksaminer)	*examination*
højere handelseksamen	higher examination in economics and business administration

Rigtigt eller forkert

a George feels refreshed after his sleep.
b Marianne works in a travel agency.

16

Alison er syg
Alison is ill

In this unit you will learn
- how to talk about illnesses and medical advice
- how to explain what is wrong with you if you fall ill

Samtaler

▶ 1 Alison does not feel well

Alison has promised to cook the evening meal and returns from her walk with the ingredients for **frikadeller** and a salad.

George	Hej, skat!
Alison	Hej!
George	Hvad er der i vejen med dig? Du er så bleg.
Alison	Jeg har det ikke ret godt. Jeg er så svimmel, og så fryser jeg.
George	Fryser du? I det her vejr! Det er så lummert, jeg tror, det bliver tordenvejr.
Alison	Jeg synes også, det er mærkeligt.
George	Bare du ikke er ved at blive syg.
Alison	Det er jeg også bange for.
George	Har du et termometer med?
Alison	Ja, synes du, jeg skal tage min temperatur?
George	Ja, helt bestemt. Med det samme.

bleg	*pale*
lummer	*close, sultry* (about weather)
tordenvejr (-et)	*thunderstorm*
termometer (-er, -metre)	*thermometer*
temperatur (-en, -er)	*temperature*

▶ 2 Alison has a temperature

George	Nå, har du feber?
Alison	Ja, 38,3.
George	Jamen, så må du hellere gå i seng.
Alison	Det kan jeg ikke. Jeg har lovet at lave aftensmad.
George	Det kan der ikke være tale om. Den laver jeg.
Alison	Ved du, hvordan man laver frikadeller?
George	Nej, men det kan jeg vel lære. Når du er kommet i seng, kan du fortælle mig, hvad jeg skal gøre. Lone har sikkert også en kogebog med en opskrift på frikadeller.

feber (-en)	*temperature, fever*
aftensmad (-en)	*supper*
Det kan der ikke være tale om.	*That is out of the question.*
frikadelle (-n, -r)	*meat ball*
kogebog (-en, -bøger)	*cookery book*

3 Hans and Lone arrive back from work

Lone	Hej, George! Laver du mad?
George	Hej! Ja, jeg laver frikadeller.
Lone	Hvor er Alison?
George	Hun har det ikke ret godt. Hun ligger inde i sengen.
Lone	Sover hun?
George	Nej, men hun har feber, og hun fryser.
Lone	Jeg går ind og snakker med hende.

Lone	Hej, Alison! Det er noget værre noget med dig! George siger, at du har feber.
Alison	Ja, 38,3. Jeg er meget ked af, at jeg ikke kan lave aftensmad.
Lone	Det skal du slet ikke tænke på. Skal jeg ringe efter vores læge?
Alison	Nej, det behøver du ikke. Jeg har taget et par aspirintabletter, som vi havde med hjemmefra. De skal nok slå feberen ned.
Lone	Hvis du ikke har det bedre i morgen tidlig, vil jeg nu insistere på, at du bliver undersøgt af vores læge.

Det er noget værre noget med dig!	*You are in a bad way!*
værre	*worse*
tablet (-ten, -ter)	*tablet, pill*
slå (feberen) ned (slog, slået)	*get (the temperature) down*

▶ 4 The doctor arrives

The following morning Alison's temperature has risen to 39.5 C and Hans and Lone's doctor arrives to examine her.

Lægen	Goddag! Mit navn er Jens Andersen. Du har det ikke så godt, kan jeg forstå på Lone.
Alison	Nej, jeg har ikke sovet ret godt.
Lægen	Har du smerter nogen steder?
Alison	Ja, jeg har ørepine. Det venstre øre. Og så har jeg en slem hovedpine.
Lægen	Jeg må hellere kigge lidt i dine ører og i din hals og lytte til brystet.

forstå på (forstod, forstået)	*gather from*
smerte (-n, -r)	*pain*
nogen steder	*anywhere*
ørepine (-n)	*earache*
øre (-t, -r)	*ear*
slem	*bad*
kigge (-ede, -et)	*look*
hals (-en, -e)	*neck, throat*
lytte (-ede, -et)	*listen*
bryst (-et, -er)	*breast, chest*

5 The doctor's prescription

Five minutes later the doctor asks Lone to come into the room.

Lægen Fru Wilson har ørebetændelse og skal have penicillin. Jeg har skrevet en recept, og I må hellere få hentet pillerne med det samme. Feberen er for høj og må slås ned med aspirintabletter, som skal tages hver fjerde time, indtil den er normal igen. Jeg kommer igen på mandag.

Alison Jamen, på mandag skal vi flyve tilbage til England.

Lægen Det ville være meget ufornuftigt.

Lone Det skal du ikke tænke på, Alison. I første omgang skal vi have dig rask igen. I må udsætte turen, indtil doktor Andersen giver dig lov til at rejse.

ørebetændelse (-n)	*inflammation of the ear*
penicillin (-et)	*penicillin*
recept (-en, -er)	*prescription*
hver fjerde time	*every four hours*
	(Lit. each fourth hour)
normal	*normal*
ufornuftig	*unwise*
i første omgang	*to begin with*
omgang (-en, -e)	*lap, round*
rask	*healthy, fit, well*
udsætte (udsatte, udsat)	*postpone*
doktor (-en, -er)	*doctor*
lov (common gender)	*permission*

Rigtigt eller forkert
a   Alison feels unwell because it is a sultry day.
b   Alison does not want to go to bed because she has promised
    to cook the evening meal.
c   Lone rings for the doctor when she learns that Alison is ill.
d   Alison feels worse the next morning.

ℹ Common illnesses and complaints

hovedpine (-n)	*headache*
mavepine (-n)	*stomach ache*
ørepine (-n)	*earache*
tandpine (-n)	*toothache*
influenza (-en)	*flu*
halsbetændelse (-n)	*tonsillitis*
ørebetændelse (-n)	*inflammation of the ear*

Hun har ondt i halsen.	*She has a sore throat.*
Hun har ondt i hovedet.	*She has a headache.*
Hun har ondt i ryggen.	*She has backache.*
Han har ondt i foden.	*His foot hurts.*

ℹ he words *recept* and *opskrift*

Notice the difference between these two words. **En recept** means *a prescription*, while **en opskrift** means *a recipe*.

ℹ Hver fjerde *time*

This is how you say *every four hours*.
    hvert tredje år   *every three years*

ℹ Hvordan er vejret i dag?

Here are some useful sentences describing the weather.

Solen skinner.	*The sun is shining.*
Det regner.	*It is raining.*
Det klarer op.	*It is clearing up.*
Det blæser.	*It is windy.*
Det stormer.	*A gale is blowing.*

Det er koldt.	It is cold.
Det er frostvejr.	It is frosty.
Det sner.	It is snowing.
Det er tøvejr.	It is thawing.
Det er lummert.	It is close.
Det er tordenvejr.	We are having a thunderstorm.
Det er overskyet.	It is cloudy/overcast.
Det er tåget.	It is foggy/misty.

ℹ Various expressions with *blive*

a blive af:

| Hvor **bliver** George dog **af**? | *Where has George got to?* |

b blive til noget:

Turen **blev** nu ikke **til noget**.	*The trip did not come off.*
Det **blev** ikke **til noget**.	*Nothing came of it.*
Han er **blevet til noget**.	*He has got on. (He has been successful.)*

c blive ved med:

| De **bliver ved med** at hjælpe ham. | *They continue to help him.* |
| Han **blev ved med** at ringe. | *He kept ringing.* |

d blive væk or blive borte:

| Bogen **er blevet væk/borte**. | *The book has disappeared.* |

e blive enige:

| Vi kan aldrig **blive enige**. | *We can never agree.* |

Sådan siger man det

How to:
- say that you don't feel very well
- say that she has a temperature
- say that it is out of the question

Jeg har det ikke ret godt.
Hun har feber.
Det kan der ikke være tale om.

Grammatik

1 Verbs ending in *-s*

In Danish there are a number of verbs that end in -s in all forms, but have no corresponding active forms. Although these verbs are in the passive voice, their meaning is not passive, as in **lykkes** (*succeed*).

Transitive verbs that exist both in the active and passive voice have passive forms ending in -s in the infinitive, the present tense and the past tense passive, with a few exceptions in the past tense passive (see Unit 15, pages 196–7).

Mælken skal **sælges** inden d. 12. maj.	*The milk must be sold before the 12th of May.*
Mælk **sælges** kun i flasker.	*Milk is only sold in bottles.*
Der **solgtes** dengang kød på torvet.	*At that time meat was sold at the market.*

There is no past participle in the passive voice, however, and the compound tenses in the passive are formed by means of the auxiliary verb **blive** and the past participle active.

Mælken **er blevet solgt**.	*The milk has been sold.*

a Verbs like **lykkes** have a past participle ending in -s which is identical with the past tense. The forms of **lykkes** are as follows:

the infinitive:	hans plan må ikke **lykkes** (*his plan must not succeed*)
the present tense:	hans planer **lykkes** altid (*his plans always succeed*)
the past tense:	hans plan **lykkedes** (*his plan succeeded*)
the perfect tense:	hans plan er **lykkedes** (*his plan has succeeded*)
the pluperfect:	hans plan var **lykkedes** (*his plan had succeeded*)

If the subject of **lykkes** is a person, an impersonal construction is used in Danish:

Det lykkedes (for) ham at skabe et marked for sine varer i Danmark.	*He succeeded in creating a market for his goods in Denmark.*

The opposite of **lykkes** is **mislykkes** (*fail*):

Planen **mislykkedes**.	*The plan failed.*
Det **er mislykkedes** for dem at sælge deres hus.	*They have failed to sell their house.*

b synes (*think*):

Jeg **synes**, vi skal gå i biografen.	*I think we should go to the cinema.*
De **syntes**, vi gav vores børn for mange penge.	*They thought we gave our children too much money.*
Det **har** jeg tit **syntes**.	*I have often thought that.*

Some active verbs have a normal passive form and also a form ending in -s with a meaning that is different from the passive.

c **følge** (*follow, accompany*):

De **følger** ham hen til banegården.	*They accompany him to the railway station.*
Han **blev fulgt** ud i lufthavnen af sin onkel.	*He was accompanied to the airport by his uncle.*
De **følges** (**ad**) ned til grænsen.	*They travel together as far as the border.*

Følges (**ad**) means *accompany each other* (i.e. *go together*).

De **har fulgtes** (**ad**) til Grækenland mange gange.	*They have gone together to Greece many times.*

d **slå** (*hit, strike, beat*):

Hun **slog** ham.	*She hit him.*
Han **er blevet slået** af sin bror.	*He has been beaten by his brother.*
Drengene **slås** altid.	*The boys are always fighting.*

Slås means *hit each other* (i.e. *fight*). The past tense is **sloges**.

e **møde** (*meet*):

Jeg **møder** hende ofte.	*I often meet her.*
Forslaget **blev mødt** med en del kritik.	*The proposal was received with (met with) a lot of criticism.*
Vi **mødes** ofte.	*We often meet.*

f **skylde** (*owe*):

Jeg **skylder** ham 100 kroner.	*I owe him 100 kroner.*
Hvor meget **skyldes** der på huset?	*How much is owed on the house?*
Utilfredsheden **skyldes** deres beskæftigelse.	*The discontent is due to their employment.*

Skyldes means *stem from, be due to*.

g **skiftes til** (*take something in turns*) and **findes** (*be, exist*) also belong here:

De **har skiftedes til** at hjælpe hende.	*They have taken it in turns to help her.*
Der **findes** mange sprogskoler i København.	*There are many language schools in Copenhagen.*

Lykkes and **mislykkes** form the perfect tense with the auxiliary verb **være**. The others use **have**.

2 Unstressed adverbs

Just as in English there is a tendency to qualify a statement by adding *I think*, *I suppose*, *you know*; the same happens in colloquial Danish. Here this effect is achieved by means of unstressed adverbs. Using *you know* in English can signal that you actually disagree with what has just been said:

> *I don't think she should go to the party.*
> *She is 17, you know.*

Similarly, the inclusion of an adverb in Danish conveys a subjective reaction to a previous line in a dialogue. There are a number of such adverbs, the most common being: **da, dog, jo, nok, nu, vel, vist**. They have different meanings depending on the context and it is therefore rather difficult for foreigners to learn to use them. Below are some examples.

a **Nok** can mean *probably*, *definitely* or *I suppose*:

Han har **nok** glemt, at vi skal mødes klokken 7.	*He has probably forgotten that we are to meet at 7 o'clock.*
Han sagde, at han **nok** skulle komme.	*He said that he would definitely come.*
Jeg må **nok** hellere ringe ham op.	*I suppose I had better give him a call.*

b **Da** conveys surprise or is merely used for emphasis:

Det var **da** underligt!	*How strange!*
Hun er **da** 17.	*She is 17, you know.*
Hun kommer **da**? (Here **da** is used to ask for confirmation.)	*She is coming, isn't she?*

c **Vel** means among other things *I suppose*, *probably*, *I hope*:

De kommer **vel** på søndag.	*I suppose they are coming on Sunday.*
Det er **vel** det, der er sket.	*That is probably what has happened.*
Der er **vel** ikke sket noget.	*I hope nothing has happened.*
Det var **vel** nok hyggeligt.	*That was really nice.*
De kommer ikke, **vel**?	*They aren't coming, are they?*

d **Dog, jo, nu** and **vist**

Hvor bliver George **dog** af?	*Where has George got to?* (implying slight impatience)

Det er **jo** ikke nogen helt almindelig chokolade.

It is no ordinary chocolate. (**jo** implies 'as you no doubt have noticed'.)

Det er **nu** nemt at flyve fra England til Danmark.

I must say it is easy to fly from England to Denmark.

Det er **vist** det røde hus derhenne.

It is probably the red house over there.

3 Adjectives used as adverbs

In Unit 09, page 116, you saw that an adjective can be turned into an adverb by means of the ending -**t**:

Han skriver langsom**t**. *He writes slowly.*

Adverbs made from adjectives ending in -**lig** or -**ig** do not always add -**t**. They add -**t** when they qualify a verb:

Det blæser frygtelig**t**. *It is terribly windy.* (Lit. *It is blowing terribly.*)

However, -**t** is not added when they qualify an adjective or an adverb:

Det er frygtelig koldt. *It is terribly cold.*
Bilen kørte frygtelig stærkt. *The car drove terribly fast.*

Øvelser

1 Write down the plural and the definite forms of the following nouns, as in this example:
en søn   sønnen   sønner   sønnerne

a en datter
b en mor
c en hovedstad
d et barn

e en sommer
f en bager
g et museum
h et menneske

2 Practise expressions of time by translating the following sentences.

a Per came yesterday.
b Lene came the day before yesterday.
c Is she coming tomorrow?
d Yes, she is coming tomorrow morning.
e He comes on Saturdays.
f They are coming on Tuesday.
g Jens came last Wednesday.

h Jane came last night.
i She came this morning.
j They are coming this (coming) spring.
k Niels is coming next Whitsun.
l He always comes in the spring.
m I'll come in an hour.
n She came two weeks ago.
o I was there for three days.

3 Translate the following sentences into Danish:

a They took it in turns to look after the baby.
b We met outside the baker's.
c I think it is wrong to say that his problems are due to his lacking confidence.
d I don't know why the children always fight.
e He has succeeded in learning to speak a foreign language in two months.
f The plan failed because they did not have enough money.
g We have travelled together to England many times.

▶4 Translate the English sentences into Danish in the following dialogue.

– Hvad er der i vejen?
a *I don't feel very well.*
– Tror du, du har feber?
b *Yes, I have taken my temperature. It is 37.9 C.*
– Har du ondt nogen steder?
c *I have a headache and I am dizzy. I also feel sick.*
– Tror du, du har spist noget, du ikke kunne tåle?
d *I don't think so.*
– Så er det nok influenza. Du må hellere gå i seng med det samme. Har du nogen hovedpinetabletter?
e *Yes, fortunately I bought some yesterday. I'll take two and go to bed. I am sorry I cannot cook the meal tonight.*

5 Add **hans, hendes, sin, sit, sine** or **deres** to the following passage.

Liselotte er glad for ——— job. ——— forældre kommer tit og besøger hende i København. Hun og ——— mor holder meget af at gå i teatret. ——— far kan bedre lide at se en fodboldkamp i fjernsynet. Når de går i teatret, ringer han til ——— fætter, der bor i Ballerup. Han kommer ind til Søren, og de to mænd spiser ——— mad foran fjernsynet. Fætteren tager tilbage til Ballerup klokken 10, fordi ——— kone ikke kan lide at være alene hjemme. Liselotte rejser over til Fyn en gang om måneden og besøger ——— forældre i Odense.

6 Answer the following questions.

a Hvorfor synes George, det er mærkeligt, at Alison fryser?
b Ved George, hvordan man laver frikadeller?
c Hvordan har Alison det den følgende morgen?
d Hvad svarer lægen, da Alison siger til ham, at hun skal rejse til England om 2 dage?

Andre tekster

A change of plan

The doctor has left. Hans has gone to the chemist's and Lone and George are talking in the kitchen.

Lone	Lægen sagde, at Alison er for syg til at rejse hjem på mandag.
George	Jeg havde på fornemmelsen, at han ville sige det. Så må jeg have lavet om på billetterne. Det kan Marianne måske gøre. Hun arbejder på et rejsebureau.
Lone	De fleste rejsebureauer holder åbent lørdag formiddag. Du må hellere skynde dig at ringe til hende.
George	Det kan jeg ikke. Jeg ved ikke, hvad det er for et rejsebureau.
Lone	Jette og Peter er stadig i København. De bor hos Marianne, når de er herovre. Du har Mariannes nummer, så ring til dem. De kan fortælle dig, hvor hun arbejder.
George	Hvad skulle jeg gøre uden dig? Jeg ville slet ikke kunne klare det her.

lave om på (-ede, -et)	*alter, change*
holde åbent (holdt, holdt)	*be open*
stadig	*still*
nummer (-et, numre)	*number*

Rigtigt eller forkert

a George is not surprised when Lone tells him that the doctor does not want Alison to travel back to England on Monday.
b George rings the travel agency, where Marianne works, straight away.

George copes with the situation

George   Hallo! Det er George. Er det Jette? Jeg har lidt af et problem og skulle gerne have fat i Marianne, inden de lukker inde på rejsebureauet. Men jeg kender hverken adressen eller telefonnummeret.

Jette   Nu skal jeg give dig nummeret. Hvad er der sket?

George   Alison er blevet syg, så vi kan ikke rejse hjem på mandag. Jeg bliver nødt til at lave om på flybilletterne.

In the middle of the day Alison falls asleep. When she wakes up a couple of hours later George is sitting beside her bed.

George   Nå, hvordan går det?

Alison   Lidt bedre, tror jeg. Jeg kan sikkert godt klare at rejse hjem på mandag.

George   Under ingen omstændigheder.

Alison   Det bliver dyrt at lave om på billetterne. Det har vi ikke råd til.

George   Det er ligegyldigt, hvad det koster. Og det kommer måske ikke til at koste ret meget. Jeg har talt med Marianne, og hun vil sørge for, at vi får billetter til flyet på næste fredag i stedet for på mandag. Jeg tror, den her tur har været for anstrengende for dig. Nu må du ikke bekymre dig om noget som helst og lade mig passe dig for en gangs skyld.

lukke (-ede, -et)	*close*
under ingen omstændigheder	*in no circumstances*
omstændighed (-en, -er)	*circumstance*
have råd til	*be able to afford*
råd (-et, -)	*piece of advice* here: *means*
det er ligegyldigt	*it does not matter*
ligegyldig	*unimportant*
sørge for (-ede, -et)	*arrange*
anstrengende	*strenuous, tiring*
bekymre sig om (-ede, -et)	*worry about*
noget some helst	*anything at all*
for en gangs skyld	*for once*

Rigtigt eller forkert

a   Alison does not feel any better after her sleep.
b   George says to Alison that she must not worry about anything.

7

på indkøb i København

shopping in Copenhagen

In this unit you will learn
- **how to talk about going shopping for presents**

Samtaler

1 George chats to Jette

Alison's recovery is slow. She and George had hoped that she would be well enough to go shopping in Copenhagen to buy a few presents before they leave, but that proves impossible. They want to buy, among other things, a present for Hans and Lone. On Tuesday evening they decide that George should go shopping on his own the following afternoon. He rings Marianne at home to ask her if he can pick up the tickets the next day.

George   Hallo, det er George. Er det Marianne?

Jette   Nej, det er Jette. Marianne er desværre ikke hjemme.

George   Er I stadig i København?

Jette   Ja, vi skulle egentlig være taget tilbage til Mols i søndags, men fordi vejret var så elendigt, besluttede vi at blive herovre. Peter har for længe siden lovet, at han vil male væggene i Mariannes stue, så det er han ved nu. Hvordan har Alison det?

George   Det går fremad, men langsomt. Ved du hvad, jeg skal ud og købe nogle gaver i morgen eftermiddag, og vi vil gerne give Marianne en gave, fordi hun har været os til så stor hjælp. Kan du foreslå noget, som hun vil blive glad for?

Jette   Ja, det kan jeg godt. Men det kommer selvfølgelig an på, hvor meget den må koste. Hun ville blive glad for en ny lampe til stuen.

George   Hvordan skal den se ud?

Jette   Jeg skal ind og købe noget stof til gardiner til stuen i morgen. Vi kunne mødes inde på Strøget, og jeg kunne hjælpe dig med at købe en lampe.

George   Vil du det? Det ville jeg være meget glad for. Hvor skal vi mødes?

elendig	*miserable*
væg (-gen, -ge)	*wall*
være ved at male	*be* (in the process of) *painting*
gå fremad (gik, gået)	*improve, make progress*
langsomt	*slowly*
Ved du hvad ...	*Listen ...*
har været os til stor hjælp	*has been a great help to us*
komme an på (kom, kommet)	*depend on*
lampe (-n, -r)	*lamp*
stof (-fet, -fer)	*material*
gardin (-et, -er)	*curtain*

▶ 2 George and Jette meet up

They arrange to meet at the entrance to one of the big
department stores at three o'clock.

George Skal vi ikke gå op drikke en kop kaffe i cafeteriet, inden vi
går i gang med indkøbene?

Jette Jo, lad os det.

George Vil du have en kage til kaffen?

Jette Nej tak. Jeg vil hellere have et stykke smørrebrød. Jeg har
ikke spist frokost.

George Jeg kan godt spise en kage. Hvad skal det være for et
stykke?

Jette Jeg vil godt have et stykke rugbrød med ost og vindruer.
Jeg kan huske, at du altid godt kunne spise en kage,
dengang vi gik på højskolen.

George Jeg holdt især meget af det wienerbrød, vi fik om
eftermiddagen. Det er noget, jeg savner i England.

Jette Kan man ikke få wienerbrød i England?

George Jo, men det smager anderledes.

Jette Savner du ellers Danmark? Hvis det var muligt, ville du
hellere bo i Danmark?

George Det ved jeg ikke. Det er ikke noget, jeg går og tænker på.
Jeg hører til den slags mennesker, der lever i nuet. Om
man er lykkelig eller ej afhænger i højere grad af en selv
end af omgivelserne.

Jette Jeg tror også, det er begrænset i hvor høj grad, vi kan
bestemme over vores eget liv. Der sker så meget, som vir-
ker helt tilfældigt, men som senere viser sig at danne en
slags mønster. Som om det var meningen, at det skulle
ske.

George Du har ikke forandret dig ret meget. Kan du huske vores
diskussioner om skæbnebegrebet?

Jette Ja, vi havde vidt forskellige meninger med hensyn til, om
vores liv var forudbestemt eller ej. Nå, vi kan ikke sidde her
hele eftermiddagen. Hvor mange gaver skal du købe?

George 3. En til Marianne, en til Hans og Lone og så en til Alison.

Jette Lad os gå ind i afdelingen med boligudstyr først. Den
ligger på denne etage. Der kan vi nok finde en lampe.

gå i gang med (gik, gået)	*start (work) on*
indkøb (-et, -)	*purchase, shopping*
kage (-n, -r)	*cake*
et stykke smørrebrød	*an open sandwich*
smørrebrød (-et)	*open sandwiches* (plural)
rugbrød (-et)	*rye bread*
ost (-en, -e)	*cheese*
vindrue (-n, -r)	*grape*
mulig	*possible*
høre til (-te, -t)	*belong to, be one of*
leve i nuet (-ede, -et)	*live in the present*
nu (-et)	*present moment*
om man er lykkelig eller ej	*whether one is happy or not*
lykkelig	*happy*
i højere grad	*to a larger degree, more*
omgivelser (pl.)	*surroundings*
begrænset	*limited*
i hvor høj grad	*to what extent*
bestemme over (-te, -t)	*control; decide*
tilfældig	*accidental, random*
vise sig at ... (-te, -t)	*appear to ..., prove to ...*
mønster (-et, mønstre)	*pattern*
Det var meningen, at det skulle ske.	*It was meant to happen.*
mening (-en)	here: *intention*
skæbnebegrebet	*the concept of fate*
skæbne (-n)	*fate*
begreb (-et, -er)	*concept, idea*
vidt (forskellige)	*widely (different)*
forudbestemt	*predestined*
afdeling (-en, -er)	*department*
boligudstyr (-et)	*furniture and fittings*
etage (-n, -r)	*floor*

3 Buying a present for Alison

After the purchase of the lamp, George wants to buy a piece of jewellery for Alison.

Jette   Jeg vil foreslå, vi går hen til en guldsmed. Der er en afdeling med smykker her, men der er et større udvalg i en guldsmedeforretning.

Ekspedient   Kan jeg hjælpe Dem med noget?

George	Jeg vil gerne købe en gave. Kunne vi få lov til at gå rundt og kigge på smykkerne selv først? Jeg har ikke bestemt, hvad slags smykke, jeg vil købe.
Ekspedient	Ja, det må De gerne.
Jette	Skal det være en broche eller et armbånd eller en halskæde?
George	Hvad synes du?
Jette	Et sølvarmbånd. Der ligger nogle meget smukke armbånd på den hylde der.
George	Hvis det nu var til dig, hvad for et ville du så vælge?
Jette	Det, der ligger yderst til højre, tror jeg.
George	Hvis du skulle købe et af dem til Alison, hvad for et ville du så købe?
Jette	Så tror jeg, jeg ville vælge det, der ligger lige ved siden af. Det passer bedre til Alison. Nå, jeg går over og kigger på noget andet, mens du beslutter dig.

guldsmed (-en, -e)	*jeweller*
gå hen til en guldsmed	*go to a jeweller's*
smykke (-t, -r)	*piece of jewellery*
udvalg (-et)	*selection*
guldsmedeforretning (-en, -er)	*jeweller's (shop)*
ekspedient (-en, -er)	*shop assistant*
broche (-n, -r)	*brooch*
armbånd (-et, -)	*bracelet*
halskæde (-n, -r)	*necklace*
sølvarmbånd (-et, -)	*silver bracelet*
hylde (-n, -r)	*shelf*
yderst	*furthest*
passe til (-ede, -et)	*suit*
beslutte sig (-ede, -et)	*make up one's mind*

▶ 4 George makes up his mind

George	Ja, nu har jeg fundet noget passende. Jeg vil gerne have 2 sølvarmbånd. De ligger på hylden derovre.
Ekspedienten	Er det en gave?
George	Det er faktisk 2 forskellige gaver, så jeg vil gerne have dem pakket ind hver for sig.

passende	*suitable*	**hver for sig**	*separately*
pakke ind (-ede, -et)	*wrap (up)*		

Rigtigt eller forkert

a   Jette und Peter decided to stay on in Copenhagen because the weather broke.
b   Jette wants to buy new furniture for Marianne's flat.
c   George and Jette both have coffee and cakes before they go shopping.
d   At the jeweller's George buys a brooch for Alison.

Shop names

The possessive form is not used in Danish.

Han gik hen til bageren.	*He went to the baker's.*
Hun er **hos** slagteren.	*She is at the butcher's.*
Hun gik hen til grønthandleren.	*She went to the greengrocer's.*
Han er **på** apoteket.	*He is at the chemist's.*

i The words *etage* and *sal*

Note how you use these two words:

Afdelingen med boligudstyr ligger på denne **etage**.	*The department with furniture and fittings is on this floor.*
Huset har fem **etager**.	*The building has five storeys.*
Marianne bor på tredje **sal**.	*Marianne lives on the third floor.*

In a block of flats the word **sal** is used about a particular floor, but the ground floor is **stue** or **stueetage**:

De bor i **stuen**.	*They live on the ground floor.*

The Danish word *mening*

This word has three meanings – *opinion*, *sense* or *intention*.

Vi havde vidt forskellige **meninger** med hensyn til, om vores liv var forudbestemt eller ej.	*We had widely different opinions as to whether our lives were predestined or not.*
Giver det nogen **mening**?	*Does it make any sense?*
Det var meningen, at det skulle ske.	*It was meant (intended) to happen.*

i Tøj (*clothes*)

bluse (-n, -r)	*blouse*
nederdel (-en, -e)	*skirt*
kjole (-n, -r)	*dress*
skjorte (-n, -r)	*shirt*
slips (-et, -)	*tie*
bukser (pl.)	*trousers*
cowboybukser (pl.)	*jeans*
jakkesæt (-tet, -)	*suit* (men's)
spadseredragt (-en, -er)	*suit* (ladies')
jakke (-n, -r)	*jacket*
frakke (-n, -r)	*coat*
regnfrakke (-n, -r)	*raincoat*
strømpebukser (pl.)	*tights*
sok (-ken, -ker)	*sock*
hat (-ten, -te)	*hat*

i Have råd til

This phrase means *be able to afford* (Lit. have the means to):

Han **har råd til** at rejse på
ferie i år.

*He can afford to go on holiday
this year.*

De **havde** dårligt **råd til** at købe
nyt tøj til børnene.

*They could barely afford to buy
new clothes for the children.*

i Various expressions with *gå* and *komme*

a gå fremad:

Det **går fremad** (med hende).

She is getting better.

Det **går fremad**.

Things are improving.

b gå med:

Han **går med** briller.

He wears glasses.

c gå op i:

Jeg **går** ikke så højt **op i** politik.

*I am not all that interested
in politics.*

Han går op i sit arbejde.

He devotes himself to his job.

d gå over:

Hovedpinen **går** nok snart **over**. *The headache will probably wear off soon.*

e gå ud på:

Legen **går ud på**, at alle er utilfredse med deres tilværelse. *The idea of the game is that they are all dissatisfied with their lives.*

f gå i vandet:

Skal vi **gå i vandet** før frokost? *Shall we go swimming before lunch?*

g gå til spilde:

Der kommer ikke til at **gå** noget **til spilde**. *Nothing will be wasted.*

h gå en tur:

Vi kan **gå en tur** i eftermiddag. *We can go for a walk this afternoon.*

i komme an på:

Det **kommer an på**, om han kan komme. *It depends on whether he is able to come.*

j komme med:

Mikael **kommer med** en flaske rødvin. *Mikael brings a bottle of red wine.*
Kan jeg **komme med**? *Can I join you?*

k komme til at:

Der **kommer** ikke **til at** gå noget til spilde. *Nothing will be wasted. (future)*
Han kom til at vælte flasken. *He accidentally knocked over the bottle. (accident)*

Jeg **kom til at** røre ved tasken. *I happened to touch the bag. (chance)*

Hun **kommer til at** ligne sin mor mere og mere. *She is getting to look increasingly like her mother. (gradually)*

l komme ud af det med:

Vi **kom** allesammen godt **ud af det med** hinanden. *We all got on well together.*

m komme sig:

Min bestemor **kom sig**, og nu har hun det godt igen.	*My grandmother recovered, and now she is well again.*

Sådan siger man det

How to:

- say 'Listen, ...'   **Ved du hvad, ...**
- say that you would like them **Jeg vil gerne have dem pakket**
  wrapped separately   **ind hver for sig.**

Grammatik

Singular and plural form of nouns

In some cases a Danish plural form corresponds to a singular form in English and vice versa.

a penge (*money*)

Jeg kan ikke finde **pengene** (plural).	*I cannot find **the money*** (singular).
De ligger på bordet inde i stuen.	*It is lying on the table in the sitting room.*

b smykker (*jewellery*)

Smykker is the plural form of **et smykke** (*a piece of jewellery*).

Han købte **et smykke** til sin kone.	*He bought **a piece of jewellery** for his wife.*
Smykkerne var meget dyre (plural).	*The jewellery was very expensive* (singular).

c møbler (*furniture*)

Møbler is the plural form of **et møbel** (*a piece of furniture*).

Hun har mange dejlige **møbler** (plural).	*She has a lot of beautiful furniture* (singular).

d råd (*advice*)

Råd is the plural form of **et råd** (*a piece of advice*).

Hun gav ham mange gode **råd** (plural).	*She gave him much good advice* (singular).

A singular form in Danish corresponds to a plural form in English in the following examples:

e tøj (*clothes*)

Tøjet er rent (singular).   *The clothes are clean* (plural).
Det ligger i køkkenet.   *They are lying in the kitchen.*

f værktøj (*tools*)

Værktøj is a compound noun, and like **tøj** only exists in the singular.

Hvor er **værktøjet** (singular)? *Where are the tools* (plural)?
Han ejer ikke **et** eneste   *He hasn't got a single tool.*
 stykke værktøj.

g smørrebrød (*open sandwiches*)

Smørrebrødet kommer   *The sandwiches will arrive*
 klokken 4 (singular).   *at 4 o'clock* (plural).
Jeg vil gerne have   *I would like a sandwich.*
 et stykke smørrebrød.

Øvelser

1 Insert the reflexive verb in the correct form into the following sentences.

  a George synes ikke, at Jette (forandre sig) ret meget. (*perfect tense*)
  b Skal du (skynde sig)? (*infinitive*)
  c Jeg (føle sig) dårlig tilpas. (*past tense*)
  d I kan (hygge sig) meget bedre, hvis I ikke behøver at være høflige over for en fremmed. (*infinitive*)
  e Vi (vaske sig) om morgenen. (*present tense*)
  f De (sætte sig) til bords. (*perfect tense*)

2 Now you are going to give directions. Imagine you meet both **a** and **b** at Kongens Nytorv in the centre of Copenhagen (see next page).

  a Undskyld, kan du sige mig, hvor Rundetårn ligger?
  b Undskyld, kan du sige mig, hvor Christiansborg Slot ligger?

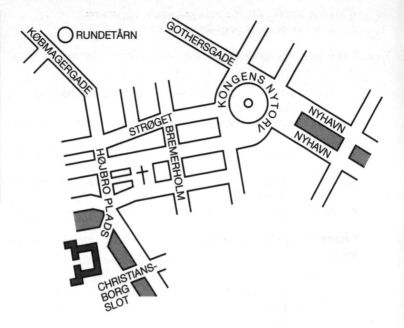

▶ 3 Translate the following sentences into Danish.

a She can afford to buy the house.
b She has a lot of money.
c She has more money than we have.
d The furniture was very expensive.
e Can I give you a piece of advice?
f He wants to buy a piece of jewellery for his wife.
g I am hungry.
h Can I have a sandwich?
i Where are the sandwiches?
j I would like a Danish pastry.
k Have you packed your clothes?
l Where are my tools?

4 Add the adverbs to the main clauses of these sentences.

a Han har råd til at rejse på ferie i år. (ikke)
b Hun besøger sine bedsteforældre, når hun rejser over til København. (altid)
c De kommer med færgen, der ankommer klokken 3. (nok)

d   Hun bruger alt for mange penge. (desværre)
e   Det var et stort problem. (virkelig)

5   Now add the adverbs to the subordinate clauses of these sentences.

a   Hun sagde, at hendes overbevisning var påvirket af hendes baggrund. (uden tvivl)
b   Hans indså, at lægegerningen var det rigtige for ham. (ikke)
c   De siger, at det bliver dyrt at lave om på billetterne. (måske)
d   Deres børn kan tale fransk, fordi de rejser til Frankrig i sommerferien. (altid)
e   Alison sagde, at hun ville holde Mikael. (gerne)

6   Change the following sentences from the active to the passive voice.

a   Lægen undersøgte Alison.
b   George har lavet frikadellerne.
c   Hans hentede medicinen.
d   George passer Alison.
e   Lone og Hans har inviteret Kirsten og Niels til middag.
f   Alisons bror slår græsplænen.

7   Answer the following questions:

a   Hvorfor har Alison og George besluttet at give Marianne en gave?
b   Hvad spiser Jette til kaffen i cafeteriet?
c   Ville George hellere bo i Danmark end i England, hvis det var muligt?
d   Hvad køber George til Alison?

Andre tekster

▶ Thinking about presents for Hans and Lone

When George has paid for the bracelets he walks round the shop looking for Jette, but he cannot find her anywhere. He waits for a while thinking that she will turn up. In the end he leaves the jeweller's. On the pavement outside the shop Jette is talking to a lady. When she sees George, she finishes the conversation.

Jette	Jeg fik pludselig øje på en dame fra Århus, som jeg spiller bridge med. Vi fik aftalt, hvornår vi skal begynde igen efter ferien.
George	Er du glad for at spille bridge?
Jette	Ja, det interesserer mig meget. Nå, det var gaven til Alison. Hvad vil I give Hans og Lone?
George	Alison synes, at vi skal give dem noget, som er både smukt og nyttigt, en brugsgenstand, som f.eks. en salatskål eller en kande eller en kobbergryde.
Jette	Så foreslår jeg, vi går tilbage til stormagasinet og kigger i afdelingen med køkkenudstyr.
George	Vi snakkede også om en karaffel og 6 vinglas. Og jeg foreslog et forklæde til Hans og en liggestol til Lone.

få øje på (fik, fået)	*see, catch sight of*
bridge (-n)	*bridge*
aftale (-te, -t)	*arrange, agree*
nyttig	*useful*
brugsgenstand (-en, -e)	*article for everyday use*
salatskål (-en, -e)	*salad bowl*
kande (-n, -r)	*jug*
kobbergryde (-n, -r)	*saucepan made of copper*
gryde (-n, -r)	*saucepan*
stormagasin (-et, -er)	*department store*
køkkenudstyr (-et)	*kitchen equipment*
karaffel (karaflen, karafler)	*decanter*
vinglas (-set, -)	*wine glass*
forklæde (-t, -r)	*apron*
liggestol (-n, -e)	*deck chair*

Rigtigt eller forkert

a   Jette left the shop because she needed some fresh air.
b   Alison wants George to buy a present for Hans and Lone that is both useful and pretty.

18

farvel og på gensyn!

goodbye, till next time!

In this unit you will learn
- how to talk bout the labour market, jobs and unemployment
- how to say goodbye
- how to express gratitude

Samtaler

1 Alison is feeling better

It is Thursday morning, George and Alison's last day in Denmark. George has gone to the baker's, Hans is in the shower and Lone is talking to Alison.

Lone Nå, hvordan går det?

Alison Nu går det bedre. Jeg er feberfri, og jeg har ikke ondt nogen steder. Og for første gang siden i fredags er jeg sulten.

Lone Så er du ved at komme dig. Det er en skam, at jeres besøg skulle ende sådan.

Alison Jeg er så ked af, at vi har været til ulejlighed. Vi er blevet 5 dage længere, end I havde inviteret os til, og I har måttet arrangere lægebesøg og hente medicin.

Lone Sikke noget pjat! Jeg håber, I vil betragte vores hjem som jeres danske hjem, hvor I kan komme og bo når som helst. Jeg har været så glad for at have jer boende. Tror du, du er rask nok til at være oppe et par timer i aften? Jeg vil faktisk gerne invitere Niels og Kirsten over og spise sammen med os.

Alison Hvis jeg skal rejse hjem til England i morgen, kan det ikke nytte noget, jeg ligger i sengen hele dagen. Jeg må vænne mig til at være oppe igen. Jeg vil meget gerne være sammen med Niels og Kirsten i aften.

være feberfri	*have a normal temperature*
det er en skam, at …	*it is a pity that …; what a pity that …*
ende (-te, -t)	*end*
sådan	*like this*
være til ulejlighed	*be a nuisance, cause trouble*
Sikke noget pjat!	*Nonsense! That's silly!*
hjem (-met, -)	*home*
det kan ikke nytte noget	*it is no good*
nytte (-ede, -et)	*be of use, help*
vænne sig til (-ede, -et)	*get used to*

▶ 2 Niels talks about work problems

It is seven o'clock in the evening. Niels and Kirsten, George and Alison and Hans and Lone are sitting round the dinner table. Lone asks Niels a question.

Lone	Har du været i England for nylig?
Niels	Jeg var i Manchester for en måned siden. Men nu går der nok lang tid, før jeg kommer derover igen.
Lone	Jeg troede, at du rejste derover en gang om måneden.
Niels	Det har jeg også gjort indtil nu. Men det er slut. Firmaet er gået konkurs.
Lone	Det vidste jeg ikke. Det er da frygteligt. Så har du mistet dit arbejde.
Niels	Ja, siden i går har jeg været arbejdsløs.
Hans	Jeg var godt klar over, at I havde nogle problemer, men jeg vidste ikke, at det stod så dårligt til.
Niels	Det gik godt for nogle år siden. Men så fik vi nedgangstid. Konkurrencen skærpedes inden for elektronikbranchen, og priserne begyndte at falde. Prisfaldet har ødelagt os. Vores profit var ikke stor nok til, at vi kunne sætte priserne ned. Det er kun de helt store selskaber, der kan overleve i disse tider.

slut	*over, at the end, finished*
gå konkurs (gik, gået)	*go bankrupt*
miste (-ede, -et)	*lose*
arbejdsløs	*unemployed*
være klar over	*realize, know*
det står dårligt til	*things are bad*
nedgangstid (-en, -er)	*recession*
konkurrence (-n)	*competition*
skærpe (-ede, -et)	*sharpen, tighten, intensify*
elektronikbranche (-n)	*electronics industry*
branche (-n, -r)	*branch of trade*
prisfald (-et, -)	*fall in price(s)*
ødelægge (-lagde, -lagt)	*ruin, destroy*
profit (-ten)	*profit*
selskab (-et, -er)	*company*
overleve (-ede, -et)	*survive*

3 Niels explains the difficulties

Hans	Hvad vil du så gøre nu?
Kirsten	Jeg har jo heldigvis et godt job. Som lærer kan man ikke uden videre blive afskediget. Så vi kan sagtens klare os rent økonomisk. Men det bliver svært for Niels at vænne sig til ikke at skulle på arbejde.

George	Du kan vel hurtigt få et nyt job. Der må være en masse firmaer, der er interesseret i at ansætte en mand med din uddannelse og dine erfaringer.
Niels	Nej, det bliver nærmest umuligt. De fleste firmaer vil hellere ansætte unge mennesker, der lige er blevet færdige med uddannelsen. De skal ikke have så meget i løn. Jeg er simpelthen for gammel og for dyr at ansætte.
Alison	Det er dog frygtelig deprimerende. Er der ikke noget helt andet, du kunne beskæftige dig med?
Niels	Du har ret. Selvmedlidenhed fører ikke til noget. I årevis har jeg beklaget mig over, at jeg har haft alt for travlt. Jeg fik ikke dyrket nogen motion, jeg har spist og drukket for meget. Nu vil jeg lægge min tilværelse helt om. Der er også en masse bøger, som jeg nu omsider får tid til at læse.

uden videre	*as a matter of course, just like that*
afskedige (-ede, -et)	*dismiss, sack*
klare sig (-ede, -et)	*manage*
rent økonomisk	*purely financially*
hurtigt	*quickly*
ansætte (ansatte, ansat)	*employ*
uddannelse (-n, -r)	*training, education, degree*
nærmest	*almost*
løn (-nen)	*pay, wage, salary*
De skal ikke have så meget i løn.	*They are cheaper to employ.* (Lit. they do not have to be paid so much)
deprimerende	*depressing*
beskæftige sig med	*occupy oneself with, do*
have ret	*be right*
ret (-ten)	*right, justice*
selvmedlidenhed (-en)	*self-pity*
føre til (-te, -t)	*lead to*
i årevis	*for years*
beklage sig over (-ede, -et)	*complain of*
alt for	*far too*
dyrke motion	*take exercise*
motion (-en)	*exercise*
lægge om (lagde, lagt)	*change*

Rigtigt aller forkert

a Alison is embarrassed because she feels that she and George have outstayed their welcome.

b Niels has been going to England once a week.
c Niels's company went bankrupt because of the recession.
d Niels is hopeful that he will soon get another job.

ℹ️ Writing a letter

a to relatives and friends
dear in Danish is **kære**:

> Kære mor,
> Kære Lotte,
> Kære Poul og Lise,

You finish a letter to a close relative or friend with:

> Kærlig hilsen,
> Mange kærlige hilsener,

kærlig (*loving, affectionate*)
hilsen (-en, -er) (*greeting, regard*)

The following greetings are less intimate:

> Hjertelig hilsen,
> De bedste hilsener,
> Venlig hilsen,

hjertelig (*heartfelt, sincere*)

b to a company or an institution
Below the name and the address you do not write anything corresponding to *Dear Sir* or *Dear Madam*.

You finish a formal letter with the greeting:

> Med venlig hilsen,
> Mette Pedersen

This is a typical business letter.

Here is a translation of the letter to help you understand it:

We are in receipt of your letter dated 31.02.02 which we have read with great interest. However, before we can give you a detailed offer we would like to ask you for further information.

You write that you are interested in buying a machine for the production of chocolate. There are several models, however, and we would be grateful to you if you could specify the kind of chocolate you have in mind: dessert chocolate or cooking chocolate.

We enclose a few brochures showing different types of machines. The prices listed are for information only.

Assens, d. 9. februar 2002

Mr George Wilson,
England

Vi har modtaget Deres brev af 31.01.02 og har
læst det med stor interesse. Før vi kan give
Dem et detaljeret tilbud, vil vi gerne bede Dem
om nogle yderligere oplysninger.

De skriver, at De er interesseret i at købe en
maskine, der kan fremstille chokolade. Der
findes imidlertid flere forskellige modeller,
og vi ville derfor være Dem taknemmelig, om De
ville opgive, hvad slags chokolade, det drejer
sig om: spisechokolade eller kogechokolade.

Vi vedlægger nogle brochurer med forskellige
typer af maskiner. De anførte priser gives kun
til orientering.

Med venlig hilsen,

A/S BØGHS MASKINFABRIK

VIGGO JØRGENSEN

🛈 The Danish word *lige*

The adjective **lige** means *equal*, *straight* or *even*:

Vi er alle **lige**.	*We are all equal.*
en **lige** vej	*a straight road*
et **lige** nummer	*an even number*

The adverb **lige** means *equally*, *straight*, *exactly*, *immediately* or *just*.

a *equally*

Pakkerne er **lige** tunge.	*The parcels are equally heavy.*
Jeg er ikke altid **lige** nem at være gift med.	*It isn't always easy to be married to me.* (Lit. I am not always equally easy to be married to.)

b *straight*

Jeg gik **lige** hjem.	*I went straight home.*
Han kørte **lige ud**.	*He went straight ahead.*
Han sagde det **lige ud**.	*He said it straight out.*

c *exactly*

Den (Klokken) er **lige** 7.	*It is exactly 7 o'clock.*
Det var **lige**, hvad jeg trængte til.	*It was exactly what I needed.*

d *immediately*

Man må ikke gå i vandet **lige** efter et måltid.	*You must not go in the sea immediately after a meal.*
Hotellet ligger **lige** ved siden af hjørneejendommen.	*The hotel is situated immediately beside (right next to) the building at the corner.*

e *just*

Han har **lige** været i England.	*He has just been to England.*
Jeg går **lige** hen og køber en avis.	*I'll just go and buy a paper.*
Jeg kan **lige** så godt bestille et værelse nu.	*I might just as well book a room now.*

f Lige is also used in polite requests among friends, meaning *would you mind ... ing* (see Unit 03, page 36).

Kan du **lige** gå ned til bageren?	*Would you mind going to the baker's?*

i Legemsdele (*parts of the body*)

hoved (-et, -er)	*head*	**albue (-n, -r)**	*elbow*
ansigt (-et, -er)	*face*	**hånd (-en,**	
hår (-et, -)	*hair*	**hænder)**	*hand*
pande (-n, -r)	*forehead*	**finger (-en,**	
øje (-t, øjne)	*eye*	**fingre)**	*finger*
næse (-n, -r)	*nose*	**bryst (-et, -er)**	*breast*
mund (-en, -e)	*mouth*	**mave (-n, -r)**	*stomach*
øre (-t, -r)	*ear*	**ryg (-gen, -ge)**	*back*
kind (-en, -er)	*cheek*	**ben (-et, -)**	*leg*
hals (-en, -e)	*neck, throat*	**knæ (-et, -)**	*knee*
skulder (-en,		**fod (-en, fødder)**	*foot*
skuldre)	*shoulder*	**tå (-en, tæer)**	*toe*
arm (-en, -e)	*arm*		

| Hun har lyst hår. (singular) | She has fair hair. |
| Han har nogle enkelte grå hår. (plural) | He has a few grey hairs. |

Ben also means *bone*.

ℹ Metaller (*metals*)

See below for a list of metals and some associated words.

guld (-et)	*gold*
et guldur	*a gold watch*
en guldsmed	*a goldsmith, a jeweller*
sølv (-et)	*silver*
sølvbryllup	*silver wedding*
sølvpapir	*foil*
bronze (-en)	*bronze*
bronzealder	*bronze age*
jern (-et)	*iron*
en jernbane	*a railway*
et jernhelbred	*an iron constitution*
stål (-et)	*steel*
et stålværk	*a steelworks*
ståltråd	*(steel) wire*

ℹ Expressions with *at være*

a være færdig med:

| De er **færdige med** forretningsmødet. | They have finished the business meeting. |
| Er du **færdig med** bogen? | Have you finished the book? |

b være glad for:

| Vi er så **glade for**, at det kunne lade sig gøre. | We are so pleased that it proved possible. |
| Hun **er glad for** sin farmor. | She is fond of her grandmother. |

c være ked af:

| Jeg er så **ked af**, at jeg har været til ulejlighed. | I am so sorry to have caused trouble. |
| Hvad er du **ked af**? | Why are you sad? |

Hun **er ked af** at høre på ham. *She is tired of listening to him.*
Er du **ked af** at vente et øjeblik? *Would you mind waiting a moment?*

d være klar over:

Jeg **var** ikke **klar over**, at det stod så dårligt til.

I didn't realize that things were that bad.

e være længe om:

Det **var** han **længe om**.

That took him a long time.

f være nødt til:

Jeg **er nødt til** at stå op klokken 5 i morgen.

I have to get up at 5 o'clock tomorrow.

g være ved at:

Du **er ved at** komme dig.

You are getting better.

Jeg **var ved at** gøre rent i stuen, da han kom.

I was cleaning the living room, when he arrived.

Han **var** lige **ved at** at tabe skålen.

He nearly dropped the bowl.

h være i vejen:

Hvad **er** der **i vejen**?

What is the matter?
What is wrong?

Sådan siger man det

How to:

- say that someone is right
- say that someone is in the wrong
- express regret

- say 'It is no good (... ing)'

- express that you think someone is apologizing too much

Du har ret.

Hun har uret.

Det er en skam, at ...
Jeg er så ked af, at ...
Det kan ikke nytte noget, (at jeg/du/han/etc ...)
Sikke noget pjat!

Grammatik

1 Indefinite and definite forms of nouns

a Occasionally there are differences between Danish and English in the use of the definite form. Unit 14 contains an example of this:

De taler først om **livet** i Danmark i dag.	*They first talk of **life** in Denmark today.*

Abstract nouns tend to be used in the definite form in Danish; for example, words like *death, fate, time, light, democracy, parliament*:

Han er **døden** nær.	*He is at death's door.*
Skæbnen var ham blid.	*Fate was kind to him.*
Tiden læger alle sår.	*Time heals all sorrows.* (Lit. wounds)
lysets hastighed	*the speed of light*
Demokratiet er i fare.	*Democracy is in danger.*
Folketinget samles på Christiansborg Slot.	*Parliament meets at Christiansborg Slot.*

b Another difference concerns the use of the indefinite article in English when someone's profession, nationality or religion is expressed, where the noun is used without an article in Danish (see Unit 08, page 102).

Han er ekspedient.	*He is a shop assistant.*
Kirsten er lærer.	*Kirsten is a teacher.*
Lotte er dansker.	*Lotte is a Dane.*
Per er katolik.	*Per is a Catholic.*

Notice: Som barn var han en tynd lille fyr (*as a child …*)

2 More differences between English and Danish expressions

In Unit 03, page 40, you saw examples where in Danish the second noun follows immediately after the first one, as in **en flaske vin** (*a bottle of wine*). There are other cases where *of* in English is omitted in Danish:

et glas øl	*a glass of beer*
en skive melon	*a slice of melon*
den 1. marts	*the 1st of March*

et par sko	a pair of shoes
2 pund smør	2 pounds of butter
25 liter benzin	25 litres of petrol
øen Fyn	the island of Funen

3 Comparison of adjectives

In Unit 08, pages 100–1, you saw that a few adjectives have an irregular comparison, while there are others in which the vowel undergoes a change in the comparative and superlative degree. All the adjectives used in the units that belong to either of these groups are listed below:

a *Irregular comparison*

gammel	ældre	ældst
god	bedre	bedst
lille	mindre	mindst
lidt (*a little*)	mindre (*less*)	mindst (*least*)
meget	mere	mest
mange	flere	flest
slem (*bad*)	værre	værst

Note: **de fleste** mennesker   ***most** people*

b *Vowel change*

få	færre	færrest
lang	længere	længst
stor	større	størst
ung	yngre	yngst

A different irregularity occurs in **nær** (*near*), which has an **m** before the endings -**ere** and -**est**: nærmere, nærmest.

Øvelser

1 Change the adjectives in these sentences to either the comparative or the superlative.

    a Jens er (høj) end Peter. (*comp.*)
    b Den gule taske er (billig) end den røde. (*comp.*)
    c Den brune taske er den (billig) (*superl.*)
    d Det (lille) barn går endnu ikke i skole. (*superl.*)

e   Mine forældre kender (mange) mennesker i København
    nu end for 10 år siden. (*comp.*)
f   Vil du have (meget) te? (*comp.*)
g   Lilly er (ung) end Marie. (*comp.*)
h   Hvad hedder deres (ung) datter? (*superl.*)
i   Der er 5 kilometer til det (nær) supermarked. (*superl.*)

▶ 2 Translate the English sentences in the following dialogue.

a   *Preben and Louise cannot afford to travel to France this
    year.*
–   Hvorfor ikke?
b   *Preben's company has gone bankrupt.*
–   Det vidste jeg ikke. Vil det sige, at han har mistet sit
    arbejde?
c   *Yes, he is unemployed.*
–   Han fortalte mig engang, hvor meget han fik i løn. Han
    tjente en masse penge.
d   *Yes, it will be difficult for them to manage. Louise has a
    good job, but she does not earn as much money as
    Preben did. They may have to sell their house.*
–   Det bliver nok ikke nemt for ham at få et andet job.
e   *He is very depressed. If he finds a job abroad he will
    leave the country.*

3   Write a letter to a friend in Denmark. Talk about your
    family, your work and the progress you are making in
    Danish.

4   Translate this passage into Danish:

    Preben's wife is a teacher. As a child she did not like going to
    school. Maybe that is the reason why she decided to become
    a teacher. Most of her pupils like her. Life in a Danish village
    may seem boring to someone who grew up in Copenhagen,
    but she is actually very fond of working in a small school. I
    hope that fate is kind to her and that her husband finds a job
    in the nearest town so that she won't have to leave the
    school.

5   Now answer the following questions:

    a   Hvordan har Alison det torsdag morgen?
    b   Hvorfor har Niels mistet sit job?
    c   Bliver det svært for Niels og Kirsten at klare sig?
    d   Hvorfor bliver det svært for Niels at få et andet job?

Andre tekster

Presents for Hans and Lone

Fredag morgen står de tidligt op. Den maskine, som George og Alison skal med, flyver fra Kastrup klokken 10, og de skal være ude i lufthavnen senest en time før. Mens de sidder og spiser morgenmad, går George ind og henter 2 pakker. Den ene giver han til Lone, der tager papiret forsigtigt af. Gaven er en kobbergryde med 25 røde roser.

George	Den kan også bruges til madlavning.
Lone	Tusind tak! Den er vi meget glade for. Den er så smuk, at det næsten er synd at bruge den i køkkenet. Den burde altid stå til pynt.
Hans	Tak skal I have!
George	Siden du måske ikke vil få så stor fornøjelse af gryden som Lone, har vi en gave til, som jeg synes, du skulle pakke op.
Hans	Mange tak! Det gør jeg gerne. Men dog! Ja, dem kan jeg godt finde ud af at bruge.
Lone	Må jeg se, hvad det er? Tre flasker champagne! Dem glæder jeg mig til at smage på.
Hans	Det ved jeg ikke, om du kan få lov til. Det er min gave.

maskine (flyvemaskine) (-n, -r)	*aeroplane*
pakke (-n, -r)	*parcel*
papir (-et)	*paper*
forsigtig	*cautious, careful, gentle*
madlavning (-en)	*cooking*
det er synd	*it is a pity*
synd (-en, -er)	*sin*
til pynt	*for decoration*
pynt (-en)	*ornament, trimming(s)*
siden	*since*
Han vil få fornøjelse af gryden.	*The pan will prove useful to him.*
fornøjelse (-n, -r)	*pleasure;* here: (**nytte**) *use*
Men dog!	*I say!*

Rigtigt eller forkert

a On Friday morning they have to get up early because George and Alison have to be at the airport at nine o'clock.

b The parcel that Hans opens contains 25 red roses.

▶ Goodbye!

They arrive at Kastrup Airport a few minutes past nine. Lone and Hans don't stay long at the airport since they have to go to work.

Alison Farvel! Tusind tak for denne gang! Det har været en dejlig ferie.

George Ja, farvel og tak for alt! På gensyn til næste sommer!

Hans Farvel og god rejse!

Lone Farvel! Jeg håber ikke, at turen bliver for anstrengende for Alison.

---

gensyn (-et, -)   *meeting* (again), *reunion*

▶ A present for Alison

George and Alison check in their baggage. Before they go up into the departure lounge George gives Alison the present he bought for her at the jeweller's.

George Jeg har en lille gave til dig! Jeg er godt klar over, at jeg ikke altid er lige nem at være gift med. Så gaven er min måde at sige undskyld på.

Alison Det skal du slet ikke tænke på! Men det betyder ikke, at jeg ikke sætter stor pris på gaven. Tak, skat!

Jeg er ikke altid lige nem at være gift med.	*It isn't always easy to be married to me.*
lige nem	*equally easy*
Det skal du ikke tænke på!	*Don't worry about that!*
sætte pris på (satte, sat)	*appreciate, value*

In the list below you will find all the strong and irregular verbs that have appeared in the dialogues and other texts. Some of these verbs are prefixed verbs, such as **indse (ind-se)**, **tilbringe (til-bringe)**. There are also a few compound verbs, such as **istandsætte (i-stand-sætte:** Lit. put in order). These prefixed and compound verbs are included in the list.

There are three columns showing the infinitive, the past tense and the past participle of the verbs. If the present tense is irregular it appears in brackets immediately after the infinitive, as in **vide [ved]**. Most of the prefixed and compound verbs are entered with a reference to the basic verb.

Infinitive	Past tense	Past participle
afbryde (cf. bryde)		
afgå (cf. gå)		
afhænge	afhang	afhængt
ankomme (cf. komme)		
ansætte (cf. sætte)		
bede	bad	bedt
befinde (cf. finde)		
beskrive (cf. skrive)		
bestå (cf. stå)		
betyde	betød	betydet
blive	blev	blevet
bringe	bragte	bragt
bryde	brød	brudt
burde [bør]	burde	burdet
byde	bød	budt
drikke	drak	drukket
dø	døde	(er) død (*adjective*)
efterlade (cf. lade)		

Infinitive	Past tense	Past participle
falde	faldt	faldet
fare	farede/for	faret
finde	fandt	fundet
findes	fandtes	(har) fandtes
flyve	fløj	fløjet
foreslå (cf. slå)		
forlade (cf. lade)		
forstå (cf. stå)		
forsvinde	forsvandt	forsvundet
fortsætte (cf. sætte)		
fortælle (cf. tælle)		
fryse	frøs	frosset
fyge	fygede/føg	fyget/føget
følge	fulgte	fulgt
få	fik	fået
give	gav	givet
grundlægge (cf. lægge)		
gøre [gør]	gjorde	gjort
gå	gik	gået
have [har]	havde	haft
hedde	hed	heddet
hjælpe	hjalp	hjulpet
holde	holdt	holdt
indse (cf. se)		
indtage (cf. tage)		
istandsætte (cf. sætte)		
knibe	kneb	knebet
komme	kom	kommet
kunne [kan]	kunne	kunnet
lade	lod	ladet/ladt
	(prefixed verbs only – ladt)	
ligge	lå	ligget
lyde	lød	lydt
lægge	lagde	lagt
løbe	løb	løbet
måtte [må]	måtte	måttet
nyde	nød	nydt
omgive (cf. give)		
overdrive	overdrev	overdrevet
rive	rev	revet
se	så	set
sidde	sad	siddet
sige	sagde	sagt

Infinitive	Past tense	Past participle
skrive	skrev	skrevet
skulle [skal]	skulle	skullet
skære	skar	skåret
slå	slog	slået
slås	sloges	(har) sloges
sove	sov	sovet
springe	sprang	sprunget
spørge	spurgte	spurgt
stjæle	stjal	stjålet
stå	stod	stået
synge	sang	sunget
sælge	solgte	solgt
sætte	satte	sat
tage	tog	taget
tilbringe (cf. bringe)		
tilbyde (cf. byde)		
turde [tør]	turde	turdet
tælle	talte	talt
udsætte (cf. sætte)		
undgå (cf. gå)		
vide [ved]	vidste	vidst
ville [vil]	ville	villet
vælge	valgte	valgt
være [er]	var	været
ødelægge (cf. lægge)		

key to the exercises

Unit 01

Samtaler a F, **b** R, **c** F.
Øvelser 1 a Hans' nabo hedder Kirsten. **b** Hans' ven fra England hedder George. **c** Kirstens mor hedder Marie Sørensen. **d** Jeg hedder (...). **2 a** Kommer Alison på fredag? **b** Bor Marie Sørensen i Herning? **c** Kører George med toget fra Esbjerg til København? **d** Er det en interessant rejse? **3 a** Kommer de i dag? **b** Hun flyver herover. **c** Den er lang. **d** Det kører til København. **e** De bor i Holte. **4 a** Jeg hedder (...). **b** Nej, jeg kommer fra England. **c** Ja/nej, jeg bor i (...). **5 a** Hvad hedder du? **b** Kommer du fra København? **c** Bor din datter også i Esbjerg? **6 a** Hej John! Velkommen til Danmark! **b** Hej Mads! Tak! **c** Jeg synes, det er en interessant rejse. **d** Hvad hedder din mor? **e** Hun hedder Edith Olesen. **f** Hun skal bo hos os i en uge. **g** Undskyld, er De/du Viggo Nielsen? **h** Nej, jeg hedder Per Hansen. **i** Undskyld!
Andre tekster Samtale **a** R, **b** F, **c** F. København **a** F, **b** R, **c** F.

Unit 02

Samtaler a R, **b** R, **c** F, **d** F, **e** R.
Øvelser 1 a naboen, **b** turisten, **c** slottet, **d** dronningen, **e** ugen, **f** koppen. **2 a** Det er ikke en lang rejse. **b** Alison flyver ikke til København. **c** Hun hedder ikke Marie Sørensen. **d** De spiser ikke æblekage. **e** Han kan ikke spise mere. **f** Hun skal ikke bo hos os. **g** Vi skal ikke køre nu. **3 a** Jeg vil gerne flyve på fredag. **b** Jeg vil gerne bo hos dem. **c** Jeg vil gerne rejse til England. **d** Jeg vil gerne have en kop kaffe. **4 a** De spiser den. **b** Jeg skal køre med dem. **c** De

holder meget af ham.   **d**   Vi siger 'du' til hende.   **5**   **a**   Ja,
George er lidt træt.   **b**   Han trænger til en gin og tonic.
c   De skal have klar suppe, flæskesteg med rødkål og
æblekage.   **d**   Ja, George holder meget af dansk mad.
e   Ja, de drikker rødvin til maden.   **6**   **b, a, d, c, f, e.**
Andre tekster A Danish meal **a** R, **b** F, **c** F, **d** R

Unit 03

Samtaler a F, **b** F, **c** R.
Øvelser 1   **a**   buketten, buketter, buketterne;   **b**   bordet,
borde, bordene;   **c**   dronningen, dronninger, dronningerne;
d   toget, tog, togene;   **e**   slottet, slotte, slottene;
f   naboen, naboer, naboerne;   **g**   familien, familier,
familierne;   **h**   båden, både, bådene.   **2**   **a**   Jeg vil gerne
have en flaske rødvin.   **b**   Det er lidt for dyrt, synes jeg.
c   Ja, det er billigt. Den vil jeg gerne have.   **3**   **a** dyre
buketter   **b**   danske familier   **c**   små parker   **d**   trætte
ekspeditricer   **e**   hyggelige slotte   **f**   stærke vine   **g**   lange
rejser.   **4**   **a**   I mellemtiden dækker jeg bord.   **b**   Til dessert
spiser vi chokoladeis.   **c**   I dag kommer George.   **d**   På
mandag skal jeg flyve til London.   **e**   Nu skal vi spise.
f   Om et kvarter kører jeg til Holte.   **5**   **a**   Min,   **b**
Hans,   **c**   Vores,   **d**   Deres,   **e**   Hendes,   **f**   hans,
g   sin,   **h**   jeres,   **i**   dine,   **j**   sine.   **6**   **a**   Jeg vil gerne
have fire roser.   **b**   Jeg vil gerne have tre stykker wienerbrød.
c   Jeg vil gerne have fem tulipaner.   **d**   Jeg vil gerne have to
flasker rødvin.   **7**   **a**   Ja, George har sovet som en sten.
b   Nej, George går hen til bageren efter morgenbrød.   **c**   Nej,
roserne er dyre.   **d**   Nej, det regner.
Andre tekster a F, **b** R, **c** R, **d** F.

Unit 04

Samtaler a F, **b** R, **c** F, **d** R.
Øvelser 1   **a**   buketten er billig;   **b**   toget er rødt;
c   passageren er træt;   **d**   flasken er lille;   **e**   turisten er
venlig;   **f**   desserten er god;   **g**   slottet er dyrt.
2   **a**   boede,   **b**   dækkede,   **c**   ringede,   **d**   regnede,
e   klarede,   **f**   varede,   **g**   kostede,   **h**   lavede.
3   **a**   blæste,   **b**   kørte,   **c**   købte,   **d**   smagte,
e   spiste,   **f**   trængte,   **g**   talte,   **h**   rejste.   **4**   **a**   Toget
er forsinket. Det ankommer klokken 1 (et).   **b**   Englænderen
afgår (kører) 12.30 (tolv tredive). Man skal have pladsbillet.
c   En enkeltbillet eller en returbillet?   **d**   Det bliver 438,00
(fire hundrede otteogtredive) kroner.   **5**   **a**   mine,   **b**   sin,
c   hendes,   **d**   jeres,   **e**   deres,   **f**   dine,   **g**   Hans.

6 a ti minutter over ti; **b** halv et; **c** kvart i otte;
d fem minutter over halv elleve; **e** fire minutter i halv fire;
f to minutter i to. **7 a** Alison og George skal rejse til
Århus på mandag. **b** George køber enkeltbilletter. **c** Der
afgår Intercitytog fra København hver time. **d** Flyveturen
varer ca. 2 timer. **e** Nej, Alison ankommer ikke med flyet
klokken 2. Toget ned til London var forsinket.
Andre tekster Travelling by train **a** F, **b** R, **c** F. Samtale i
lufthavnen **a** F, **b** F, **c** R.

Unit 05
Samtaler a R, **b** F, **c** F, **d** R.
Øvelser 1 a vennen er fornuftig; **b** toget er langt;
c dronningen er smuk; **d** blomsterne er dyre; **e**
bagerne er venlige; **f** slottet er gammelt; **g** passageren er
sulten. **2 a** A single room costs 150.00 DKr. a night.
b No, breakfast is not included in the price. It costs 25.00
DKr. **c** It takes half an hour to drive from the hotel to the
beach. **3 a** den hyggelige restaurant; **b** den sultne
englænder; **c** den dyre vin; **d** det blå hus; **e** det
gamle, gule hus; **f** det store bål. **4 a** Jeg vil gerne
besøge et museum. **b** Jeg synes ikke, vi skal spise på en
restaurant. Det er for dyrt. **c** Hvis maden er god og billig, vil
jeg gerne spise der. **5 a** Vi rejste til England med vores
datter. **b** De ringer til os hver dag. **c** Vi skal nok køre jer
op til Gilleleje. **d** De vil gerne købe jeres hus. **e** Vores
blomster var ikke dyre. **f** Deres fly er forsinket. **g** Kan I
køre dem ud i lufthavnen? **6 a** De kommer nok i morgen.
b Jeg skal bare dække bord. **c** Han har ikke tændt bålet.
d Jeg ringer altid til min mor midt på dagen. **e** Det
begynder snart at blive mørkt. **f** Solen skinner ikke.
g Det har ikke regnet hele dagen. **h** Jeg kan ikke få
billetter til forestillingen. **7 a** Ja, Hans synes, det er en god
idé at køre op til Louisiana. **b** Ja, de kører op til Helsingør i
stedet. Lone kan få billetter til forestillingen på Kronborg Slot.
c Nej, det ligger lidt uden for Gilleleje. **d** De kører over til
et gammelt, gult hus. Det er ikke Lars og Malenes hus, men
ejeren ved, hvor deres hus ligger.
Andre tekster a F, **b** F, **c** R.

Unit 06
Samtaler a R, **b** F, **c** F, **d** R.
Øvelser 1 a har besøgt; **b** har dækket; **c** har regnet;
d har glemt; **e** har købt; **f** har drukket; **g** har
fundet; **h** er ankommet; **i** har været; **j** har sagt.

2 a begyndte, **b** inviterede, **c** boede, **d** rejste,
e fik, **f** fortalte, **g** blev, **h** var. **3 a** Lars og
Malene har et sommerhus, der/som ligger i Gilleleje.   **b** Vi
går ned til bålet, som Lars har tændt.   **c** De har drukket den
dyre flaske vin, som George gav dem.   **d** Hans spiser lidt
mere af æblekagen, som Lone har lavet.   **e** Vi rejser over til
København, der/som er Danmarks hovedstad. **4 a** synes,
b tror, **c** tænker, **d** synes, **e** tror, **f** synes,
g tror, **h** synes. **5** Hvad er klokken? Den er halv syv.
Forestillingen begynder klokken otte. Jeg må være i Gilleleje fem
minutter i halv otte. Jeg kører kvart i syv. Min datter skal være i
lufthavnen fem minutter over halv syv i morgen. **6 a** Ja,
du skal gå hen ad Torvegade til Middelgade. Der skal du gå til
højre. Der ligger en blomsterhandler på hjørnet af Middelgade
og Storegade over for en damefrisør.   **b** Ja, du skal gå hen ad
Storegade til første gade på venstre hånd. Den hedder
Borgergade. Der skal du gå til venstre. Når du kommer til
Torvegade, skal du gå til højre. Hansens Hotel ligger på hjørnet
af Torvegade og Middelgade over for en kiosk. **7 a** tolv
røde roser; **b** tyve gule tulipaner; **c** femogtredive
engelske turister; **d** firs små huse; **e** tooghalvtreds gamle
tog; **f** nioghalvfjerds sultne passagerer; **g** syvogtres
billige restauranter; **h** nioghalvfems fornuftige mænd.
Andre tekster Looking for the hotel **a** F, **b** F. In the evening
a R, **b** F, **c** R.

Unit 07
Samtaler a F, **b** F, **c** F.
Øvelser 1 a Det betyder ikke, at chokoladen er dyrere end
andre slags chokolade.   **b** Jeg kunne ikke tale dansk, da jeg
kom til Danmark.   **c** Jeg kan ikke lide at tale med mennesker,
jeg møder i toget.   **d** Vi rejser ikke med toget, når vi skal til
København.   **e** Kaffen var ikke færdig, da jeg kom tilbage.
f Jeg synes ikke, vi skal besøge Louisiana i dag. **2 a** Han
kender ikke Tivoli, fordi han aldrig har været i København.
b Jeg håber, det snart klarer op.   **c** Han siger, at de måske
kommer på mandag.   **d** Fordi det altid regner, kører vi aldrig
op til Gilleleje.   **e** Hvis solen ikke skinner i eftermiddag, kan
vi gå i biografen. **3 a** afgår, **b** ankommer,
c besøger, **d** giver, **e** gør, **f** kan, **g** finder,
h ligger, **i** er, **j** trænger, **k** har, **l** sælger,
m laver. **4 a** Hun vasker sig og klæder sig på.   **b**
Skynd dig, George!   **c** Vi skal skynde os.   **d** Jeg vaskede
mig og klædte mig på.   **e** De har sat sig ned.

f George barberede sig. **g** Skyndte I jer? **5** Jeg vil gerne byde jer velkommen til dette forretningsmøde. Jeg håber, at I alle har fået en kop kaffe. Jeg vil gerne sige et par ord om kaffen, der er en særlig fin kaffe. Den er selvfølgelig dyrere end de fleste andre slags kaffe, men der er stor efterspørgsel efter vores kaffe i England, og jeg ved, at danskerne også holder af stærk kaffe. Jeg kan tilbyde jer favorable priser. **6 a** Vækkeuret ringer klokken 7. **b** Nej, Alison skynder sig ud på badeværelset. **c** Ja, George er meget sulten. **d** George og Alisons chokolade er dyrere end de fleste andre slags chokolade, fordi den er lavet af de fineste ingredienser. **e** Der er nu stor efterspørgsel efter luksusvarer, fordi folk er begyndt at interessere sig mere for kvalitet end for billige priser.
Andre tekster George chats to Poul **a** R, **b** F, **c** F. Alison talks to Gitte **a** F, **b** R, **c** R.

Unit 08

Samtaler a R, **b** R, **c** F, **d** F.
Øvelser 1 **a** dyrere; **b** hyggeligere; **c** mere sulten; **d** stærkere; **e** større; **f** ældre; **g** mere; **h** flere. **2** **a** Goddag. Mit navn er Peter Smith. Jeg vil gerne bestille et værelse. **b** Fra i morgen til den elvte. **c** Jeg kommer på fredag i stedet og bliver til den elvte. Hvad koster et enkeltværelse? **d** Er det med morgenmad? **3** **a** vigtige; **b** nemme; **c** forsinkede; **d** sultne; **e** blå. **4** **a** en hyggelig kro; **b** et dansk hotel; **c** et forsinket tog; **d** et lille badeværelse; **e** en lækker dessert. **5** **a** Yes, there are a few tickets left. **b** The cheapest tickets cost 90.00 DKr. (plus booking charge). **c** No, all the tickets have been sold up to and including 16 November. **d** The performance begins at 5p.m. on Saturdays. **e** Not yet. The advance booking is for the next two weeks only. **6** **a** George vil ikke bo på det samme hotel, fordi han synes, værelserne er for dyre. **b** Det koster et bestemt beløb pr. dag plus forsikringen. Beløbet afhænger af bilens størrelse. **c** Alison har lyst til at gå i biografen. **d** Filmen hedder 'Det forsømte forår'. **e** Nej, der er udsolgt til forestillingen, der begynder klokken 21.
Andre tekster A telephone conversation **a** F, **b** R. Late Tuesday evening **a** R, **b** F.

Unit 09

Tekst og samtaler a F, **b** F, **c** R, **d** R.
Øvelser 1 **a** inde; **b** ned; **c** hen; **d** derovre; **e** hjemme; **f** ud; **g** ude. **2** **a** Når han taler dansk,

føler han sig som dansker. **b** Fordi roserne var så dyre, købte hun tulipanerne. **c** Når vi skal til København, rejser vi som regel med toget. **d** Da toget ankom til Århus, var de meget trætte. **e** Hvis det holder op med at regne, kan vi køre ud til stranden i eftermiddag. **3 a** Jeg vil gerne have et pund tomater. **b** Jeg vil gerne have tre løg. **c** Jeg vil gerne have seks gulerødder. **d** Jeg vil gerne have tre pund jordbær. **e** Jeg vil gerne have tre kilo kartofler. **f** Jeg vil gerne have fem porrer. **g** Jeg vil gerne have to agurker. **4 a** vokser, **b** dyrker, **c** vokser, **d** vokset. **5 a** Han skal rejse til London på fredag. **b** Han vil gerne rejse til London på fredag. **c** Han kan rejse til London på fredag. **d** De må ikke købe et hus i Århus. **e** De vil gerne købe et hus i Århus. **f** De kan købe et hus i Århus. **g** De vil købe et hus i Århus. **h** Vi skal besøge dem i deres sommerhus i Gilleleje. **i** Vi må besøge dem i deres sommerhus i Gilleleje. **j** Vi vil besøge dem i deres sommerhus i Gilleleje. **k** Vi må ikke besøge dem i deres sommerhus i Gilleleje. **6 a** noget, **b** nogen, **c** nogle, **d** noget, **e** nogle, **f** nogen. **7 a** Nej, vi bor i en by. Vi har en stor lejlighed inde midt i byen. **b** Nej, vi boede ude på landet i mange år. Vi havde en gård. Men for to år siden solgte vi gården og købte en butik inde i byen. **c** Ja, jeg kan lide at bo der. Vores gård var gammel og noget forsømt. Vi har brugt en masse penge til at istandsætte lejligheden.
Andre tekster En molbohistorie **a** R, **b** F. Samtale **a** R, **b** F.

Unit 10

Tekst og samtaler a R, **b** R, **c** F, **d** R, **e** F.
Øvelser 1 a har glemt; **b** er kørt; **c** har bestilt; **d** har lejet; **e** har besluttet; **f** er landet; **g** er lykkedes; **h** har fortalt; **i** har dyrket; **j** er begyndt. **2 a** Han er meget høj, ca. 1,90m (en meter og halvfems). Han har kort, mørkt hår og blå øjne. **b** Sorte bukser og en grøn jakke. **c** Nej, han så slet ikke glad ud. Han så meget træt ud. **d** Det ved jeg ikke. **3 a** Hvis han ikke kan komme i morgen, vil vi køre op til Helsingør. **b** Hvis du ikke tager en cardigan med, kommer du til at fryse. **c** Hvis I aldrig har været i København, må I rejse derover i år. **d** Hvis du kun har købt en liter mælk, må vi købe noget mere. **e** Hvis du ikke kan leje en bil, skal vi nok hente dig. **4 a** Han bor nord for København. **b** Vi rejste sydpå. **c** De kom østfra. **d** John er englænder. **e** Viggo er

dansker. **f** Erik Møller er bager. **g** Jeg har ingen/ikke nogen penge, så jeg kan ikke gå i biografen. **h** Jeg ved ikke, om hans mor har set sit barnebarn. **i** Hvis flyet er forsinket, kan vi besøge min tante på vej til lufthavnen. **5 a** Lise er Mettes moster/tante. **b** Malene er Åses barnebarn. **c** Mette er Elses datter. **d** Birte er Jørgens svigermor. **e** Christian er Mikaels morbror/onkel. **f** Malene er Jørgens niece. **6 a** København ligger ved Øresund på Sjælland. **b** Alison låner et par lange bukser, en cardigan og en regnfrakke. **c** Alison har lyst til en kop kaffe. **d** Mikaels mor har langt, mørkt hår og brune øjne. Hun er lidt under middelhøjde og tynd. Hun er sytten eller måske atten år gammel. **e** De kan ikke finde Mikaels mor, fordi der er så mange mennesker på færgen. **f** Det ved vi ikke. Måske kan hun ikke klare at passe sit barn og gemmer sig på færgen.
Andre tekster 1 a R, **b** F. **2 a** F, **b** R.

Unit 11

Samtaler a R, **b** F, **c** F, **d** F.
Øvelser 1 a den syvende oktober, seksten hundrede (og) enogfyrre; **b** den enogtredivte december, atten hundrede (og) treoghalvtreds; **c** den første februar, nitten hundrede (og) niogtres; **d** den femte juni, nitten hundrede (og) tretten; **e** den seksogtyvende maj, sytten hundrede (og) seksten; **f** den elvte marts, femten hundrede (og) otteoghalvfjerds.
2 a følte, besvimede; **b** ankom; **c** gik; **d** lå, sov; **e** vågnede, skyndte; **f** ringede; **g** vidste, var; **h** sagde, havde. **3 a** gammel/ung; **b** tynd/tyk; **c** dyr/billig; **d** mindre/større; **e** indvendig/udvendig **f** sur/glad; **g** lang/kort; **h** sidst/først; **i** stor/lille. **4 a** forsinkede tog; **b** nemme rejser; **c** beboede øer; **d** grønne skove; **e** fornuftige fætre; **f** gæstfrie damer; **g** stakkels børn; **h** gamle mænd; **i** sultne døtre; **j** udmærkede forestillinger. **5 a** Det er min fødselsdag den femtende april. **b** Ja, det er min fødselsdag i dag. **c** Hvis man/du fortæller folk, at det er ens/din fødselsdag, lyder det, som om man/du beder om en gave. **d** Jeg vil ikke fejre min fødselsdag. Jeg kan ikke lide fødselsdage. De minder mig om, at tiden flyver af sted. Jeg er bange for at blive gammel.
Andre tekster a R, **b** F.

Unit 12

Tekster og samtale a F, **b** F, **c** R.
Øvelser 1 a Den unge kvinde, der/som sidder over for Alison, spørger hende, om hun kan passe den lille dreng.

b Den lille dreng, hvis mor er gået på toilettet, falder i søvn.
c Drengens mor kommer ikke tilbage, hvad der får Alison til
at tro, at hun ikke er interesseret i sit barn. **d** George
kommer ind i cafeteriet og ser barnet, som Alison passer.
e Den unge mor efterlod kun en baby og en barnevogn, hvad
de synes er meget mærkeligt. **2 a** Jørgen og Gitte Juhl har
fem børn. **b** De har tre døtre. **c** Den yngste pige hedder
Lise. **d** Den ældste pige læser medicin ved universitetet i
København. **e** Poul er sytten år. **f** Viggo vil være
politibetjent. **3 a** billigere; **b** kønnere; **c** mindre;
d ældre; **e** yngre; **f** længere; **g** flere; **h** færre,
i mere. **4 a** George ved ikke, hvornår Alison kommer
hjem. **b** Han kender ikke Alisons venner fra sprogskolen.
c Lone kan mange sprog. **d** De fik at vide, at flyet ville
ankomme klokken 6. **e** Jeg vidste ikke, at de var flyttet ud
på landet. **f** Jette vil gerne lære Alison nærmere at kende.
g George har kendt Hans og Lone i mange år. **5 a**
Eleverne på begynderholdet lærer udtalen og grammatikken, og
de lærer at stave ordene. I timerne skal de også tale dansk.
b Eleverne på Alisons hold diskuterer danske noveller.
c Legen går ud på, at de alle er utilfredse med deres
tilværelse, fordi de ikke kan lide deres arbejde. For alles
vedkommende findes der en ideel stilling, som en af de andre
har. De skal stille spørgsmål til hinanden for at finde ud af,
hvem de skal bytte stilling med. **d** Alisons historie handler
om en mand, der bor i en storby. Han kan ikke tåle
forureningen, og larmen går ham på nerverne. Han lægger
penge til side, så han kan købe et hus ude på landet. Omsider
får han sparet penge nok sammen og flytter langt ud på landet.
Han flytter imidlertid ikke væk fra larmen, for man bygger en
motorvej for enden af hans have.
Andre tekster Alison phones George **a** R, **b** F. George phones
Marianne **a** R, **b** F.

Unit 13
Samtaler og tekst a R, **b** F, **c** R.
Øvelser 1 a Jeg ved ikke, om mine forældre kan komme på
søndag. **b** Hvis de kommer, kan du fortælle dem om din tur
til London. **c** Jeg spurgte hende, om hun ville låne en
cardigan. **d** Hvis han ikke kan hjælpe mig, vil jeg spørge
min fætter, om han kan låne mig pengene. **e** Hvis barn
passer du? **f** Hvis du har lyst, kan vi gå i biografen i aften.
g En af mine venner, hvis forældre er på ferie, holder en fest
på lørdag. **2 a** Da de kom til Østerport Station, stod

Marianne og ventede på dem. **b** 'Hvornår tog I hjemmefra?', spurgte hun. **c** Når Peter og Jette kommer til København på torsdag, skal de alle ud og spise på en restaurant. **d** Når vi besøgte dem, fik vi altid en kop kaffe klokken 11 om formiddagen. **e** Da George kom til Danmark, kunne han ikke tale dansk ret godt. **f** Når George taler dansk, føler han sig som dansker. **g** Hvornår ankommer toget?
3 a I må gerne gå en tur i skoven. **b** Du skal køre din søster til færgen. **c** Jeg bør hjælpe dem med at flytte. **d** Han tør godt gå hen på politistationen med pengene. **e** De kan godt komme på torsdag. **f** Vi skal være i lufthavnen klokken 4. **g** Du må komme og hjælpe os. Ellers når vi ikke at blive færdig til tiden. **4 a** De gifter sig til sommer. **b** Du bevæger dig ikke nok. **c** Han følte sig dårlig tilpas. **d** Vi hygger os altid, når de kommer på besøg. **e** Jeg satte mig ud i køkkenet. **f** I kan lægge jer på græsplænen og nyde det gode vejr. **5 a** George og Alison vil holde en uges ferie, fordi de får meget travlt, når de kommer hjem. **b** Jette og Peter kommer til København på torsdag. **c** Deres tur begynder på Langelinie, hvor de skal se Den Lille Havfrue. **d** Den kongelige familie bor på Amalienborg slot. **e** Strøget går fra Kongens Nytorv til Rådhuspladsen. **f** Nej, Alison tør ikke gå op ad den udvendige trappe til toppen af kirketårnet.
Andre tekster Marianne's childhood **a** R, **b** F. A cold experience **a** R, **b** F.

Unit 14

Samtaler a R, **b** R, **c** F, **d** F.
Øvelser 1 a Mette og Ole har tre børn. **b** Ole bryder sig ikke om kød, men kan godt spise kylling. **c** Ja, Anders kan godt lide kød, men han bryder sig ikke om fisk. **d** Nej, Malene er ikke vegetar, men hun holder mere af grønsager end af kød. **e** Nej, når hun steger en kylling, laver hun kun en ret. **f** Ole laver mad om søndagen. Han varmer bare en pizza i ovnen. **2 a** Nej tak, jeg vil hellere have et smykke. **b** Nej tak, jeg vil hellere have et fjernsyn. **c** Nej tak, jeg vil hellere låne din bil. **d** Jeg vil helst have en pære. **e** Vil du låne en paraply eller en regnfrakke? **f** Jeg vil helst låne en paraply. **g** Vil du have en gaffel eller en kniv? **h** Jeg vil helst have en kniv. **i** Vil du låne en bil eller en cykel? **j** Jeg vil helst låne en cykel. **k** Vil du have et fjernsyn eller en radio? **l** Jeg vil helst have en radio. **3 a** sad, frøs; **b** lykkedes; **c** brød; **d** bad; **e** glædede; **f** holdt;

g rev; **h** afbrød; **i** løb; **j** betød; **k** skar.
4 a de ledige stole; **b** det bakkede terræn; **c**
spørgsmålene er lette; **d** et gult hus; **e** deres stakkels
forældre; **f** den lækre mad; **g** et fransk hotel; **h** det
tosprogede barn; **i** hans blå bukser; **j** hendes egen
cardigan. **5 a** Vi vil gerne se et spisekort. **b** Hvad har
du lyst til at spise? **c** Det er en god idé. Vi kan få
tomatsuppe eller champignonsuppe. **d** Jeg vil hellere have
champignonsuppe. **e** Der er flere forskellige slags på
spisekortet. Vi kan spørge, om de er friske. **f** Jeg vil gerne
have en halv kylling med nye kartofler og agurkesalat.
g Hvis vi stadigvæk er sultne, når vi har spist disse to retter,
kan vi få hindbær med fløde. **6 a** Alison glæder sig til at
komme hjem igen, fordi hun savner sin have. **b** Marianne vil
ikke have en halv hummer, fordi hun er vegetar. Hun spiser
hverken kød eller fisk. **c** Til dessert bestiller George
hjemmelavet is med friskplukkede hindbær. **d** De drikker
hvidvin til forretten og rødvin til hovedretten. **e** Hans har
Marianne til bords. **f** George og Jette snakker om livet i
Danmark i dag og om de forandringer, der har fundet sted i
løbet af de sidste 25 år. Og de snakker om sig selv.
Andre tekster George makes a speech **a** R, **b** F. George and
Jette **a** R, **b** R.

Unit 15
Samtaler a R, **b** F, **c** F, **d** R.
Øvelser 1 a Sommerhuset lejes som regel af en tysk familie.
b Kirsten blev inviteret indenfor af Lone. **c** Marie
Sørensen blev kørt op til Holte af Hans. **d** Vin kan ikke
købes af børn. **e** Sagen skal nok blive ordnet af
receptionisten. **f** Pengene blev fundet af Liselotte.
g De blev undervist i engelsk af en ung lærer fra Herning.
2 a Sommerhuset er blevet solgt. **b** Haven blev forsømt.
c Gården blev istandsat. **d** Kirkeklokken var blevet skjult.
e Brevet blev skrevet den 9. august. **f** Bygningen er blevet
revet ned. **3 a** It starts at 20.00 and is called *Hammerslag*
('Hammerslag' means literally 'hammer stroke' and refers to the
hammer used at auctions.) **b** The news at 18.00 is followed
by a weather forecast. **c** The programme is an interview
with the author Aage Dons who is 90 years old. He talks about
people he has met during his long life and about being a
traveller in a turbulent century. **d** *Sidste Omgang* is a
powerful and humorous account of a young man's last 24 hours
in Copenhagen. He takes leave of his friends, the city and his

relatives. **4 a** der/som; **b** hvis; **c** hvad;
d der/som; som; **e** hvad der; **f** hvad. **5** Han
lukkede op for fjernsynet for at se TV-avisen. TV-avisen var ikke
begyndt. I stedet var der en partipolitisk udsendelse. I Danmark
er der mange politiske partier. De fleste har mandater i
folketinget. Danmark har som regel en koalitionsregering, og tit
har regeringen ikke flertal i folketinget. De moderate partier vil
ikke arbejde sammen med de yderliggående partier. Hans og
Lone stemmer på det samme parti. De er enige om de fleste
sager, men ikke om alt. **6 a** George har det ikke godt,
fordi han fik for meget at drikke i aftes. **b** Alison har svært
ved at forstå det politiske system i Danmark, fordi der er så
mange partier. **c** De mange partier skaber ikke politisk kaos
i Danmark. Regeringen består som regel af flere partier, der
enten ligger lidt til højre eller lidt til venstre for centrum.
d George og Alison stemte på 2 forskellige partier ved det
sidste valg, men de vil ikke sige, hvad de stemte på.
Andre tekster Alison explains **a** R, **b** F. A surprise visitor **a** F, **b** F.
George and Marianne **a** F, **b** R.

Unit 16
Samtaler a F, **b** R, **c** F, **d** R.
Øvelser 1 a datteren, døtre, døtrene, **b** moren/moderen,
mødre, mødrene; **c** hovedstaden, hovedstæder,
hovedstæderne; **d** barnet, børn, børnene; **e** sommeren,
somre, somrene; **f** bageren, bagere, bagerne; **g** museet,
museer, museerne; **h** mennesket, mennesker, menneskene/
menneskerne. **2 a** Per kom i går. **b** Lene kom i forgårs.
c Kommer hun i morgen? **d** Ja, hun kommer i morgen
tidlig (formiddag). **e** Han kommer om lørdagen. **f** De
kommer på tirsdag. **g** Jens kom i onsdags. **h** Jane kom i
(går) aftes. **i** Hun kom i morges (i formiddags). **j** De
kommer til foråret. **k** Niels kommer til pinse. **l** Han
kommer altid om foråret. **m** Jeg kommer om en time.
n Hun kom for to uger siden. **o** Jeg var der i tre dage.
3 a De skiftedes til at passe babyen (barnet). **b** Vi
mødtes uden for bageren. **c** Jeg synes, det er forkert at sige,
at hans problemer skyldes hans manglende selvtillid. **d** Jeg
ved ikke, hvorfor børnene altid slås. **e** Det er lykkedes (for)
ham at lære at tale et fremmed sprog på to måneder.
f Planen mislykkedes, fordi de ikke havde penge nok. **g** Vi
har fulgtes ad til England mange gange. **4 a** Jeg har det
ikke ret godt. **b** Ja, jeg har taget min temperatur. Jeg har
37,9 (syvogtredive ni). **c** Jeg har ondt i hovedet, og jeg er

svimmel. Jeg har også kvalme. **d** Det tror jeg ikke. **e** Ja, jeg købte heldigvis nogle i går. Jeg tager to og går i seng. Jeg er ked af, at jeg ikke kan lave mad i aften. **5** Liselotte er glad for sit job. Hendes forældre kommer tit og besøger hende i København. Hun og hendes mor holder meget af at gå i teatret. Hendes far kan bedre lide at se en fodboldkamp i fjernsynet. Når de går i teatret, ringer han til sin fætter, der bor i Ballerup. Han kommer ind til Søren, og de to mænd spiser deres mad foran fjernsynet. Fætteren tager tilbage til Ballerup klokken 10, fordi hans kone ikke kan lide at være alene hjemme. Liselotte rejser over til Fyn en gang om måneden og besøger sine forældre i Odense. **6** **a** George synes, det er mærkeligt, at Alison fryser, fordi det er så lummert. **b** Nej, George ved ikke, hvordan man laver frikadeller. Han beder Alison om at fortælle ham, hvad han skal gøre. **c** Den følgende morgen har Alison ørepine og en slem hovedpine. Feberen er nu 39,5 (niogtredive fem). **d** Lægen siger, at det ville være meget ufornuftigt at rejse tilbage til England om 2 dage.
Andre tekster A change of plan **a** R, **b** F. George copes **a** F, **b** R.

Unit 17
Samtaler a R, **b** F, **c** F, **d** F.
Øvelser 1 **a** har forandret sig; **b** skynde dig; **c** følte mig; **d** hygge jer; **e** vasker os; **f** har sat sig.
2 **a** Ja, du skal gå ned ad Strøget, og når du kommer til tredje gade på højre hånd, skal du gå til højre. Gaden hedder Købmagergade. Rundetårn ligger i Købmagergade, og når man kommer fra Strøget ligger det på højre side. **b** Ja, du skal gå ned ad Strøget, og når du kommer til anden gade på venstre hånd, skal du gå til venstre. Du skal gå ned ad Højbro Plads og over broen. På den anden side af broen ligger Christiansborg Slot. **3** **a** Hun har råd til at købe huset. **b** Hun har mange penge. **c** Hun har flere penge end vi har. **d** Møblerne var meget dyre. **e** Kan jeg give dig et godt råd? **f** Han vil købe et smykke til sin kone. **g** Jeg er sulten. **h** Kan jeg få et stykke smørrebrød? **i** Hvor er smørrebrødet? **j** Jeg vil gerne have et stykke wienerbrød. **k** Har du pakket dit tøj? **l** Hvor er mit værktøj?
4 **a** Han har ikke råd til at rejse på ferie i år. **b** Hun besøger altid sine bedsteforældre, når hun rejser over til København. **c** De kommer nok med færgen, der ankommer klokken 3. **d** Hun bruger desværre alt for mange penge. **e** Det var virkelig et stort problem. **5** **a** Hun sagde, at hendes overbevisning uden tvivl var påvirket af hendes

baggrund. **b** Hans indså, at lægegerningen ikke var det rigtige for ham. **c** De siger, at det måske bliver dyrt at lave om på billetterne. **d** Deres børn kan tale fransk, fordi de altid rejser til Frankrig i sommerferien. **e** Alison sagde, at hun gerne ville holde Mikael. **6 a** Alison blev undersøgt af lægen. **b** Frikadellerne er blevet lavet af George. **c** Medicinen blev hentet af Hans. **d** Alison passes af George. **e** Kirsten og Niels er blevet inviteret til middag af Lone og Hans. **f** Græsplænen bliver slået af Alisons bror.
7 a Alison og George har besluttet at give Marianne en gave, fordi hun har været dem til så stor hjælp. **b** Jette spiser et stykke rugbrød med ost og vindruer. **c** George ved ikke, om han hellere ville bo i Danmark end i England. Det er ikke noget, han går og tænker på. **d** George køber et armbånd til Alison.
Andre tekster a F, **b** R.

Unit 18
Samtaler a R, **b** F, **c** R, **d** F.
Øvelser 1 a højere; **b** billigere; **c** billigste; **d** mindste; **e** flere; **f** mere; **g** yngre; **h** yngste; **i** nærmeste. **2 a** Preben og Louise har ikke råd til at rejse til Frankrig i år. **b** Prebens firma er gået konkurs. **c** Ja, han er arbejdsløs. **d** Ja, det bliver svært for dem at klare sig. Louise har et godt job, men hun tjener ikke så mange penge som Preben gjorde. De bliver måske nødt til at sælge deres hus. **e** Han er meget deprimeret. Hvis han finder et job i udlandet, forlader han landet. **4** Prebens kone er lærer. Som barn brød hun sig ikke om at gå i skole. Det er måske grunden til, at hun besluttede at blive lærer. De fleste af hendes elever kan godt lide hende. Livet i en dansk landsby kan synes (virke) kedeligt, hvis man er vokset op i København, men hun er faktisk meget glad for at arbejde på en lille skole. Jeg håber, skæbnen er hende blid, og at hendes mand finder et job i den nærmeste by, så hun ikke bliver nødt til at forlade skolen. **5 a** Torsdag morgen går det bedre. Alison er feberfri og har ikke ondt nogen steder. **b** Niels har mistet sit job, fordi hans firma ikke var stort nok til at klare sig i en nedgangstid. **c** Niels og Kirsten kan klare sig rent økonomisk, men de får problemer, fordi det bliver svært for Niels at vænne sig til ikke at skulle på arbejde. **d** Det bliver svært for Niels at få et andet job, fordi de fleste firmaer hellere vil ansætte unge mennesker, der ikke skal have så meget i løn.
Andre tekster Presents for Hans and Lone **a** R, **b** F.

Danish-English vocabulary

adresse (-n, -r) *address*
af *of, from;* af og til *now and then*
afbryde (afbrød, afbrudt) *break off*
afdeling (-en, -er) *department*
afgå (afgik, afgået) *depart*
afhente (-ede, -et) *collect, fetch*
afhænge af (afhang, afhængt) *depend on*
afskedige (-ede, -et) *dismiss, sack*
afslutte (-ede, -et) *finish, conclude*
afstikker (-en, -e) *detour*
aftale (-te, -t) *arrange, agree*
aftalte penge *the exact amount*
aften (-en, -er) *evening*
aftensmad (-en) *supper*
agurk (-en, -er) *cucumber*
aldrig *never*
alene *alone*
alle *everybody* (pl. of al *all*)
allerede *already*
allesammen *all of us* (or, *you, them*)
allevegne *everywhere*
almindelig *ordinary, common, usual*
alt for *far too*
altid *always*
alting *everything*
alvorlig *serious*
anden/andet *other* (pl. andre)
anderledes *different*
ankomme (ankom, ankommet) *arrive*
ankomst (-en, -er) *arrival*
ansigt (-et, -er) *face*
anstrengende *strenuous, tiring*
ansætte (ansatte, ansat) *employ*
appelsin (-en, -er) *orange*
appelsinmarmelade (-n)
  marmalade

arbejde (-t, -r) *work, employment*
arbejde (-ede, -et) *work*
arbejdsløs *unemployed*
arm (-en, -e) *arm*
armbånd (-et, -) *bracelet*
arrangere (-ede, -et) *arrange*
at *that*
at *to* (e.g. at spise *to eat*)
august *August*

baby (-en, -er) *baby*
badeværelse (-t, -r) *bathroom*
bagage (-n) *luggage, baggage*
bagefter *afterwards*
bager (-en, -e) *baker*
baggrund (-en, -e) *background*
bakke (-n, -r) *hill*
ballet (-ten, ter) *ballet*
bamse (-n, -r) *teddy bear*
banegård (-en, -e) *railway station*
bange (for) *afraid (of)*
bar (-en, -er) *bar*
barbere sig (-ede, -et) *shave (oneself)*
bare *I hope, I do hope*
bare *only*
barn (-et, børn) *child*
barnepige (-n, -r) *nanny*
barnevogn (-en, -e) *pram*
beboet *inhabited*
bede (bad, bedt) *ask*
befinde sig (befandt, befundet) *be, find oneself*
begge *both*
begrave (-ede, -et) *bury*
begravelse (-n, -r) *funeral, burial*
begreb (-et, -er) *concept, idea*

begrænset *limited*
begynde (-te, -t) *begin*
begynderhold (-et, -) *class/group for beginners*
behøve (-ede, -et) *need*
beklage sig over (-ede, -et) *complain of*
bekymre sig om (-ede, -et) *worry about*
beliggenhed (-en) *situation, position*
beløb (-et, -) *amount*
ben (-et, -) *leg*
benzin (-en) *petrol*
berømt *well-known, famous*
beskrive (beskrev, beskrevet) *describe*
beskæftige sig med (-ede, -et) *occupy oneself with, do*
beskæftigelse (-n, -r) *occupation, work, employment*
beslutte (-ede, -et) *decide*
beslutte sig (-ede, -et) *make up one's mind*
bestemme (-te, -t) *decide*
bestemme over (-te, -t) *control, decide*
bestemt *certain, fixed*
bestille (-te, -t) *book*
bestå af (bestod, bestået) *consist of*
bestå i (bestod, bestået) *consist in*
besvime (-ede, -et) *faint*
besværlig *difficult, tiresome*
besøg (-et, -) *visit*
besøge (-te, -t) *visit*
betale (-te, -t) *pay*
betegnelse (-n, -r) *name, designation*
betragte (-ede, -et) *consider*
betyde (betød, betydet) *mean*
betydning (-en, -er) *importance, meaning*
bevæge sig (-ede, -et) *move*
bil (-en, -er) *car*
billet (-ten, -ter) *ticket*
billetsælger (-en, e) *ticket office clerk*
billig *cheap*
billige priser *low prices*
biograf (-en, -er) *cinema*
biskop (-pen, -per) *bishop*
bjerg (-et, -e) *mountain*
ble (-en, -er) *nappy*
bleg *pale*
blind *blind*
blind vej *cul-de-sac*
blive (blev, blevet) *become, stay*
blive af (blev, blevet) *become of*
Hvor bliver George af? *Where has George got to?*

blive enige (blev, blevet) *agree*
blive til noget (blev, blevet) *come off, materialize*
blomst (-en, -er) *flower*
bluse (-n, -r) *blouse*
blæse: det blæser *it's windy*
blødkogt *soft boiled*
blå *blue*
bo (-ede, -et) *stay, live*
bog (-en, bøger) *book*
boligudstyr (-et) *furniture and fittings*
bord (-et, -e) *table*
borddame (-n, -r) *partner at dinner table*
borg (-en, -e) *castle*
branche (-n, -r) *branch of trade*
bridge (-n) *bridge*
briller (pl.) *glasses*
bringe (bragte, bragt) *bring*
bro (-en, -er) *bridge*
broche (-n, -r) *brooch*
bror (broderen/broren, brødre) *brother*
bruge (-te, -t) *use*
bruge (penge) til *spend (money) on*
brugsgenstand (-en, -e) *article for everyday use*
brun *brown*
brusebad (-et, -e) *shower*
bryde sig om (brød, brudt) *care for, like*
bryllup (-pet, -per) *wedding*
bryst (-et, -er) *breast, chest*
buket (-ten, -ter) *bouquet*
bukser (pl.) *trousers*
bund (-en, -e) *bottom*
burde (bør, burde, burdet); bør *ought to*
busk (-en, -e) *bush*
butik (-ken, -ker) *shop*
by (-en, -er) *town*
byde velkommen (bød, budt) *bid welcome*
bygge (-ede, -et) *build*
bygge (noget) til *add (on) (something)*
bygning (-en, -er) *building*
byplanlægning (-en) *town planning*
bytte (-ede, -et) *exchange, swap*
bær (-ret, -) *berry*
børnebillet (-ten, -ter) *half ticket*
børs (-en, -er) *stock exchange*
båd (-en, -e) *boat*
både ... og *both ... and*
bål (-et, -) *bonfire*

ca. (cirka) *approximately*
cafeteria (cafeteriet, -er) *cafeteria*
cardigan (-en, -er) *cardigan*
centrum (centret, centrer) *centre*
champignon (-en, -er) *mushroom*
champignonsuppe (-n, -r) *mushroom soup*
chokolade (-n, -r) *chocolate*
chokoladefabrik (-ken, -ker) *chocolate factory*
chokoladeis *chocolate ice cream*
cykle (-ede, -et) *cycle*

d.v.s. (det vil sige) *that is to say*
da *when*
da *of course, indeed*
dag (-en, -e) *day*
dame (-n, -r) *lady*
danne (-ede, -et) *form, constitute*
danse (-ede, -et) *dance*
dansk *Danish*
dansker (-en, -e) *Dane*
datter (-en, døtre) *daughter*
dav *hello* (informal greeting)
de *they*
De *you* (formal, sing. and pl.)
december *December*
dejlig *lovely*
del (-en, -e) *part*
Dem *you* (formal sing. and pl.)
dem *them*
den *it* (common gender)
den/det *that*
dengang *then, at that time*
denne/dette *this*
dens/dets *its*
deprimerende *depressing*
der (relative) *which, who, that*
der (adv.) *there, at that place*
der *there*
der er ... *there are/is ...*
derefter *after that*
deres *their, theirs*
Deres *your, yours* (formal, sing. and pl.)
derfor *so*
derfra *from there*
derhenne *over there, up there*
derimod *on the contrary*
derned *down there*
derop *up there*

derover/derovre *over there*
dessert (-en, -er) *dessert*
desværre *unfortunately*
det *it* (neuter gender)
det er ligegyldigt *it does not matter*
dig *you* (sing.)
din/dit/dine *your, yours* (sing.)
diskussion (-en, -er) *discussion*
diskutere (-ede, -et) *discuss*
display (-et, -s/-) *display unit*
dobbelthage (-n, -r) *double chin*
dog adverb used in exclamatory remarks
doktor (-en, -er) *doctor*
dreje (-ede, -et) *turn*
dreje sig om (-ede, -et) *be about, be a matter of, amount to*
dreng (-en, -e) *boy*
drikke (drak, drukket) *drink*
drivhus (-et, -e) *greenhouse*
dronning (-en, -er) *queen*
drøm (-men, -me) *dream*
drømme (-te, -t) *dream*
dukke op (-ede, -et) *turn up*
du *you* (sing.)
dus; være dus med *be on Christian name terms with* (Lit. say du to)
dyr *expensive*
dyreliv (-et) *fauna*
dyrke (-ede, -et) *grow, cultivate*
dyrke motion (-ede, -et) *take exercise*
dæk (-ket, -) *deck*
dække (-ede, -et) *cover*
dø (døde, no past participle) *die*
dør (-en, -e) *door*
dørklokke (-n, -r) *door bell*
dårlig *ill, unwell; bad, poor*

efter *after; for* (go to the baker's for ...)
efterhånden *gradually; by now*
efterlade (efterlod, efterladt) *leave (behind)*
eftermiddag (-en, -e) *afternoon*
efternavn(-et, -e) *surname*
efterspørgsel (-en) (efter) *demand (for)*
efterår (-et, -) *autumn*
efterårsferie (-n, -r) *autumn half-term holiday*
egentlig *actually*
egn (-en, -e) *part of the country, area, district*

ej; eller ej *or not*
eje (-ede, -et) *own*
ejer (-en, -e) *owner*
eksamen (-en, -er or eksaminer)
　examination
ekspedere (-ede, -et) *serve (customer)*
ekspedient (-en, -er) *shop assistant (male)*
ekspeditrice (-n, -r) *shop assistant (female)*
eksportere (-ede, -et) *export*
elektronikbranche (-n) *electronics industry*
elendig *miserable*
elev (-en, -er) *pupil, student*
eller *or*
eller rettere *or rather*
ellers *otherwise*
ellers andet *anything else*
elske (-ede, -et) *love*
emne (-t, -r) *subject, topic*
en/et *a; one;* den ene *one (of them)*
en *someone*
en lille smule *a little bit*
en masse *a lot of*
end *than*
ende (-n, -r) *end;* for enden af *at the end
　of*
ende (-te, -t) *end*
endelig; (bliv) endelig (siddende) *do (stay)*
endnu *still*
energi (-en) *energy*
eneste *only*
engang *once*
engang imellem *now and then,
　occasionally*
engelsk *English*
englænder (-en, -e) *Englishman*
enkelt *single*
enkeltbillet (-ten, -ter) *single ticket*
enkeltværelse (-t, -r) *single room*
enten ... eller *either ... or*
erfaring (-en, -er) *experience*
etage (-n, -r) *floor*
eventuelt *possibly*

f.eks. (or fx); for eksempel *for instance*
fabrik (-ken, -ker) *factory*
faktisk *in fact*
falde (faldt, faldet) *fall*
falde (faldt, faldet); det falder mig
　naturligt *it comes naturally to me*
falde i søvn (faldt, faldet) *fall asleep*
familie (-n, -r) *family*

far (faderen/faren, fædre) *father*
fare (vild) (farede/for, faret) *lose one's
　way*
fart (-en) *speed*
farve (-n, -r) *colour*
farvel *goodbye*
farvel så længe *see you soon* (Lit. good-
　bye so long)
favorabel *favourable*
feber (-en) *temperature, fever*
feberfri; være feberfri *have a normal
　temperature*
fejl (-en, -) *mistake;* tage fejl *be wrong, be
　mistaken*
fejre (-ede, -et) *celebrate*
ferie (-en, -er) *holiday*
ferierejsende *holiday maker*
fest (-en, -er) *party*
film (-en, -) *film*
fin *fine, grand*
finde (fandt, fundet) *find*
finde frem til (fandt, fundet) *work out*
finde sted (fandt, fundet) *happen, take
　place*
finde ud af (fandt, fundet) *find out*
findes (fandtes, har fandtes) *be*
firma (-et, -er) *firm*
fisk (-en, -) *fish*
fjende (-n, -r) *enemy*
fjerdedel (-en, -e) *quarter*
fjernsyn (-et, -) *television*
flaske (-n, -r) *bottle*
flere *more; several*
flertal (-let) *majority*
fleste; de fleste *most*
flot *smart*
fly (-et, -) *aeroplane*
flytte (-ede, -et) *move*
flyve (fløj, fløjet) *fly*
flyvetur (-en, -e) *flight*
flæskesteg (-en, -e) *roast pork*
fløde (-n) *cream*
folk *people*
folketinget *the Danish Parliament*
for (conj.) *for, because*
for *too* (too expensive)
for ... siden *ago*
for en gangs skyld *for once*
for nylig *recently*
for sjov *in jest*
for tiden *at the moment*

forandre sig (-ede, -et) *change* (intrans.)
forandring (-en, -er) *change*
forbi (adv.) *past; over*
fordi *because*
fordom (-men, -me) *prejudice*
foreslå (foreslog, foreslået) *suggest*
forestilling (-en, -er) *performance*
forhandle (-ede, -et) *market, sell*
forkert *wrong*
forklæde (-t, -r) *apron*
forlade (forlod, forladt) *leave*
forleden *the other (day)*
formiddag (-en, -e) *morning* (the time between 9 a.m. and noon)
fornemmelse (-n, -r) *feeling*
fornuftig *sensible, reasonable*
fornøjelse (-n, -r) *pleasure*
forret (-ten, -ter) *first course*
forretning (-en, -er) *shop*
forretningsmøde (-t, -r) *business meeting*
forsigtig *cautious; careful, gentle*
forsikring (-en, -er) *insurance*
forsinket *delayed*
forskellig *different*
forskellighed (-en, -er) *difference, dissimilarity*
forstå (forstod, forstået) *understand*
forstå på (forstod, forstået) *gather from*
forsvinde (forsvandt, forsvundet) *disappear*
forsømme (-te, -t) *neglect, miss* (e.g. an opportunity)
fortid (-en) *past*
fortov (-et, -e) *pavement*
fortovscafé (-en, -er) *pavement café*
fortsætte (fortsatte, fortsat) *continue*
fortælle (fortalte, fortalt) *tell*
fortælling (-en, -er) *story*
forudbestemt *predestined*
forurening (-en) *pollution*
forventning (-en, -er) *expectation*
forvirret *confused*
forældre (pl.) *parents*
forår (-et, -) *spring*
fra *from*
fransk *French*
franskbrød (-et, -) *loaf of white bread*
fredag *Friday*
fredelig *peaceful*
frem og tilbage *backwards and forwards*
fremmed *foreign; strange*

fremstille (-ede, -et) *make, produce*
frikadelle (-n, -r) *meatball*
frisk *fresh*
friskplukket *freshly picked*
frk. (frøken) *Miss*
frokost (-en, -er) *lunch*
fru *Mrs*
frugt (-en, -er) *fruit*
frygtelig *terrible*
fryse (frøs, frosset) *feel cold; freeze*
fugl (-en, -e) *bird*
fuld *full, complete*
funktionær (-en, -er) *employee*
fyge (-ede/føg, -et/føget) *drift*
fylde (-te, -t) *fill*
fyr (-en, -e) *fellow*
færdig *ready;* være færdig *have finished*
færge (-n, -r) *ferry*
føde (-te, -t) *bear, give birth to*
fødselsdag (-en, -e) *birthday*
føle (-te, -t) *feel*
føle sig (dårlig) tilpas (-te, -t) *feel ill*
følgende *following*
før *before*
før eller senere *sooner or later*
før i tiden *formerly, previously*
føre til (-te, -t) *lead to*
først *first; not until*
først og fremmest *first and foremost*
få (fik, fået) *get*
få at vide (fik, fået) *be told*
få fat i (fik, fået) *get hold of*
få igen (fik, fået) *get back*
få øje på (fik, fået) *see, catch sight of*

gade (-n, -r) *street*
gal *bad; mad, angry;* alt for galt *far too kind*
gammel *old*
gang (-en, -e) *time; portion, helping*
ganske *quite*
gardin (-et, -er) *curtain*
gave (-n, -r) *present*
gemme (-te, -t) *hide*
genbrugspapir (-et) *recycled paper*
gengæld (-en) *return*
gennem *through*
gensyn (-et, -) *meeting* (again); *reunion*
gerne *with pleasure;* vil gerne *would like (to)*
gifte sig (-ede, -et) *marry, get married*

give (gav, givet) *give*
give ret i (gav, givet) *agree with*
glad *happy*
glas (-set, -) *glass*
glemme (-te, -t) *forget*
glæde sig til (-ede, -et) *look forward to*
god *good;* god til *good at*
Godmorgen! *Good morning!*
godt *well*
grad (-en, -er) *degree*
grammatik (-ken, -ker) *grammar*
gratis *free*
grav (-en, -e) *grave*
gravad *marinated in salt, sugar and spices*
gravhøj (-en, -e) *burial mound*
gravsten (-en, -) *tombstone*
grundlægge (grundlagde, grundlagt)
  found
gryde (-n, -r) *saucepan*
grænse (-n, -r) *border, frontier*
græsplæne (-n, -r) *lawn*
grøftekant (-en, -er) *side of the road/path*
  (Lit. edge of ditch)
grøn *green*
grøn(t)sager (pl.) *vegetables*
gråhåret *grey-haired*
gul *yellow*
guldsmed (-en, -e) *jeweller*
guldsmedeforretning (-en, -er) *jeweller's*
  (shop)
gulerod (-en, gulerødder) *carrot*
gæstfri *hospitable*
gæstfrihed (-en) *hospitality*
gøre (gør, gjorde, gjort) *do, make*
gøre gengæld (gør, gjorde, gjort) *repay,*
  reciprocate
gå (gik, gået) *go, walk;* gå i Tivoli *visit the*
  Tivoli Gardens; (about films) *be on, be*
  shown; (about streets) *run*
gå en tur (gik, gået) *go for a walk*
gå fremad (gik, gået) *improve, make*
  progress
gå i baglås (gik, gået) *get jammed, stick*
gå i gang med *start (work) on*
gå i vandet (gik, gået) *go for a swim*
gå med (gik, gået) *wear* (e.g. clothes)
gå op i (gik, gået) *be interested in, devote*
  oneself to
gå over (gik, gået) *pass, wear off*
gå til spilde (gik, gået) *go to waste, be*
  wasted

gå ud på (gik, gået); legen går ud på *the*
  idea of the game is
gård (-en, -e) *farm; yard*

hage (-n, -r) *chin*
hallo *hello*
hals (-en, -e) *neck, throat*
halskæde (-n, -r) *necklace*
halv *half*
halvdel (-en, -e) *half*
halvø (-en, -er) *peninsula*
han *he*
handelshøjskole (-n, -r) *commercial*
  college, school of economics and
  business administration
handle om (-ede, -et) *be about, deal with*
hans *his*
hav (-et, -e) *sea*
have (-n, -r) *garden*
have (har, havde, haft) *have*
have brug for (har, havde, haft) *want,*
  need
have det (har, havde, haft); hvordan har
  du det? *how do you feel?*
have lyst til (har, havde, haft) *feel like*
have noget imod (har, havde, haft) *mind,*
  have something against
have på (har, havde, haft) *wear*
have ret (har, havde, haft) *be right*
have råd til (har, havde, haft) *be able to*
  afford
have svært ved (har, havde, haft) *find it*
  difficult, have difficulties
have til bords (har, havde, haft) *take in to*
  table, sit next to
have til huse (har, havde, haft) *be housed*
have travlt (har, havde, haft) *be busy*
havfrue (-n, -r) *mermaid*
havn (-en, -e) *harbour, port*
hedde (hed, heddet) *be called*
hede (-n, -r) *moor*
hej *hello* (informal greeting)
heldig *lucky, fortunate*
heldigvis *fortunately*
hel; hele eftermiddagen *all afternoon;* hele
  byen *the whole of the town;* hele året
  rundt *all year round*
hellere *rather*
helst *preferably*
helt *completely*
hen an adverb that indicates movement

away from the speaker
hende *her*
hendes *her, hers*
hensyn (-et, -) *consideration*
hente (-ede, -et) *fetch*
henvende sig til (-te, -t) *address*
her *here*
heroppe *up here*
herover/herovre *over here*
herude *out here*
hilse på (-te, -t) *greet; drink to* (someone present)
hilsen (-en, -er) *greeting, regard*
himmel (-en, himle) *sky, heaven*
hinanden *each other*
hindbær (-ret, -) *raspberry*
historie (-n, -r) *history, story, affair*
hjem (-met, -) *home*
hjem (adv.) *home*
hjemme *at home*
hjemmefra *from home*
hjemmelavet *home-made*
hjertelig *heartfelt, sincere*
hjælpe (hjalp, hjulpet) *help*
hjørne (-t, -r) *corner*
hjørneejendom (-men, -me) *corner property*
hold (-et, -) *class, team, group*
holde (holdt, holdt) *hold* (e.g. a child; holde fest *have a party*
holde af (holdt, holdt) *be fond of*
holde op (holdt, holdt) *stop*
holde tale (holdt, holdt) *make a speech*
holde åbent (holdt, holdt) *be open*
holdning (-en, -er) *attitude*
hos *with*
hotel (-let, -ler) *hotel*
hoved (-et, -er) *head*
hovedpine (-n) *headache*
hovedret (-ten, -ter) *main course*
hovedstad (-en, hovedstæder) *capital*
hr. (herre) *Mr.*
hummer (-en, -e) *lobster*
hun *she*
hurtigt *quickly*
hus (-et, -e) *house, building*
huske (-ede, -et) *remember*
hvad *what*
hvad med ... *what about ...*
hvem *who*
hver/hvert *every, each*

hver fjerde time *every four hours*
hver for sig *separately*
hverken ... eller *neither ... nor*
hvidvin (-en, -e) *white wine*
hvilken *which*
hvis *if*
hvis *whose*
hvor *where*
hvor (er her smukt) *how (beautiful it is here)*
hvor end *wherever*
hvor mange *how many*
hvoraf *of which, of whom*
hvordan *how*
hvorfor *why*
hvornår *when*
hygge sig (-ede, -et) *have a good time, enjoy oneself*
hyggelig *cosy, homely, nice*
hylde (-n, -r) *shelf*
høflig *polite*
høj *tall, high*
høje tid; på høje tid *high time*
højere handelseksamen (-en, -er or -eksaminer) *higher examination in economics and business administration*
højre *right*
højskole (-n, -r) (folk) *high school*
høre (-te, -t) *hear*
høre til (-te, -t) *belong to, be one of*
håbe (-ede, -et) *hope*
hånd (-en, hænder) *hand*
hår (-et, -) *hair*

I *you* (plural)
i *in*
i aften *this evening, tonight*
i aftes *last night*
i dag *today*
i eftermiddag *this afternoon*
i første omgang *to begin with*
i gelé *jellied*
i går *yesterday*
i hvert fald *at any rate, in any case; definitely, absolutely*
i hvor høj grad *to what extent*
i højere grad *to a larger degree, more*
i krigstid *in time of war*
i land *ashore*
i løbet af *in the course of*
i mellemtiden *in the meantime*

i morgen *tomorrow*
i morges *this morning*
i nærheden af *near, close to*
i stedet (for) *instead (of)*
i år *this year*
i årevis *for years*
idé (-en, -er) *idea*
ideel *ideal*
identitet (-en) *identity*
igen *again*
ih! *oh!*
ikke *not*
ikke; (Du kan godt spise noget mere,)
    ikke? (…) *can't you?*
ikke-ryger (-en, -e) *non-smoker*
ikke engang *not even*
imellem (cf. mellem) *among, between*
imidlertid *however*
ind/inde (adv.) *in*
indbydelse (-n, -r) *invitation*
indbygger (-en, -e) *inhabitant*
inden *before*
inden da *before then*
inden døre *indoors*
inden for *inside*
indendørs *indoors*
inderst inde *deep down*
indkøb (-et, -) *purchase, shopping*
indledning (-en, -er) *beginning,*
    introduction
indrømme (-ede, -et) *admit*
indse (indså, indset) *understand, realize*
indtage (indtog, indtaget) *take up,*
    assume, fill, occupy
indtil *until*
indtryk (-ket, -) *impression*
indvendig *inside, internally*
influenza (-en) *flu*
ingen *nobody*
ingrediens (-en, -er) *ingredient*
insistere (på) (-ede, -et) *insist (on)*
interessant *interesting*
interesse (-n, -r) *interest*
interessere (-ede, -et) *interest*
interessere sig for (-ede, -et) *be interested*
    in
invitation (-en, -er) *invitation*
invitere (-ede, -et) *invite*
istandsætte (-satte, -sat) *repair, restore,*
    recondition
istandsættelse (-n, -r) *repair, restoration*

især *especially*

ja *yes;* ja tak *yes please*
ja *well*
jakke (-n, -r) *jacket*
jamen *well; but*
januar *January*
jeg *I*
jeres *your, yours* (pl.)
jo *yes* (after negative question)
jo *as you know*
job (-bet, -) *job*
jord (-en) *earth, soil, ground, land* (pl.
    jorder)
jordbær (-ret, -) *strawberry*
juli *July*
juni *June*

kaffe (-n) *coffee*
kage (-n, -r) *cake*
kaj (-en, -er) *quay*
kande (-en, -r) *jug*
kaos (-et) *chaos*
karaffel (karaflen, karafler) *decanter*
kartoffel (-en, kartofler) *potato*
kaste (-ede, -et) *throw*
ked af (cf. være ked af)
kedelig *boring*
kende (-te, -t) *know*
kendskab (-et) *knowledge*
kigge (-ede, -et) *look*
kilometer (-en, -) *kilometre*
kind (-en, -er) *cheek*
kirke (-n, -r) *church*
kirkeklokke (-n, -r) *church bell*
kiste (-n, -r) *coffin*
kjole (-n, -r) *dress*
klar suppe *consommé*
klare (-ede, -et) *manage*
klare sig (-ede, -et) *manage*
klare op (-ede, -et) *brighten up*
klog *wise*
klokke (-n, -r) *bell*
klokken 12.00 *at 12 o'clock*
klæde sig på (-te, -t) *dress* (oneself)
knibe med (kneb, knebet); det kniber med
    there is a scarcity of
koalitionsregering (-en, -er) *coalition*
    government
kobbergryde (-n, -r) *saucepan made of*
    copper

kogebog (-en, -bøger) *cookery book*
kold *cold*
komme (kom, kommet) *come*
komme sig (kom, kommet) *recover*
komme an på (kom, kommet) *depend on*
komme med (kom, kommet) *bring*
komme ud af det med (kom, kommet) *get on with* (people)
koncentrere sig om (-ede, -et) *concentrate on*
kone (-n, -r) *wife; woman*
konge (-n, -r) *king*
kongelig *royal*
kongerige (-t, -r) *kingdom*
konkurrence (-n, -r) *competition*
konkurs; gå konkurs *go bankrupt*
kop (-pen, -per) *cup*
kort *short*
koste (-ede, -et) *cost*
krig (-en, -e) *war*
kro (-en, -er) *inn*
krone (-n, -r) *crown*
kuffert (-en, -er) *suitcase*
kultur (-en, -er) *culture*
kun *only*
kunde (-n, -r) *customer*
kunne (kan, kunne, kunnet); **kan** *can, may; know* (a language)
kunne lide (kan, kunne, kunnet) *like*
kunne tænke sig (kan, kunne, kunnet) *feel like*
kunstig *artificial*
kuperet *hilly, undulating*
kvalitet (-en, -er) *quality*
kvalme (-n) *nausea*
kvarter (-et, -) *quarter of an hour*
kvarter (-et, -er) *part of town, district*
kvinde (-n, -r) *woman*
kylling (-en, -er) *chicken*
kær *dear*
kærlig *loving, affectionate*
købe (-te, -t) *buy*
købmand (-en, købmænd) *grocer, merchant*
kød (-et) *meat*
køkken (-et, -er) *kitchen*
køkkenudstyr (-et) *kitchen equipment*
køn *pretty*
køre (-te, -t) *go, drive, ride, travel*
køre fast (-te, -t) *get bogged down*

lade (lod, ladet/ladt) *let*
laks (-en, -) *salmon*
lampe (-n, -r) *lamp*
land (-et, -e) *country*
lande (-ede, -et) *land*
landfast *connected by land*
landsby (-en, -er) *village*
landskab (-et, -er) *landscape*
lang *long*
langsomt *slowly*
langt (adv.) *far*
larm (-en) *noise*
lave (-ede, -et) *make, do*
lave om på (-ede, -et) *alter, change*
ledig *vacant*
leg (-en, -e) *game*
lege (-ede, -et) *play*
leje (-ede, -et) *rent, hire*
leje ud (-ede, -et) *let*
lejlighed (-en, -er) *flat; opportunity; occasion*
let *easy*
letmælk (-en) *semi-skimmed milk*
lettere sagt end gjort *more easily said than done*
leve af (-ede, -et) *live by, make a living by*
leve i nuet (-ede, -et) *live in the present*
levn (-et, -) *relic*
lidt *a little*
lige *just*
lige; lige (ved siden af) *right* (next to)
lige så godt *just as well*
ligegyldig *unimportant*
ligge (lå, ligget) *lie, be situated*
liggestol (-en, -e) *deck chair*
ligne (-ede, -et) *look like, resemble*
lille (pl. små) *small*
liter (-en, -) *litre*
liv (-et, -) *life*
livlig *lively*
livret (-ten, -ter) *favourite dish*
lov (common gender); **give lov til** *give permission to*
love (-ede, -et) *promise*
luft (-en) *air*
lufthavn (-en, -e) *airport*
luge (-ede, -et) *weed*
lukke inde *lock up*
lukke op for (-ede, -et) *switch on* (e.g. the television)
luksus (-en) *luxury*

luksusvare (-n, -r) *luxury article*
lummer *close, sultry*
lyde (lød, lydt) *sound*
lykkelig *happy*
lykkes (lykkedes, er lykkedes) *succeed, be successful*
lys *fair, light*
lyst (-en, -er) *inclination, wish, desire*
lystre (-ede, -et) *obey*
lytte (-ede, -et) *listen*
læge (-n, -r) *doctor*
lægegerning (-en) *medical profession*
lægge (lagde, lagt) *put, place*
lægge sig (lagde, lagt) *lie down*
lægge om (lagde, lagt) *change*
lægge planer (lagde, lagt) *make plans*
lægge til side (lagde, lagt) *put aside*
lækker *delicious*
længe (adv.) *long, a long time*
lære (-te, -t) *learn*
lære at kende (-te, -t) *get to know*
lærer (-en, -e) *teacher*
læse (-te, -t) *read, study*
løbe (løb, løbet) *run*
løfte sit glas (-ede, -et) *raise one's glass*
løg (-et, -) *onion*
løn (-nen) *pay, wage, salary*
lørdag *Saturday*
løse (-te, -t) *loosen, release; solve*
låne (-te, -t) *borrow, lend*

mad (-en) *food*
madlavning (-en) *cooking*
male (-ede, -et) *paint*
man *one*
mand (-en, mænd) *man; husband*
mandag *Monday*
mandat (-et, -er) *seat* (in parliament)
mange *many*
mangle (-ede, -et) *lack*
mareridt (-et) *nightmare*
marmelade (-n, -r) *jam*
marts *March*
maskine (flyvemaskine) (-n, -r) *aeroplane*
masser af *lots of*
mave (-n, -r) *stomach*
med *with*; med toget *by train*
med det samme *straight away*
med hensyn til *as regards*
medicin (-en, -er) *medicine*
meget *much*

meget; meget (sulten) *very (hungry)*
melde (-te, -t) *report*
mellem (cf. imellem) *between, among*
melon (-en, -er) *melon*
men *but*
Men dog! *I say!*
mene (-te, -t) *mean; think*
mene noget alvorligt (-te, -t) *be serious*
mening (-en) *opinion; intention*
meningsmåling (-en, -er) *opinion poll*
menneske (-t, -r) *person, human being*
mens *while*
mere *more*
meter (-en, -) *metre*
Middelhavet *the Mediterranean*
middelhøjde (-n) *average* (or *medium*) *height*
midt; midt (på dagen) *in the middle* (of *the day*); midt (i byen) *in the middle* (of *the town*)
mig *me*
miljøbevidst *environmentally aware*
million (-en, -er) *million*
min, mit, mine *my, mine*
minde (om) (ede, -et) *remind (of)*
mindre *smaller*
minut (-tet, -ter) *minute*
miste (-ede, -et) *lose*
mod *towards*
moderat *moderate*
mor (moderen/moren, mødre) *mother*
morgen (-en, -er) *morning*
morgenbrød (-et) *breakfast rolls*
morgenmad (-en) *breakfast*
motion (-en) *exercise*
motorvej (-en, -e) *motorway*
mulig *possible*
mulighed (-en, -er) *possibility*
mund (-en, -e) *mouth*
museum (museet, museer) *museum*
mægtig *immensely*
mælk (-en) *milk*
mærke (-t, -r) *mark*
mærkelig *strange*
møde (-te, -t) *meet; encounter*
mønster (-et, mønstre) *pattern*
mørk *dark*
måde (-n, -r) *way*; på ingen måde *in no way*
måned (-en, -er) *month*
måske *perhaps*

måtte (må, måtte, måttet); må *must, may;*
  må hellere *had better*

nabo (-en, -er) *neighbour*
nat (-ten, nætter) *night*
national *national*
natur (-en) *nature, scenery*
naturligvis *of course*
navn (-et, -e) *name*
ned/nede *down*
nederdel (-en, -e) *skirt*
nedgangstid (-en, -er) *recession*
nej *no* (nej tak *no thanks*)
nem *easy*
nerve (-n, -r) *nerve*
netop *exactly, precisely*
nogen steder *anywhere*
nogen (noget, nogle) *some;*
  (pl. nogen) *any*
nogensinde *ever*
noget *something, anything*
noget (forsømt) *somewhat (neglected)*
nok *probably; certainly*
nok; (penge) nok *enough (money)*
nordpå *northwards, north*
normal *normal*
novelle (-n, -r) *short story*
nu (-et) *present moment*
nu *now*
nu; (det er) nu (nemt) *I must say (it is
  easy)*
nummer (-et, numre) *number*
nuværende *present*
ny *new*
nyde (nød, nydt) *enjoy*
nytte (-ede, -et) *be of use, help*
nyttig *useful*
nægte (-ede, -et) *refuse*
nærhed (-en) *proximity, vicinity*
nærmere (adv.) *more closely, more
  precisely, in detail; nearer*
nærmest *almost*
næse (-n, -r) *nose*
næste *next*
næsten *nearly*
næststørst *second largest*
nødt til (cf. være nødt til)
nøgle (-n, -r) *key*
nøjagtig *exactly*
nå *well*
når *when*

når som helst *whenever*

og *and*
også *also*
om *about* (e.g. tell about); *whether;* om et
  kvarter *in a quarter of an hour;* om
  måneden *a month, each month*
om bord *on board*
omelet (-ten, -ter) *omelette*
omgang (-en, -e) *lap, round*
omgive (omgav, omgivet) *surround*
omgivelser (pl.) *surroundings*
omkring *around, round*
område (-t, -r) *area, region*
omsider *at long last, eventually*
omstændighed (-en, -er) *circumstance*
onkel (-en, onkler) *uncle*
onsdag *Wednesday*
op/oppe *up*
opføre (-te, -t) *perform*
ophold (-et, -) *stay*
oplevelse (-en, -er) *experience*
oplyse (-te, -t) *inform*
opnå (-ede, -et) *get, obtain*
opskrift (-en, -er) *recipe*
ord (-et, -) *word*
ordensmenneske (-t, -r) *tidy person*
ordre (-n, -r) *order*
os *us*
ost (-en, -e) *cheese*
osv. (og så videre) *etc.*
over *over, across*
over for *opposite; towards, to*
overbevisning (-en, -er) *conviction*
overdrive (overdrev, overdrevet)
  exaggerate
overhovedet ikke *not at all*
overleve (-ede, -et) *survive*
overraskelse (-n, -r) *surprise*
overveje (-ede, -et) *consider*

pakke ind (-ede, -et) *wrap (up)*
pakke (-n, -r) *parcel*
pakke op (-ede, -et) *unwrap*
papir (-et) *paper*
par (-ret, -) *pair;* et par *a few, a couple of*
park (-en, -er) *park*
parti (-et, -er) *party*
partipolitisk *party political*
passager (-en, -er) *passager*
passe (-ede, -et) *look after, mind*

passe til (-ede, -et) *suit*
passende *suitable*
penge (pl.) *money*
penicillin (-et) *penicillin*
person (-en, -er) *person*
personlighed (-en, -er) *personality*
pige (-n, -r) *girl*
pille (-n, -r) *pill*
pinse *Whitsun*
pinsemorgen *Whitsunday morning*
piskefløde (-n) *whipping cream*
pistol (-en, -er) *pistol*
pjat; sikke noget pjat! *nonsense!, that is stupid!*
plads (-en, -er) *place, seat; space; square*
pladsbillet (-ten, -ter) *seat reservation*
plan (-en, -er) *plan*
pludselig *suddenly*
plus *plus*
politi (-et) *police*
politibetjent (-en, -e) *policeman*
politiker (-en, -e) *politician*
politisk *political*
politistation (-en, -er) *police station*
porcelæn (-et) *porcelain*
porre (-n, -r) *leek*
pr. (per); pr. nat *per night, a night*
prioritetskunde (-n, -r) *priority customer*
pris (-en, -er) *price;* **sætte pris på** *appreciate, value*
prisfald (-et, -) *fall in price(s)*
problem (-et, -er) *problem*
produkt (-et, -er) *product*
profit (-ten) *profit*
provinsby (-en, -er) *provincial town*
præsentere (-ede, -et) *introduce*
prøve (-ede, -et) *try*
pynt (-en) *ornament, trimming(s)*
pære (-n, -r) *pear*
pæretræ (-et, -er) *pear tree*
på *on;* **på banegården** *at the railway station*
på grund af *because of, on account of*
påskelilje (-n, -r) *daffodil*
påvirke (-ede, -et) *influence*

radio (-en, -er) *radio*
radise (-n, -r) *radish*
rask *healthy, well, fit*
recept (-en, -er) *prescription*
receptionist (-en, -er) *receptionist*

rede (-n, -r) *nest*
regel (reglen, regler) *rule;* **som regel** *as a rule*
regere (-ede, -et) *rule*
regering (-en, -er) *government*
regeringstid (-en) *reign*
regne (-ede, -et) *rain*
regnfrakke (-n, -r) *raincoat*
rejse (-n, -r) *journey*
rejse (-te, -t) *travel*
rejsebureau (-et, -er) *travel agency*
ren *clean, pure*
rent (økonomisk) *purely (financially)*
respektive *respective*
rest (-en, -er) *rest, remainder*
restaurant (-en, -er) *restaurant*
resultat (-et, -er) *result*
resumé (-et, -er) *summary*
ret (-ten, -ter) *dish, course*
ret; (ikke) ret (langt) *(not) very (far)*
returbillet (-ten, -ter) *return ticket*
rigtig *right;* **det rigtige** *the right thing*
ringe (-ede, -et) *telephone, ring*
ringe (mig) op (-ede, -et) *telephone*
riste (-ede, -et) *toast*
rive ned (rev, revet) *demolish, pull down*
rivende *tearing*
rolle (-n, -r) *part, role*
rose (-n, -r) *rose*
rugbrød (-et) *rye bread*
rund *round*
rundstykke (-t, -r) *roll*
rundt *round, about*
rydde op (-ede, -et) *tidy up*
ryger (-en, -e) *smoker*
rykke (-ede, -et) *move*
rækkehus (-et, -e) *terrace house*
rød *red*
rødkål (-en) *red cabbage*
rødvin (-en, -e) *red wine*
råd (-et, -) *means; piece of advice*
rådhus (-et, -e) *town/city hall*

sag (-en, -er) *matter, case*
sagtens *easily*
salat (-en) *lettuce; salad* (pl. -er)
salatskål (-en, -e) *salad bowl*
samme *same*
sammen *together*
sandelig *indeed*
sang (-en, -e) *song*

sangstemme (-n, -r) *singing voice*

sankthansaften *St. John's Eve*

savne (-ede, -et) *miss*

scene (-n, -r) *stage, scene*

se (så, set) *see*

se ... ud (så, set) *look (e.g. pretty)*

sejle (-ede, -et) *sail*

selskab (-et, -er) *company*

selv *myself (or, yourself, himself* etc.)

selv om *even though*

selvfølgelig *of course*

selvmedlidenhed (-en) *self-pity*

selvtillid (-en) *(self-)confidence*

senere *later*

seng (-en, -e) *bed*

sent *late*

september *September*

seværdighed (-en, -er) *sight*

sidde (sad, siddet) *sit*

siddeplads (-en, -er) *seat*

side (-n, -r) *side;* ved siden af *next to*

siden *since*

siden da *since then*

sidst *last*

sidst på (eftermiddagen) *at the end of (the afternoon)*

sige (sagde, sagt) *say, tell*

sige til (sagde, sagt) *say so*

sikkert *very likely, no doubt*

simpelthen *simply*

sjov (-et) *fun*

skabe (-te, -t) *create*

skade (-ede, -et) *harm*

skaldyr (-et, -) *shellfish*

skam; det er en skam *it is a pity, what a pity*

skat (-ten, -ter) *treasure; darling*

ske (-te, -t) *happen*

skib (-et, -e) *ship, boat*

skifte (-ede, -et) *change*

skiftes til (skiftedes, har skiftedes) *take it in turns*

skinne (-ede, -et) *shine*

skive (-n, -r) *slice*

skjorte (-n, -r) *shirt*

skjule (-te, -t) *hide*

skole (-n, -r) *school*

skov (-en, -e) *wood, forest*

skriftlig *written*

skrive (skrev, skrevet) *write*

skuffe (-ede, -et) *disappoint*

skulle (skal, skulle, skullet); skal *is going to; shall; will; must*

skyldes (skyldtes, har skyldtes) *be due to, be caused by*

skynde sig (-te, -t) *hurry*

skæbne (-n, -r) *fate*

skænke (-ede, -et) *pour*

skære (skar, skåret) *cut*

skærpe (-ede, -et) *sharpen, tighten, intensify*

skøn *beautiful*

skål (-en, -e) *bowl*

skål! *cheers!*

skåle med (-ede, -et) *toast*

slags (-en, -) *kind, sort*

slank *slender*

slem *bad*

slet ikke *not at all*

slips (-et, -) *tie*

slot (-tet, -te) *castle, palace*

slut *over, at an end, finished*

slutning (-en, -er) *end*

slutte (-ede, -et) *end*

slå (slog, slået) *hit, strike*

slå (feberen) ned (slog, slået) *get the fever down*

smage (-te, -t) *taste*

smage på (-te, -t) *taste, sample, try*

smerte (-n, -r) *pain*

smuk *beautiful*

smykke (-t, -r) *piece of jewellery*

smørrebrød (-et) *open sandwiches*

snakke (-ede, -et) *talk, chat*

snart *soon*

sne (-en) *snow*

snestorm (-en, -e) *blizzard*

sol (-en, -e) *sun*

solbær (-ret, -) *blackcurrant*

som *that; which, whom*

som *as; like;* som om *as if*

som sagt *as mentioned (before)*

sommer (-en, somre) *summer*

sommerhus (-et, -e) *summer cottage*

sove (sov, sovet) *sleep*

soveværelse (-t, -r) *bedroom*

spadsere (-ede, -et) *walk*

spadseretur (-en, -e) *walk*

spare sammen (-ede, -et) *save (up)*

spille (-ede, -et) *play*

spille en rolle (-ede, -et) *play a part*

spinat (-en) *spinach*

spise (-te, -t) *eat*
spisekort (-et, -) *menu*
sprede (-te, -t) *spread, scatter*
springe ud (sprang, sprunget) *burst/come into leaf*
sprog (-et, -) *language*
sprogkursus (-et, -kurser) *language course*
sprogskole (-n, -r) *language school*
spændende *exciting*
spøg (-en) *joke*
spørge (spurgte, spurgt) *ask*
spørgsmål (-et, -) *question*
stadig *still*
stadigvæk *still*
stakkels *poor, pitiable*
starte (-ede, -et) *start, set up*
stave (-ede, -et) *spell*
sted (-et, -er) *place*
stemme på (-te, -t) *vote for*
sten (-en, -) *stone*
stil (-en, -e) *essay*
stille *quiet*
stille (-ede, -et) *put, place*
stille spørgsmål (-ede, -et) *ask questions*
stilling (-en, -er) *occupation*
stjæle (stjal, stjålet) *steal*
stof (-fet, -fer) *material*
stol (-en, -e) *chair*
stolt *proud*
stor *big*
storby (-en, -er) *city*
storm (-en, -e) *gale*
stormagasin (-et, -er) *department store*
strand (-en, -e) *beach*
studentereksamen (-en, -er or -eksaminer) school leaving exam corresponding to A levels
studium (studiet, -er) *study*
stue (-n, -r) *living room*
stuehus (-et, -e) *farm house*
stuve (-ede, -et) *stow, pack, cram*
stuvende fuld *packed, crammed*
stykke (-t, -r) *piece*
stykke tid; et stykke tid *some time*
styre (-ede, -et) *rule, govern*
stærk *strong* (e.g. drink); *heavy* (e.g. traffic)
større *bigger*
størrelse (-n, -r) *size*
støtte (-n) *support, backing*
stå (stod, stået) *stand*

stå til (stod, stået); det står dårligt til *things are bad*
sulten *hungry*
sund *healthy*
suppe (-n, -r) *soup*
sur *cross, in a bad mood*
svane (-n, -r) *swan*
svare (på) (-ede, -et) *answer*
Sverige *Sweden*
svimmel *dizzy, giddy*
svinesti (-en, -er) *pigsty*
svær *difficult*
sydlig *southern*
syg *ill*
synd (-en, -er) *sin;* det er synd *it is a pity*
synes (syntes, syntes) *think; seem*
synes om (syntes, syntes) *like*
synge (sang, sunget) *sing*
system (-et, -er) *system*
sælge (solgte, solgt) *sell*
sænke (-ede, -et) *lower*
særlig *particularly;* (ikke) særlig (tung) *(not) very (heavy)*
særstilling (-en, -er) *exceptional position*
sætning (-en, -er) *sentence*
sætte sig (satte sig, sat sig) *sit down*
sætte pris på (satte, sat) *appreciate, value*
sø (-en, -er) *lake*
sød *sweet*
sølvarmbånd (-et, -) *silver bracelet*
søn (-nen, -ner) *son*
søndag *Sunday*
sørge for (-ede, -et) *arrange*
så *so (that), so (=therefore);* så (vi kan køre ud til Mols) *so (we can drive out to Mols)*
så; så (dækker jeg bord i mellemtiden) *then (I shall lay the table in the meantime)*
så (godt) *so (good)*
så vidt jeg husker *as far as I remember*
sådan (adv.) *like this/that*

tablet (-ten, -ter) *tablet, pill*
tag (-et, -e) *roof*
tage (tog, taget) *take; go*
tage fri *take (time) off*
tage på *put on*
tage telefonen (tog, taget) *answer the telephone*
tagrende (-n, -r) *gutter*

tak (-ken, -) *thanks*
tale (-n, -r) *speech*
tale om (-n, -r); det kan der ikke være tale om *that is out of the question*
tale (-te, -t) *talk*
tanke (-n, -r) *thought*
tante (-n, -r) *aunt*
taske (-n, -r) *bag*
te (-en) *tea*
teater (teatret, teatre) *theatre*
teatergruppe (-n, -r) *theatre group*
telefon (-en, -er) *telephone*
temmelig *rather*
temperatur (-en, -er) *temperature*
termometer (-et, -metre) *thermometer*
terræn (-et, -er) *terrain*
tid (-en, -er) *time*
tidspunkt (-et, -er) *time, moment*
til *to*
til pynt *for decoration*
til sidst *finally*
tilbage *back*
tilbringe (tilbragte, tilbragt) *spend*
tilbyde (tilbød, tilbudt) *offer*
tilfredsstillende *satisfactory*
tilfældig *accidental, random*
tilsætningsstof (-fet, -fer) *additive*
tilværelse (-n, -r) *existence, life*
time (-n, -r) *hour; lesson, class*
tirsdag *Tuesday*
tit *often*
tog (-et, -) *train*
toilet (-let, -ter) *toilet*
tomat (-en, -er) *tomato*
tomatsuppe (-n, -r) *tomato soup*
top (-pen, -pe) *top*
tordenvejr (-et) *thunderstorm*
torsdag *Thursday*
tosproget *bilingual*
tosprogethed (-en) *bilingualism*
trafik (-ken) *traffic*
trappe (-n, -r) *staircase, stairs, steps*
trist *sad*
tro (-ede, -et) *think, believe*
træ (-et, -er) *tree*
trækrone (-n, -r) *crown/top of tree*
trænge til (-te, -t) *need*
træt *tired*
tulipan (-en, -er) *tulip*
tung *heavy*
tur (-en, -e) *walk, trip*

turde (tør, turde, turdet); tør *dare*
turist (-en, -er) *tourist*
TV-avis (-en) *television news*
tværtimod *on the contrary*
tyk *fat, thick*
tynd *thin*
tysk *German*
Tyskland *Germany*
tælle med (talte, talt) *include, count*
tænde (-te, -t) *light*
tænke (på) (-te, -t) *think (of)*
tænke sig; kunne tænke sig *feel like*
tæt *dense*
tøj (-et) *clothes*
tåle (-te, -t) *tolerate, endure, stand*
tårn (-et, -e) *tower*

ubehagelig *unpleasant*
ud/ude *out*
uddannelse (-n, -r) *training, education; degree*
uden for (byen) *outside (the town)*
uden *without;* uden tvivl *without doubt, undoubtedly*
uden videre *as a matter of course, just like that*
udendørs *out of doors*
udenfor (adv.) *outside*
udlandet *foreign countries;*
  i udlandet *abroad*
udlejning (-en) *letting*
udmærket *splendid*
udpege (-ede, -et) *point out*
udsendelse (-n, -r) *broadcast*
udsolgt *sold out*
udsyn (-et, -) *view*
udsætte (udsatte, udsat) *postpone*
udtale (-n, -r) *pronunciation*
udtale (-te, -t) *pronounce*
udtrykke (-te, -t) *express*
udvalg (-et, -) *selection*
udvendig *outside, externally*
ufornuftig *unwise*
uge (-n, -r) *week*
ulejlighed (-en) *inconvenience, trouble*
umulig *impossible*
umådelig *tremendous, immense*
under *under, below*
under ingen omstændigheder *under no circumstances*
undergrundsbane (-n, -r) *underground*

railway
underlig strange
undersøge (-te, -t) examine
undervise (-te, -t) teach
undervisning (-en) tuition, lessons
undgå (undgik, undgået) avoid
Undskyld! I am sorry!;
   undskyld, ... excuse me, ...
undskylde (-te, -t) excuse
undtagen except
undvære (-ede, -et) do without, spare
ung young
universitet (-et, -er) university
utilfreds discontented, dissatisfied
utilfredshed (-en) discontent,
   dissatisfaction
utrolig (adv.) incredibly

valg (-et, -) election, choice
vand (-et) water
vare (-n, -r) article, product
vare (-ede, -et) last, take (time)
varm warm
vaske sig (-ede, -et) wash (oneself)
ved by
vedkommende; for mit vedkommende as
   far as I am concerned
vegetar (-en, -er) vegetarian
vej (-en, -e) road, way; på vej on the way
vejr (-et) weather
veksle (-ede, -et) alternate
vel I suppose
vel nok really
velbekomme; at the end of the meal the
   host/hostess says **velbekomme**. It means
   may it (the food) do you good.
velkommen welcome
vellykket successful
ven (-nen, -ner) friend
venlig kind, friendly
venstre left
vente (-ede, -et) wait
vi we
vide (ved, vidste, vidst) know; ved du
   hvad, ... listen ...
videre on, further
vidne om (-ede, -et) be a sign of, be
   evidence of, show
vidt (forskellige) widely (different)
vig (-en, -e) inlet, bay
vigtig important
viking (-en, -er) viking

vikingehavn (-en, -e) viking harbour
vild (cf. fare vild)
villakvarter (-et, -er) estate, residential
   neighbourhood
ville (vil, ville, villet); vil want, will; vil
   gerne would like to
vin (-en, -e) wine
vind (-en, -e) wind
vindrue (-n, -r) grape
vinduesplads (-en, -er) window seat
vinglas (-set, -) wine glass
virke (-ede, -et) work
virkelig really
vis certain
vise (-te, -t) show
vise sig at ... (-te, -t) appear to ..., prove
   to ...
vist probably
vokse (-ede, -et) grow
voksen adult, grown up
voksenbillet (-ten, -ter) adult/full ticket
vold (-en, -e) rampart
volde (-te, -t) cause
vores our, ours
væg (-gen, -ge) wall
væk away
vække (-ede, -et) wake up
vækkeur (-et, -e) alarm clock
vælge (valgte, valgt) choose
vænne sig til (-ede, -et) get used to
værd worth
være (er, var, været) be
være bange for (er, var, været) be afraid
   of
være færdig (er, var, været) have finished
være glad for be fond of, like
være i færd med (er, var, været) be in the
   process of
være i vejen (er, var, været) be wrong
være ked af (er, var, været) be sad about;
   han er ked af det he feels sad, he is
   unhappy; jeg er ked af, at ... I am sorry
   that
være klar over (er, var, været) realize,
   know
være længe om (er, var, været) take a
   long time, be a long time
være nødt til (er, var, været) have to,
   need to

være ved at (er, var, været) be (in the
   process of) ...ing; be on the point of, be

about to
værelse (-t, -r) *room*
værre *worse*
Værsgo! *Here you are!*
vågne (-ede, -et) *wake up*

wienerbrød (-et) *Danish pastry/pastries;* et
stykke wienerbrød *a Danish pastry*

yderliggående *extreme, radical*
yderst *furthest*

æble (-t, -r) *apple*
æblekage (-n) a dessert similar to trifle,
made with stewed apples
æbletræ (-et, -er) *apple tree*
æg (-get, -) *egg*
ægtefælle (-n, -r) *spouse, partner*
ært (-en, -er) *pea*
æske (-n, -r) *box*
ø (-en, -er) *island*
ødelægge (-lagde, -lagt) *ruin, destroy*
øje (-t, øjne) *eye*
øl (-let) *beer;* en øl *a beer* (bottle or can)
(pl. -, øller)
ønske (-ede, -et) *wish*
ønskestilling (-en, -er) *ideal occupation*
øre (-t, -r) *ear*
ørebetændelse (-n) *inflammation of the
ear*
ørepine (-n) *earache*
østers (-en, -) *oyster*
østkyst (-en, -er) *east coast*

åben *open*
åbne (-ede, -et) *open*
ål (-en, -) *eel*
år (-et, -) *year*
århundrede (-t, -r) *century*
årtusinde (-t, -r) *millennium*

English–Danish vocabulary

a little *lidt*
about *om*
abroad, (go) abroad *(rejse) til udlandet;* (live) abroad *(bo) i udlandet*
accidental *tilfældig*
across *over*
actually *egentlig*
additive *tilsætningsstof (-fet, -fer)*
address (noun) *adresse (-n, -r)*
address (verb) *henvende sig til (-te, -t)*
admit *indrømme (-ede, -et)*
adult ticket *voksenbillet (-ten, -ter)*
adult *voksen* (adj.)
advice, a piece of advice *råd (-et, -)*
aeroplane *fly (-et, -), maskine (flyvemaskine) (-n, -r)*
afraid (of) *bange (for)*
afternoon *eftermiddag (-en, -e)*
afterwards *bagefter*
again *igen*
ago, (five years) ago *for (fem år) siden*
agree on *blive enige om (blev, blevet)*
air *luft (-en)*
airport *lufthavn (-en, -e)*
alarm clock *vækkeur (-et, -e)*
already *allerede*
also *også*
alternate *veksle (-ede, -et)*
always *altid*
among *imellem*
amount *beløb (-et, -)*
and *og*
answer *svare (-ede, -et)*
apple *æble (-t, -r)*
apple tree *æbletræ (-et, -er)*
appreciate *sætte pris på (satte, sat)*

April *april*
apron *forklæde (-t, -r)*
area *område (-t, -r)*
arm *arm (-en, -e)*
around *omkring*
arrange *aftale (-te, -t), arrangere (-ede, -et), sørge for (-ede, -et)*
arrival *ankomst (-en, -er)*
arrive *ankomme (ankom, ankommet)*
artificial *kunstig*
as far as (I remember) *så vidt (jeg husker)*
as regards *med hensyn til*
ashore *i land*
ask *spørge (spurgte, spurgt)*
ask (for help) *bede (bad, bedt)(om hjælp)*
ask questions *stille (-ede, -et) spørgsmål*
at all, (not) at all *overhovedet (ikke)*
at home *hjemme*
attitude *holdning (-en, -er)*
August *august*
aunt *tante (-n, -r)*
autumn *efterår (-et, -)*
average height *middelhøjde (-n)*
avoid *undgå (undgik, undgået)*
away *væk*

back *tilbage*
backwards and forwards *frem og tilbage*
bad *gal, slem*
bag *taske (-n, -r)*
baker *bager (-en, -e)*
bathroom *badeværelse (-t, -r)*
be able to afford *have råd til*

be about *dreje sig om (-ede, -et)*, *handle om (-ede, -et)*
be called *hedde (hed, heddet)*
be due to *skyldes (skyldtes, har skyldtes)*
be interested in *interessere (-ede, -et) sig for*
be right *have ret*
be *være (er, var, været)*
be wrong *tage fejl (tog, taget)*
be, find oneself *befinde sig (befandt, befundet)*
beach *strand (-en, -e)*
bear, give birth to *føde (-te, -t)*
beautiful *skøn, smuk*
because *fordi*
because of *på grund af*
become *blive (blev, blevet)*
bed *seng (-en, -e)*
bedroom *soveværelse (-t, -r)*
beer *øl (-let)*; a (bottle of) beer *øl (-len, -ler)*
before *før, inden*
begin *begynde (-te, -t)*
bell *klokke (-n, -r)*
belong to, be one of *høre til (-te, -t)*
below *under*
berry *bær (-ret, -)*
between *mellem*
bid (welcome) *byde (velkommen) (bød, budt)*
big *stor*
bilingual *tosproget*
bilingualism *tosprogethed (-en)*
bird *fugl (-en, -e)*
birthday *fødselsdag (-en, -e)*
bishop *biskop (-pen, -per)*
blackcurrant *solbær (-ret, -)*
blizzard *snestorm (-en, -e)*
blouse *bluse (-n, -r)*
blue *blå*
boat *båd (-en, -e)*
bonfire *bål (-et, -)*
book (noun) *bog (-en, bøger)*
book (verb) *bestille (-te, -t)*
border *grænse (-n, -r)*
boring *kedelig*
borrow *låne (-te, -t)*
both *begge*
both ... and *både ... og*
bottle *flaske (-n, -r)*
bottom *bund (-en, -e)*

bouquet *buket (-ten, -ter)*
bowl *skål (-en, -e)*
box *æske (-n, -r)*
boy *dreng (-en, -e)*
bracelet *armbånd (-et, -)*
break off *afbryde (afbrød, afbrudt)*
breakfast *morgenmad (-en)*
bridge *bro (-en, -er)*
brighten up *klare op (-ede, -et)*
bring *bringe (bragte, bragt)*
broadcast *udsendelse (-n, -r)*
brooch *broche (-n, -r)*
brother *bror (broderen/broren, brødre)*
brown *brun*
build *bygge (-ede, -et)*
building *bygning (-en, -er)*
burial mound *gravhøj (-en, -e)*
bury *begrave (-ede, -et)*
bush *busk (-en, -e)*
business meeting *forretningsmøde (-t, -r)*
busy, be busy *have travlt*
but *men*
buy *købe (-te, -t)*
by *ved*

capital (city) *hovedstad (-en, hovedstæder)*
car *bil (-en, -er)*
care for *bryde sig om (brød, brudt)*
carrot *gulerod (-en, gulerødder)*
case *sag (-en, -er)*
castle *slot (-tet, -te)*, *borg (-en, -e)*
catch sight of *få øje på (fik, fået)*
cause (verb) *volde (-te, -t)*
cautious *forsigtig*
celebrate *fejre (-ede, -et)*
centre *centrum (centret, centrer)*
century *århundrede (-t, -r)*
certain, fixed *bestemt*
chair *stol (-en, -e)*
change (noun) *forandring (-en, -er)*
change (verb, intrans.) *forandre sig (-ede, -et)*
change (trans.) *lave om på (-ede, -et)*, *lægge om (lagde, lagt)*, *skifte (-ede, -et)*
chaos *kaos (-et)*
cheap *billig*
cheek *kind (-en, -er)*
cheese *ost (-en, -e)*
chest *bryst (-et, -er)*

chicken *kylling (-en, -er)*
chin *hage (-n, -r)*
chocolate *chokolade (-n, -r)*
choose *vælge (valgte, valgt)*
church *kirke (-n, -r)*
cinema *biograf (-en, -er)*
circumstance *omstændighed (-en, -er)*
city hall *rådhus (-et, -e)*
city *storby (-en, -er)*
class, lesson *time (-n, -r)*
clean *ren*
close, sultry *lummer*
clothes *tøj (-et)* (only sg.)
coalition government *koalitionsregering
    (-en, -er)*
coast *kyst (-en, -er)*
coffin *kiste (-n, -r)*
cold *kold*
collect, fetch *afhente (-ede, -et)*
colour *farve (-n, -r)*
come into leaf *springe ud (sprang,
    sprunget)*
come *komme (kom, kommet)*
company *selskab (-et, -er)*
competition *konkurrence (-n)*
complain of *beklage sig over (-ede, -et)*
completely *helt*
concentrate (on) *koncentrere sig (om)
    (-ede, -et)*
concept *begreb (-et, -er)*
concerned, as far as I am concerned *for
    mit vedkommende*
confused *forvirret*
consider *betragte (-ede, -et), overveje
    (-ede, -et)*
consideration *hensyn (-et, -)*
consist in *bestå i (bestod, bestået)*
consist of *bestå af (bestod, bestået)*
continue *fortsætte (-satte, -sat)*
control (verb) *bestemme over (-te, -t)*
cookery book *kogebog (-en, -bøger)*
Copenhagen *København*
corner *hjørne (-t, -r)*
cost (verb) *koste (-ede, -et)*
cosy *hyggelig*
count (verb) *tælle (talte, talt)*
country *land (-et, -e)*
countryside *natur (-en)*
course: in the course of *i løbet af*
crammed *stuvende fuld*
create *skabe (-te, -t)*

cross (adj.) *sur*
cucumber *agurk (-en, -er)*
culture *kultur (-en, -er)*
cup *kop (-pen, -pe)*
curtain *gardin (-et, -er)*
customer *kunde (-n, -r)*
cut *skære (skar, skåret)*
cycle *cykle (-ede, -et)*

daffodil *påskelilje (-n, -r)*
dance *danse (-ede, -et)*
Dane *dansker (-en, -e)*
Danish pastry (a) *et stykke wienerbrød*
dark *mørk*
darling *skat*
daughter *datter (-en, døtre)*
day *dag (-en, -e)*
dear *kære*
December *december*
decide *bestemme (-te, -t), beslutte (-ede,
    -et)*
deck chair *liggestol (-en, -e)*
deck *dæk (-ket, -)*
degree *grad (-en, -er)*
delayed *forsinket*
delicious *lækker*
demand *efterspørgsel (-en) efter*
demolish *rive ned (rev, revet)*
dense *tæt*
depart *afgå (afgik, afgået)*
department *afdeling (-en, -er)*
department store *stormagasin (-et, -er)*
depend on *afhænge af (afhang, afhængt),
    komme an på (kom, kommet)*
describe *beskrive (beskrev, beskrevet)*
dessert *dessert (-en, -er)*
destroy *ødelægge (-lagde, -lagt)*
detour *afstikker (-en, -e)*
die *dø (døde)*, he has died: *han er død*
different *forskellig, anderledes*
difficult *svær, besværlig*
disappear *forsvinde (forsvandt,
    forsvundet)*
disappoint *skuffe (-ede, -et)*
discuss *diskutere (-ede, -et)*
dish, course *ret (-ten, -ter)*
dismiss, sack *afskedige (-ede, -et)*
dissatisfaction *utilfredshed (-en)*
dissatisfied *utilfreds*
dissimilarity *forskellighed (-en, -er)*
district *egn (-en, -e)*

dizzy *svimmel*
do *gøre (gør, gjorde, gjort), lave (-ede, -et)*
do without *undvære (-ede, -et)*
doctor *læge (-n, -r)*
door *dør (-en, -e)*
down *ned*
dream (noun) *drøm (-men, -me)*
dream *drømme (-te, -t)*
dress (noun) *kjole (-n, -r)*
dress oneself *klæde sig på (-te, -t)*
drift (verb) *fyge (-ede, -et or føg, føget)*
drive *køre (-te, -t)*

each *hver*
each other *hinanden*
ear *øre (-t, -r)*
earache *ørepine (-n)*
earth *jord (-en)*
easily *sagtens*
east *øst*
Eastern Jutland *Østjylland*
easy *let, nem*
eat *spise (-te, -t)*
edge *kant (-en, -er)*
education *uddannelse (-n, -r)*
eel *ål (-en, -)*
egg *æg (-get, -)*
either ... or *enten ... eller*
election *valg (-et, -)*
employ *ansætte (ansatte, ansat)*
employee *funktionær (-en, -er)*
employment *beskæftigelse (-n, -r)*
encounter *møde (-te, -t)*
end (noun) *ende (-n, -r), slutning (-en, -er)*
end (verb) *slutte (-ede, -et)*
enemy *fjende (-n, -r)*
English *engelsk*
English person *englænder (-en, -e)*
enjoy *nyde (nød, nydt)*
enough *nok (penge nok)*
environmentally aware *miljøbevidst*
especially *især*
essay *stil (-en, -e)*
etc. *osv. (og så videre)*
evening *aften (-en, -er)*
eventually *omsider*
ever *nogensinde*
everybody *alle (pl. of al all)*
everywhere *allevegne*
exactly *netop, nøjagtig*

exaggerate *overdrive (overdrev, overdrevet)*
examination *eksamen (-en, -er or eksaminer)*
examine *undersøge (-te, -t)*
except *undtagen*
exceptional position *særstilling (-en, -er)*
exchange *bytte (-ede, -et)*
exciting *spændende*
Excuse me ...? *Undskyld ...?*
excuse *undskylde (-te, -t)*
exercise *motion (-en)*
existence *tilværelse (-n, -r)*
expectation *forventning (-en, -er)*
expensive *dyr*
experience *oplevelse (-n, -r); erfaring (-en, -er)*
export (verb) *eksportere (-ede, -et)*
express (verb) *udtrykke (-te, -t)*
eye *øje (-t, øjne)*

fabric, material *stof (-fet, -fer)*
face *ansigt (-et, -er)*
factory *fabrik (-ken, -ker)*
faint *besvime (-ede, -et)*
fair *lys*
fall *falde (faldt, faldet)*
fall asleep *falde i søvn*
family *familie (-n, -r)*
famous *berømt*
far (adv.) *langt*
farm *gård (-en, -e)*
farmhouse *stuehus (-et, -e)*
fat *tyk*
fate *skæbne (-n)*
father *far (faderen/faren, fædre)*
fauna *dyreliv (-et)*
favourite dish *livret (-ten, -ter)*
February *februar*
feel *føle (-te, -t)*
feel ill *føle sig dårlig tilpas (-te, -t)*
feel like *have lyst til, kunne tænke sig*
feel sick *have kvalme*
feeling *fornemmelse (-n, -r)*
fellow *fyr (-en, -e)*
ferry *færge (-n, -r)*
fetch *hente (-ede, -et)*
fill *fylde (-te, -t)*
finally *til sidst*
find *finde (fandt, fundet)*
find out *finde ud af (fandt, fundet)*

fine *fin*
finish *afslutte (-ede, -et)*
finished *færdig*; have finished *være færdig med*
firm *firma (-et, -er)*
first and foremost *først og fremmest*
first course *forret (-ten, -ter)*
fish *fisk (-en, -)*
flat (noun) *lejlighed (-en, -er)*
floor *etage (-n, -r)*
flower *blomst (-en, -er)*
flu *influenza (-en)*
fly *flyve (fløj, fløjet)*
following *følgende*
food *mad (-en)*
for once *for en gangs skyld*
foreign *fremmed*
forest *skov (-en, -e)*
forget *glemme (-te, -t)*
form (verb) *danne (-ede, -et)*
fortunate *heldig*
fortunately *heldigvis*
found *grundlægge (-lagde, -lagt)*
free *gratis*
freeze, feel cold *fryse (frøs, frosset)*
French *fransk*
Friday *fredag (-en, -e)*
friend *ven (-nen, -ner)*
from *fra*
from home *hjemmefra*
fruit *frugt (-en, -er)*
full *fuld*
fun *sjov (-et)*
funeral *begravelse (-n, -r)*
further *videre*

gale *storm (-en, -e)*
game *leg (-en, -e)*
garden *have (-n, -r)*
German *tysk*
Germany *Tyskland*
get *få (fik, fået)*
get hold of *få fat i (fik, fået)*
get on with (people) *komme ud af det med (kom, kommet)*
get used to *vænne sig til (-ede, -et)*
girl *pige (-n, -r)*
give *give (gav, givet)*
glass *glas (-set, -)*
glasses *briller (pl.)*
go *gå (gik, gået)*

go bankrupt *gå konkurs (gik, gået)*
good *god*
government *regering (-en, -er)*
gradually *efterhånden*
grammar *grammatik (-ken, -ker)*
grand *fin*
grape *vindrue (-n, -r)*
grave *grav (-en, -e)*
green *grøn*
greenhouse *drivhus (-et, -e)*
grey-haired *gråhåret*
grow *vokse (-ede, -et)*
grow, cultivate *dyrke (-ede, -et)*
gutter *tagrende (-n, -r)*

hair *hår (-et, -)*
half *halvdel (-en, -e)*
hand *hånd (-en, hænder)*
handbag *håndtaske (-n, -r)*
happen *ske (-te, -t)*
happy *lykkelig*
harbour *havn (-en, -e)*
harm *skade (-n, -r)*
have *have (har, havde, haft)*
head *hoved (-et, -er)*
headache *hovedpine (-n)*
healthy *rask*
hear *høre (-te, -t)*
heavy *tung*
help *hjælpe (hjalp, hjulpet)*
here *her*
Here you are! *Værsgo!*
hide *gemme (-te, -t), skjule (-te, -t)*
hill *bakke (-n, -r)*
hilly *kuperet*
history *historie (-n)*
hold *holde (holdt, holdt)*
holiday *ferie (-n, -r)*
holiday-maker *ferierejsende* (adj.); the holiday-makers *de ferierejsende*
home (adv.) *hjem*
hope *håbe (-ede, -et)*
hospitable *gæstfri*
hospitality *gæstfrihed (-en)*
hour *time (-n, -r)*
how *hvordan*
how many *hvor mange*
however *imidlertid*
human being *menneske (-t, -r)*
hungry *sulten*
hurry *skynde sig (-te, -t)*

husband *mand (-en, mænd)*

ice cream *is (-en)*
idea *idé (-en, -er)*
ideal (adj.) *ideel*
ideal occupation *ønskestilling (-en, -er)*
if *hvis; (= whether) om*
ill *syg*
immense *umådelig*
immensely *mægtig*
importance *betydning (-en)*
important *vigtig*
impossible *umulig*
impression *indtryk (-ket, -)*
in fact *faktisk*
in *i*
in jest *for sjov*
incredible *utrolig*
indeed *sandelig*
indoors *indendørs, inden døre*
inflammation *betændelse (-n, -r)*
inform (about) *oplyse (-te, -t) (om)*
ingredient *ingrediens (-en, -er)*
inhabitant *indbygger (-en, -e)*
inhabited *beboet*
inlet *vig (-en, -e)*
inn *kro (-en, -er)*
inside (adj.) *indvendig* (adv.) *indenfor*
insist *insistere på (-ede, -et)*
instead (of) *i stedet (for)*
insurance *forsikring (-en, -er)*
intention *mening (-en)*
interest (in) *interesse (-n, -r) (for)*
interesting *interessant*
introduce *præsentere (-ede, -et)*
introduction *indledning (-en, -er)*
invitation *indbydelse (-n, -r), invitation
   (-en, -er)*
invite *invitere (-ede, -et)*
island *ø (-en, -er)*

jacket *jakke (-n, -r)*
jam *marmelade (-n, -r)*
January *januar*
jeweller *guldsmed (-en, -e)*
jewellery, piece of jewellery *smykke (-t, -r)*
joke (noun) *spøg (-en)* (only sing.)
journey *rejse (-n, -r)*
jug *kande (-n, -r)*
July *juli*
June *juni*

just (adv.) *lige*
Jutland *Jylland*
key *nøgle (-n, -r)*
kind *venlig*
kind, sort *slags (-en, -)*
king *konge (-n, -r)*
kingdom *kongerige (-t, -r)*
kitchen *køkken (-et, -er)*
know (a language) *kunne (kan, kunne,
   kunnet)*
know *vide (ved, vidste, vidst), kende
   (-te, -t)*
knowledge *kendskab (-et)*

lack *mangle (-ede, -et)*
lady *dame (-n, -r)*
lake *sø (-en, -er)*
land (verb) *lande (-ede, -et)*
landscape *landskab (-et, -er)*
language course *sprogkursus (-kurset,
   -kurser)*
language *sprog (-et, -)*
last (verb) *vare (-ede, -et)*
last *sidst*
late *sen*
later *senere*
lawn *græsplæne (-n, -r)*
lead to *føre til (-te, -t)*
learn *lære (-te, -t)*
leave behind *efterlade (-lod, -ladt)*
leave *forlade (forlod, forladt)*
left (left-hand) *venstre*
leg *ben (-et, -)*
let, allow *lade (lod, ladet or ladt)*
let, hire out *leje ud (-ede, -et)*
letting *udleje (-en)*
lettuce *salat (-en)*
lie *ligge (lå, ligget)*
life *liv (-et, -)*
light (verb) *tænde (-te, -t)*
like (verb) *holde af, kunne lide, synes
   om, være glad for*
limited *begrænset*
listen *lytte (-ede, -et)*
Listen... *Ved du hvad...*
litre *liter (-en, -)*
lively *livlig*
living room *dagligstue (-n, -r)*
lobster *hummer (-en, -e)*
long (adj.) *lang*
long (adv.) *længe*

look (pretty) *se (smuk) ud (så, set)*
look after *passe (-ede, -et)*
look forward to *glæde sig til (-ede, -et)*
look *kigge (-ede, -et)*
loosen *løse (-te, -t)*
lose *miste (-ede, -et)*
lose one's way *fare vild*
lot: a lot of words *en masse ord*
love *elske (-ede, -et)*
lovely *dejlig*
lower (verb) *sænke (-ede, -et)*
luggage *bagage (-n)*
lunch *frokost (-en, -er)*
luxury *luksus (-en)*

main course *hovedret (-ten, -ter)*
majority *flertal (-let)*
make *lave (-ede, -et)*
make a speech *holde en tale (holdt, holdt)*
make up one's mind *beslutte sig (-ede, -et)*
manage (trans.) *klare (-ede, -et)*, (intrans.) *klare sig*
many *mange*
March *marts*
mark (noun) *mærke (-t, -r)*
market (verb) *forhandle (-ede, -et)*
marry *gifte sig (-ede, -et)*
materialize *blive til noget (blev, blevet)*
matter: what is the matter (wrong)? *hvad er der i vejen?*
May *maj*
meat ball *frikadelle (-n, -r)*
mean (verb) *betyde (betød, betydet)*
mean *mene (-te, -t)*
meantime *mellemtiden*
meat *kød (-et)*
medical profession *lægegerning (-en)*
Mediterranean (the) *Middelhavet*
meet *møde (-te, -t)*
merchant *købmand (-en, købmænd)*
mermaid *havfrue (-n, -r)*
metre *m., meter (-en, -)*
milk *mælk (-en)*
millennium *årtusinde (-t, -r)*
million *million (-en, -er)*
mind, I don't mind *jeg har ikke noget imod*
miserable *elendig*
Miss *frk. (frøken)*

miss *savne (-ede, -et)*
moment *tidspunkt (-et, -er)*
Monday *mandag (-en, -e)*
money *penge (pl.)*
month *måned (-en, -er)*
moor *hede (-n, -r)*
morning *morgen (-en, -er)*, formiddag *(-en, -e)*
mother *mor (moderen/moren, mødre)*
mountain *bjerg (-et, -e)*
mouth *mund (-en, -e)*
move (verb) *flytte (-ede, -et)*
move (verb, intrans.) *bevæge sig (-ede, -et)*
move *rykke (-ede, -et)*
Mr *hr. (herre)*
Mrs *fru*
museum *museum (museet, museer)*
mushroom *champignon (-en, -er)*

name *navn (-et, -e)*, betegnelse *(-n, -r)*
nanny *barnepige (-n, -r)*
nappy *ble (-en, -er)*
nausea *kvalme (-n)*
near *i nærheden*
nearly *næsten*
necklace *halskæde (-n, -r)*
need (verb) *behøve (-ede, -et)*, have brug for, *trænge til (-te, -t)*
neglected *forsømt*
neighbour *nabo (-en, -er)*
neither...nor *hverken...eller*
nest *rede (-n, -r)*
never *aldrig*
new *ny*
next *næste*
night *nat (-ten, nætter)*
nightmare *mareridt (-et)*
nobody *ingen*
noise *larm (-en)*
northwards *nordpå*
nose *næse (-n, -r)*
November *november*
now and then *af og til*
now *nu*
number *nummer (-et, numre)*

obey *lystre (-ede, -et)*
obtain *opnå (-ede, -et)*
occasionally *engang imellem*
occupation *stilling (-en, -er)*

occupy *indtage (indtog, indtaget)*
October *oktober*
of course *selvfølgelig, naturligvis*
offer (verb) *tilbyde (tilbød, tilbudt)*
often *ofte*
old *gammel*
on board *om bord*
on the contrary *tværtimod*
once *engang*
only *bare, kun*
open (adj.) *åben*
open (verb) *åbne (-ede, -et)*
opinion poll *meningsmåling (-en, -er)*
opportunity *lejlighed (-en, -er)*
opposite *overfor*
order (noun) *ordre (-n, -r)*
ordinary *almindelig*
other *anden (andet, andre)*
out of doors *udendørs*
outside *udvendig*
over, finished *forbi*
own (verb) *eje (-ede, -et)*
owner *ejer (-en, -e)*
oyster *østers (-en, -)*

pain *smerte (-n, -r)*
paint *male (-ede, -et)*
pale *bleg*
paper *papir (-et)*
parcel *pakke (-n, -r)*
parents *forældre* (pl.)
park *park (-en, -er)*
Parliament (the Danish P.) *folketinget*
part *del (-en, -e)*
part, role *rolle (-n, -r)*
particularly *særlig*
party *fest (-en, -er)*
party political *partipolitisk*
pass, wear off *gå over (gik, gået)*
passenger *passager (-en, -er)*
past *fortid (-en)*
pattern *mønster (-et, mønstre)*
pavement *fortov (-et, -e)*
pay (verb) *betale (-te, -t)*
pea *ært (-en, -er)*
peaceful *fredelig*
pear *pære (-n, -r)*
peninsula *halvø (-en, -er)*
people *folk (-et)* (sing.)
perform *opføre (-te, -t), spille (-ede, -et)*
performance *forestilling (-en, -er)*

perhaps *måske*
permission *lov (common gender)*
person *person (-en, -er)*
personality *personlighed (-en, -er)*
petrol *benzin (-en)*
pig-sty *svinesti (-en, -er)*
place *plads (-en, -er), sted (-et, -er)*
plan *plan (-en, -er)*
play *lege (-ede, -et)*
pleasure *fornøjelse (-n, -r)*
point out *udpege (-ede, -et)*
police *politi (-et)*
police station *politistation (-en, -er)*
police officer *politibetjent (-en, -e)*
polite *høflig*
political *politisk*
politician *politiker (-en, -e)*
pollution *forurening (-en)*
poor, pitiable *stakkels*
possibility *mulighed (-en, -er)*
possible *mulig*
possibly *eventuelt*
postpone *udsætte (udsatte, udsat)*
potato *kartoffel (-en, kartofler)*
pour *skænke (-ede, -et)*
pram *barnevogn (-en, -e)*
predestined *forudbestemt*
preferably *helst*
prejudice *fordom (-men, -me)*
prescription *recept (-en, -er)*
present moment *nu (-et)*
present *nuværende*
present, gift *gave (-n, -r)*
pretty *køn*
previously *før i tiden*
price *pris (-en, -er)*
probably *nok, vist*
problem *problem (-et, -er)*
produce *fremstille (-ede, -et)*
product *vare (-n, -r), produkt (-et, -er)*
promise *love (-ede, -et)*
pronounce *udtale (-te, -t)*
pronunciation *udtale (-n, -r)*
proud *stolt*
pupil *elev (-en, -er)*
put aside *lægge til side (lagde, lagt)*
put on (clothes) *tage (tøj) på (tog, taget)*
put, lay *lægge (lagde, lagt)*
put, place *stille (-ede, -et)*

quality *kvalitet (-en, -er)*

quarter (of an hour) *kvarter (-et, -)*
quarter (part of town) *kvarter (-et, -er)*
quarter *fjerdedel (-en, -e)*
quay *kaj (-en, -er)*
queen *dronning (-en, -er)*
question *spørgsmål (-et, -)*
quickly *hurtigt*
quiet *stille*
quite *ganske*

radical, extreme *yderliggående*
rain (verb) *regne (-ede, -et)*
raincoat *regnfrakke (-n, -r)*
rampart *vold (-en, -e)*
raspberry *hindbær (-ret, -)*
rather (tall) *temmelig (høj)*
rather, (I would) rather *hellere*
rather, or rather *eller rettere*
read *læse (-te, -t)*
ready *færdig*
realize *indse (indså, indset), være klar
    over*
really *virkelig*
recently *for nylig*
recession *nedgangstid (-en, -er)*
recipe *opskrift (-en, -er)*
recover *komme sig (kom, kommet)*
recycled paper *genbrugspapir (-et)*
red wine *rødvin (-en, -e)*
refuse *nægte (-ede, -et)*
reign (noun) *regeringstid (-en)*
relic *levn (-et, -)*
remember *huske (-ede, -et)*
remind (of) *minde (om) (-ede, -et)*
rent *leje (-ede, -et)*
repair *istandsætte (-satte, -sat)*
repay *gøre gengæld (gjorde, gjort)*
report *melde (-te, -t)*
resemble *ligne (-ede, -et)*
rest *rest (-en, -er)*
return ticket *returbillet (-ten, -ter)*
return, retaliation *gengæld (-en)*
reunion *gensyn (-et, -)*
right (right-hand) *højre*
ring (verb) *ringe (-ede, -et)*
road *vej (-en, -e)*
roast pork *flæskesteg (-en, -e)*
roll *rundstykke (-t, -r)*
roof *tag (-et, -e)*
room *værelse (-t, -r)*
rose *rose (-n, -r)*

round, lap *omgang (-en, -e)*
royal *kongelig*
rule *regere (-ede, -et)*
run *løbe (løb, løbet)*
rye bread *rugbrød (-et)*

sad *trist*
sad, be sad about *være ked af*
sail (verb) *sejle (-ede, -et)*
salad *salat (-en, -er)*
salary *løn (-nen)*
salmon *laks (-en, -)*
sandwich (a) *et stykke smørrebrød*
satisfactory *tilfredsstillende*
Saturday *lørdag (en, -e)*
saucepan *gryde (-n, -r)*
save (up) *spare sammen (-ede, -et)*
say *sige (sagde, sagt)*
scarcity: there is a scarcity of *det kniber
    med (kneb, knebet)*
school *skole (-n, -r)*
sea *hav (-et, -e)*
seat *siddeplads (-en, -er)*
seat (in parliment) *mandat (-et, -er)*
seat reservation *pladsbillet (-ten, -ter)*
second largest *næststørst*
see *se (så, set)*
selection *udvalg (-et)*
self-confidence *selvtillid (-en)*
self-pity *selvmedlidenhed (-en)*
sell *sælge (solgte, solgt)*
sensible *fornuftig*
sentence *sætning (-en, -er)*
separately *hver for sig*
September *september*
serious *alvorlig*
serve (customers) *ekspedere (kunder)
    (-ede, -et)*
several *flere*
sharpen *skærpe (-ede, -et)*
shave oneself *barbere sig (-ede, -et)*
shelf *hylde (-n, -r)*
shellfish *skaldyr (-et, -)*
shine *skinne (-ede, -et)*
ship *skib (-et, -e)*
shirt *skjorte (-n, -r)*
shop assistant *ekspedient (-en, -er)*
    (male), *ekspeditrice (-n, -r)* (female)
shop *butik (-ken, -ker), forretning
    (-en, -er)*
shopping, purchase *indkøb (-et, -)*

short story *novelle (-n, -r)*
shortly *kort*
show *vise (-te, -t)*
show, be evidence of *vidne om (-ede, -et)*
shower *brusebad (-et, -e)*
side *side (-n, -r)*
sight (tourist sight) *seværdighed (-en, -er)*
since then *siden da*
sing *synge (sang, sunget)*
single *enkelt*
single room *enkeltværelse (-t, -r)*
single ticket *enkeltbillet (-ten, -ter)*
sit down *sætte sig (satte, sat)*
sit *sidde (sad, siddet)*
situation *beliggenhed (-en)*
size *størrelse (-n, -r)*
skirt *nederdel (-en, -e)*
sky (and heaven) *himmel (-en, himle)*
sleep *sove (sov, sovet)*
slender *slank*
slice *skive (-n, -r)*
slowly *langsomt*
small *lille* (pl. *små*)
smart *flot*
smoker *ryger (-en, -e)*
snow *sne (-en)*
so *så*
soft-boiled *blødkogt*
some (time) *et stykke (tid)*
somewhat *noget*
song *sang (-en, -e)*
soon *snart*
Sorry! I am sorry! *Undskyld!*
sound (verb) *lyde (lød, lydt)*
soup *suppe, -n, -r*
southern *sydlig*
speech *tale (-n, -r)*
speed *fart (-en)*
spell *stave (-ede, -et)*
spend money *bruge penge (-te, -t)*
splendid *udmærket*
spread *sprede (-te, -t)*
square (noun) *plads (-en, -er)*
St. John's Eve *sankthansaften*
stage *scene (-n, -r)*
staircase *trappe (-n, -r)*
stand *stå (stod, stået)*
start *starte (-ede, -et)*
stay (noun) *ophold (-et, -)*
stay (verb) *bo (-ede, -et)*
steal *stjæle (stjal, stjålet)*

still *endnu, stadig, stadigvæk*
stock exchange *børs (-en, -er)*
stomach *mave (-n, -r)*
stone *sten (-en, -)*
stop (verb intrans.) *holde op (holdt op, er holdt op)*
story *historie (-n, -r)*, *fortælling (-en, -er)*
straight away *med det samme*
strange *mærkelig, underlig*
strawberry *jordbær (-ret, -)*
street *gade (-n, -r)*
strenuous *anstrengende*
strike *slå (slog, slået)*
strong *stærk*
study *studium (studiet, -er)*
succeed *lykkes (lykkedes, er lykkedes)*
successful *vellykket*
suddenly *pludselig*
suggest *foreslå (foreslog, foreslået)*
suit *passe til (-ede, -et)*
suitable *passende*
suitcase *kuffert (-en, -er)*
summary *resumé (-et, -er)*
summer *sommer (-en, somre)*
summer cottage *sommerhus (-et, -e)*
sun *sol (-en, -e)*
Sunday *søndag (-en, -e)*
supper *aftensmad (-en)*
support *støtte (-n)*
surname *efternavn (-et, -e)*
surprise *overraskelse (-n, -r)*
surround *omgive (omgav, omgivet)*
surroundings *omgivelser* (pl.)
survive *overleve (-ede, -et)*
swan *svane (-n, -r)*
Sweden *Sverige*

table *bord (-et, -e)*
take *tage (tog, taget)*
take it in turns *skiftes til (skiftedes til, har skiftedes til)*
take place *finde sted (fandt, fundet)*
talk *tale (-te, -t)*, *snakke (-ede, -et)*
tall *høj*
taste (verb) *smage (-te, -t)*
tea *te (-en)*
teach *undervise (-te, -t)*
teacher *lærer (-en, -e)*
team *hold (-et, -)*
teddy bear *bamse (-n, -r)*
telephone (noun) *telefon (-en, -er)*

telephone (verb) *ringe (-ede, -et)*
television *fjernsyn (-et, -)*
tell *fortælle (fortalte, fortalt)*
terrace house *rækkehus (-et, -e)*
terrible *frygtelig*
than *end*
Thank you! *Tak! Mange tak!*
theatre *teater (teatret, teatre)*
theatre company *teatergruppe (-n, -r)*
then *så*
then, at that time *dengang*
thin *tynd*
think *synes (syntes, syntes), tro (-ede, -et)*
third *tredje*
this *denne, dette*
thought *tanke (-n, -r)*
throat *hals (-en, -e)*
through *gennem*
throw *kaste (-ede, -et)*
thunderstorm *tordenvejr (-et)*
Thursday *torsdag (-en, -e)*
ticket *billet (-ten, -ter)*
tidy person *ordensmenneske (-t, -r)*
tidy up *rydde op (-ede, -et)*
tie *slips (-et, -)*
time *tid (-en, -er)*
time (next time) *gang (-en, -e)*
tired *træt*
to *til*
toast (bread) *riste (-ede, -et)*
toast *skåle med (-ede, -et)*
today *i dag*
together *sammen*
tolerate *tåle (-te, -t)*
tomato *tomat (-en, -er)*
tombstone *gravsten (-en, -e)*
tomorrow *i morgen*
tonight, this evening *i aften*
too *for*
topic *emne (-t, -r)*
tourist *turist (-en, -er)*
towards *mod*
tower *tårn (-et, -e)*
town *by (-en, -er)*
town planning *byplanlægning (-en)*
traffic *trafik (-ken)*
train *tog (-et, -)*
travel (verb) *rejse (-te, -t)*
travel agency *rejsebureau (-et, -er)*
try *prøve (-ede, -et)*
Tuesday *tirsdag (-en, -e)*

tuition *undervisning (-en)*
tulip *tulipan (-en, -er)*
turn *dreje (-ede, -et)*
turn on *lukke op for (-ede, -et)*
turn up *dukke op (-ede, -et)*

uncle *onkel (-en, onkler)*
understand *forstå (forstod, forstået)*
undoubtedly *uden tvivl*
unemployed *arbejdsløs*
unfortunately *desværre*
unimportant *ligegyldig*
university *universitet (-et, -er)*
unpleasant *ubehagelig*
until *indtil*
unwise *ufornuftig*
use *bruge (-te, -t)*
useful *nyttig*
usually *som regel*

vacant *ledig*
vegetables *grøn(t)sager (pl.)*
vegetarian *vegetar (-en, -er)*
very (big) *meget (stor)*; (not) very (big) *(ikke) særlig/ret (stor)*
view *udsyn (-et, -)*
viking habour *vikingehavn (-en, -e)*
viking *viking (-en, -er)*
village *landsby (-en, -er)*
visit (noun) *besøg (-et, -)*
visit (verb) *besøge (-te, -t)*
vote (for) *stemme (på) (-te, -t)*

wait *vente (-ede, -et)*
wake up (somebody) *vække (-ede, -et)*
wake up (intrans.) *vågne (-ede, -et)*
walk (noun) *spadseretur (-en, -e), tur (-en, -e)*
walk (verb) *spadsere (-ede, -et)*
wall *væg (-gen, -ge)*
war *krig (-en, -e)*
warm *varm*
wash (oneself) *vaske (sig) (-ede, -et)*
water *vand (-et)*
way (in no way) *måde (på ingen måde)*
wear (e.g. clothes) *gå med (gik, gået)*
wedding *bryllup (-pet, -per)*
Wednesday *onsdag (-en, -e)*
weed (verb) *luge (-ede, -et)*
week *uge (-n, -r)*
welcome *velkommen*

when *da, når, hvornår*
where *hvor*
while *mens*
white wine *hvidvin (-en, -e)*
Whitsun *pinse (-n)*
widely *vidt*
wife *kone (-n, -r)*
wind *vind (-en, -e)*
windy: be windy *blæse (-te, -t)*
wine *vin (-en, -e)*
wise *klog*
wish (verb) *ønske (-ede, -et)*
with *med* (stay with us *bo hos os*)
without *uden*
woman *kvinde (-n, -r)*
word *ord (-et, -)*
work (noun) *arbejde (-t, -r)*
work (verb) *arbejde (-ede, -et)*
work, function *virke (-ede, -et)*
work out *finde frem til (fandt, fundet)*
worry about *bekymre sig om (-ede, -et)*
worse *værre*
worth (e.g. a visit) *værd*
would like *vil gerne*
wrap up *pakke ind (-ede, -et)*
write *skrive (skrev, skrevet)*
wrong *forkert*

year *år (-et, -)*
yellow *gul*
yesterday *i går*
young *ung*

Zealand *Sjælland*

taking it further

This course will enable you to cope with a number of situations in Denmark. However, you may want to take your knowledge of the Danish language further. You can do so by spending some time at a Danish folk high school. There are about 80 folk high schools situated in different parts of the country, and some of them offer Danish language teaching at beginners' level as well as at more advanced levels, in addition to a wide range of other subjects. Courses take place throughout the year. There are long courses lasting from eight to 40 weeks, shorter courses taking from four to seven weeks, and then there are short courses of only a few days' duration.

If you are interested in information about the Danish folk high schools you can visit http://www.hojskolerne.dk. You can get a brochure that lists all the folk high schools from the following address:

Højskolernes Hus
Nytorv 7
1450 Copenhagen K
Denmark
Telephone: +45 33 13 98 22
Fax: +45 33 13 98 70

If you are interested in Danish literature, you will now be able to read short stories and novels with a dictionary. The two-volume anthology *Nordlys 1 & 2* provides a good introduction to Danish literature The two volumes contain short stories from the period 1824 to 1994, and at the back of the books unusual words are explained. *Nordlys 1 & 2* are published by Gyldendal, Copenhagen (1996).

There are many different Danish–English/English–Danish dictionaries available to students of Danish. The following are published by Gyldendal: *Dansk–engelsk ordbog* and *Engelsk–dansk ordbog*. New editions of these appear regularly. In addition, there are the two much larger dictionaries, also published by Gyldendal: H. Vinterberg and C. A. Bodelsen, *Dansk–engelsk ordbog*, and B. Kjærulff Nielsen, *Engelsk–dansk ordbog*.

If you want to consolidate your knowledge of Danish grammar you can do so by, reading *Danish – A Grammar* by W. Glyn Jones and Kirsten Gade and, in conjunction with the grammar do the exercises in *Danish – Exercises*, also by W. Glyn Jones and Kirsten Gade. Both books are published by Gyldendal (1981). Then there is *Danish: A Comprehensive Grammar* by R. Allan, P. Holmes and T. Lundskjær-Nielsen published by Routledge (1995).

MULTIMEDIE-DANSK, Danish for Ducklings, by Bodil Jeppesen and Grethe Maribo, is a course in Danish offering tuition at three different levels: beginners' level, intermediate and advanced. The material consists of a book, three CD-ROMs, three videotapes and a tape. The course is published by G. E. C. Gads Forlag and their address is:

G. E. C. Gads Forlag
Vimmelskaftet 32
1161 Copnhagen K
Denmark
Telephone: +33 15 05 58
Fax: +33 11 08 00
E-mail: sekr@gads-forlag.dk

There are a number of books dealing with various aspects of the Danish language:

Politikens HÅNDBOG I NUDANSK – opslagsbog i praktisk sprogbrug, Henrik Galberg and Peter Stray Jørgensen, Politikens Forlag A/S, Copenhagen (1999).

Politikens SLANGORDBOG – dansk slang i brug fra 1955 til i dag, Søren Anker-Møller and Peter Stray Jørgensen, Politikens Forlag A/S, Copenhagen (1997).

Danske talemåder, Allan Røder, G. E. C. Gads Forlag, Copenhagen (1998).

Den lille sproglære(r) – en bog om sprog for dansklærere og lærerstuderende, Peter Lykke-Olesen and Peter Schmidt, Dansklærerforeningen, Copenhagen (1998).

Rigtigt dansk, Erik Hansen, Hans Reitzels Forlag, Copenhagen (1993).

Litteraturhistorie for folkeskolen – tekster, selected and edited by Jørgen Aabenhus, Dansklærerforeningen, Copenhagen (1993).

For længe siden. Lige før. 1980–1990. Antologi, edited by Marianne Lindgren, Dansklærerforeningen, Copenhagen (1993).

adjectives   Adjectives are words that name attributes. They are placed next to or are grammatically related to nouns. Their function is to provide information about nouns, e.g. The journey is very *long*. **Rejsen er meget *lang*.** The *red* roses are *expensive*. **De *røde* roser er *dyre*.**

adverbs   Adverbs are words that qualify or modify verbs, adjectives or other adverbs. She sings *beautifully*. **Hun synger *smukt*.** She is not *very* pretty. **Hun er ikke *særlig* køn.** He spoke *tremendously fast*. **Han talte *umådelig hurtigt*.** Many adverbs are formed from an adjective by means of an ending. In English, this ending is *-ly*, e.g. *slow-ly*. In Danish, too, an adjective can be turned into an adverb by means of an ending. Here **-t** is added, *langsom-t*.

articles   There are two types of articles, the indefinite and the definite article. The indefinite article *a* is in Danish either **en** (common gender) or **et** (neuter). The definite article *the* is an ending: in the singular **-en** or **-et**, in the plural **-ne**.

comparative   When we make comparisons we need the comparative form of the adjective. In English, this usually means adding *-er* to the adjective or putting *more* in front of it. In Danish, the ending is **-ere**, while **mere** is used in front of longer adjectives. My son is *taller* than my daughter. **Min søn er *højere* end min datter.** The the centre of the town is *more interesting* than the suburbs. **Byens centrum er *mere interessant* end forstæderne.**

gender   In English, there is only one gender as far as nouns are concerned. Personal pronouns, however, have masculine, feminine and neuter forms in the third person singular: *he, him* (masculine), *she, her* (feminine) and *it, it* (neuter). Danish nouns are either common gender or neuter. There used to be three genders, but the masculine and the feminine merged into the common gender. There are no satisfactory rules by which the gender of a noun can be determined: *a chair* **en stol**, *a table* **et bord**, *a boy* **en dreng**, *a child* **et barn**. *The chair* **stolen**, *the table* **bordet**, *the boy* **drengen**, *the child* **barnet**.

imperative   The imperative is the form of the verb that is used to give directions, instructions, orders or commands: *Fetch* the chair. **Hent** stolen. *Remember* to give him the money. **Husk** **at give ham pengene**.

infinitive   The infinitive is the basic form of the verb. This is the form that you will find in the dictionary. In Danish, the infinitive ends in unstressed -e, which is added to the stem. If the stem of the verb has only one syllable and ends in a stressed vowel, no -e is added. To *drive* **at køre**, to *visit* **at besøge**, to *live* **at bo**, to *go* **at gå**.

irregular verbs   In English, the regular verbs add *-ed* in the past tense and in the past participle: *to help*, (he) *helped*, (he) *has helped*; *to fetch*, (he) *fetched*, (he) *has fetched*. Irregular verbs behave differently: *to drink*, (he) *drank*, (he) *has drunk*; *to swim*, (he) *swam*, (he) *has swum*. In Danish, similarly, there are both regular and irregular verbs: *at hente*, (han) *hentede*, (han) *har hentet*; at *drikke*, (han) *drak*, (han) *har drukket*.

nouns   Nouns are words that name things, places, people and qualities: *a fork*, **en gaffel**; *a house*, **et hus**; *a girl*, **en pige**; *poverty*, **fattigdom**.

number   The word is used grammatically to classify words by their singular or plural forms. In Danish, as in English, nouns have a singular and a plural form: *a horse* (singular) and *horses* (plural); **en hest**, **heste**.

object   There are two kinds of grammatical object: a direct object and an indirect object. In the sentence: I gave *my mother the money*, *the money* is the direct object (what was given) and *my mother* is the indirect object (the recipient of the direct object). I lent *him* (indirect object) *my car* (direct object) **Jeg lånte ham min bil**.

personal pronouns   See **pronouns**. The personal pronouns are used instead of a person or people already mentioned or known. The personal pronouns *he* or *him* may be preferred to *the man* or *Victor* to avoid repetition. The personal pronouns *I*, *you* (singular), *he, she, it, we, you* (plural), *they* are in Danish: **jeg, du/De, han, hun, den/det, vi, I/De, de**.

plural   See **number**.

possessive The possessive is the form of nouns and pronouns that express possession. The nouns add an *-s*: *The man's* office, my *aunts'* cottage. In Danish, the apostrophe is not used: *Mandens* kontor, mine *tanters* sommerhus. The possessive pronouns are words like *my* (house), *his* (car), *their* children, *mit* hus, *hans* bil, *deres* børn.

prepositions A preposition is a word used to relate a noun or pronoun that it precedes to another part of the sentence. Prepositions may indicate orientation, i.e. the position of something in time or space: The chair is *in* the kitchen, stolen er *i* køkkenet. He came *after* lunch, han kom *efter* frokost. Or they may express direction or reason: He could not see *for* tears, han kunne ikke se *for* tårer.

pronouns Pronouns perform the same function as **nouns** and are used instead of these to avoid repetition.

reflexive pronouns These pronouns are used with verbs (reflexive verbs). There are a great number of reflexive verbs in Danish. If *to wash* means *to wash oneself,* the verb must be followed by the reflexive pronouns in Danish: He washes before he dresses in the morning, **han** vasker *sig,* før han klæder *sig* på om morgenen.

singular See **number.**

subject The grammatical subject is the person(s) or thing(s) performing the action of the main verb. In the sentence: *The woman* is reading the book, *the woman* is the subject. Other examples: *We* (subject) lent them the money, *vi* lånte dem pengene; *the train* (subject) leaves at 9 o'clock, *toget* kører klokken 9.

superlative This form of the adjective expresses the highest or a very high degree of a quality. In English, the superlative is usually formed by adding *-est* to an adjective or putting the word *most* in front of it. In Danish the ending is **-est,** while **mest** is used in front of longer adjectives. The *tallest* boy, den *højeste* dreng (the -e at the end of *højest-e* is an ending). The beginning is the *most interesting* part of the book, begyndelsen er den *mest interessante* del af bogen.

tense The form taken by a verb to indicate the time of the action: present tense, past tense, perfect tense. He *is* (present tense) at home, han *er* hjemme. He *was* (past tense) at home, han *var* hjemme. He *has been* (perfect tense) at home, han *har været* hjemme.

verbs Words that indicate actions, e.g. *to swim, at svømme*; *to eat, at spise*; *to happen, at ske*.

index

	Unit number
Nouns	
gender	01
indefinite article	01
definite article singular (attached to the end of a noun)	02, 13
definite forms with preceding adjective	05
plural forms	03, 05, 13
possession	01
Danish plural corresponding to English singular and vice versa	17
differences in the use of the indefinite and the definite form	08, 18
compound nouns	10
Adjectives	
indefinite form	03, 08, 11 12, 13, 14
definite form	05, 08, 11, 12, 13, 14
comparison	08, 12, 18
Verbs	
imperative	06
infinitive	01
present tense	01
past tense (regular and irregular verbs)	04, 09, 12
perfect tense	06, 10, 12
modal verbs	01, 02, 07, 13
reflexive verbs	06
present participle	12, 13
past participle	06
passive voice	09, 15
verbs ending in -s (**synes, lykkes, findes** etc.)	16

Adverbs

adjectives used as adverbs	**09, 16**
adverbs of place	**09**
unstressed adverbs (e.g. **nok, da, dog, nu**)	**08, 16**

Pronouns

personal pronouns	**01, 02**
possessive pronouns	**03, 10**
interrogative pronouns	**04**
demonstrative pronouns	**07**
indefinite pronouns	**08, 10, 14**

Numerals

1–10	**02**
10–20	**03**
20–100	**04**
100–...	**11**
ordinal numbers	**11**

Word order

inverted word order	**01, 03**
position of adverbs (**ikke, altid, aldrig** etc.)	
in main clauses	**02, 05**
in subordinate clauses	**07**

Relative clauses

	06,12

Prepositions

in expressions of time	**05, 15**
'of' as in 'a bottle of wine'	**03, 18**